성노예와 병사 만들기

성노예와 병사 만들기

2003년 8월 8일 초판 1쇄 발행
2008년 9월 12일 개정판 3쇄 발행

펴낸곳 (주)도서출판 삼인

지은이 안연선
펴낸이 신길순
부사장 홍승권
편집장 최인수
편집 강주한 김종진 양경화
마케팅 이춘호 한광영
관리 심석택
총무 서장현

등록 1996.9.16. 제 10-1338호
주소 121-837 서울시 마포구 서교동 339-4 가나빌딩 4층
전화 (02) 322-1845
팩스 (02) 322-1846
E-MAIL saminbooks@naver.com

표지디자인 (주)끄레어소시에이츠
제판 문형사
인쇄 대정인쇄
제본 성문제책

ⓒ 안연선, 2003

ISBN 89-87519-91-0 03330

값 13,000원

● 이 책에 쓰인 자료 사진은 '한국정신대연구소'에서 도움을 받았습니다. 이 책에 쓰인 그림은 '나눔의 집'에서 도움을 받았습니다.(본문에 실린 그림은 다음과 같습니다. 1장 강덕경 「빼앗긴 순정」, 2장 김순덕 「끌려감」, 3·5장 김순덕 「그때 그곳에서」, 4장 강덕경 「라바울 위안소」, 6장 이용녀 「끌려가는 조선 처녀」, 7장 강덕경 「책임자를 처벌하라」, 8장 김순덕 「만남」)

성노예와 병사 만들기

안연선 지음

삼인

책을 펴내며

"헤아릴 수 없는 설움 혼자 지닌 채 고달픈 인생 길을 허덕이면서 아아…… 참아야 한다기에 눈물로 보냅니다. 여자의 일생……"

올봄 한국에 갔을 때 가수 이미자의 평양 공연을 비디오 테이프로 보았다. 내가 너댓 살 되었을 때 엄마가 자주 들으시던 이 노래「여자의 일생」은 늘 아련한 슬픔을 느끼게 한다. 참으로 오랜만에 그 노래를 다시 들으니 또 눈물이 핑 돌았다.

그리고 이 노랫말이 오랫동안 마음에 남아 있었다. 참으로 많은 세월이 흘렀다. 위안부들의 '헤아릴 수 없는 설움'이 조금씩 사회에 알려지기까지도 반세기가 걸렸고 이 책을 쓰는 데도 10년이라는 세월이 걸린 것을 보면, 아마도 위안부 문제는 뜸을 많이 들인 후에야 세상에 나오게 되는가 보다.

이번에 한국에 갔을 때 돌아가신 옛 위안부 전금화 할머니의 딸과 오랜만에 만났다. 비슷한 나이 또래인 우리는 늘 만나면 그녀의 엄마 이야기를 한다. 몇 년 전 함께 망향의 동산에 있는 할머니의 묘지를 찾아 술잔을 부으면서 그녀는 흐느껴 울었다. 전금화 할머니의 '헤아릴 수 없는 설움'은 그 딸에게 '뼈아픈 설움'으로 이어진 것 같다. 그렇지만 그녀의 옆에는 그녀의 딸이 씩씩하게 자라고 있었다. "내 딸에게만은 전쟁의 상처를 물려주고 싶지 않"다고 그녀는 언제나 힘주어 말한다.

1992년 한국정신대연구회에 참여해 할머니들을 만나 인터뷰를 하고 증언집 내는 일을 해오면서 나는 위안부 문제에 조금씩 발을 들여놓기 시작했다. 위안부 할머니들의 이야기를 귀기울여 듣고 이리저리 곱씹어 정리하는 일을 하면서, 피해자의 가족 그리고 일본 군인들을 만나 이야기를 들으면서 나는 많은 것을 느끼고 배웠다. 때로는 감당하기 어려웠던 내 마음속의 그 많은 감정과 깨달음을 나누고 싶어 이 책을 펴내게 되었다. 위안부 문제에 직접 관여했던 피해자와 일본 군인들 외에도 그들의 가족, 한국과 일본에서 이 문제로 사회 운동을 해온 활동가, 기자, 외교관, 그리고 국내외의 학자들을 만나 이야기를 나누면서 내 문제 의식의 깊이를 더할 수 있었다.

1994년 한국을 떠난 후 영국, 일본, 독일, 남아프리카공화국 등에서 지냈다. 해외에서 생활하면서 위안부 할머니들이 낯선 곳, 낯선 문화 그리고 말이 통하지 않는 곳에서 느꼈을 '이방인됨'의 정서를 몸으로 이해할 수 있게 되었다. 낯설다는 것은 새롭기 때문에 사람을 설레게 만들며, 또한 낯설다는 것은 다르기 때문에 사람을 외롭게 만든다.

공간적으로 한국을 떠나 있다는 사실 자체가 위안부 문제를 보는 내 시각에도 많은 영향을 준 듯하다. '타국'에서 그곳 사람들과 위안부 문제에 대한 이야기를 나누는 동안 나는 내 안에 편안히 들어앉아 있던 민족주의적인 시각을 들여다보고 성찰할 수 있게 되었다. 내가 그 동안 머물렀던 여러 곳에서 위안부 문제와 관련된 몇몇 사례들을 접할 수 있었는데, 그 때문에 비교의 눈도 갖게 되었다. 내전이 잦은 아프리카 곳곳에서는 전시 강간이 일어나고 있었고, 1996년 일본에 있을 때는 오키나와 미군 기지에서 미군이 저지른 강간 문제가 사회적으로 크게 문제화되었다. 독일에서는 인신매매를 통해 강제 매춘에 유입된 동유럽 출신 여성들에 대한 이슈가 제기되었고, 또한 그곳에서는 개인적으로 나치 강제 매춘에 대해 더 공부할 수 있었다. 영국에서는 제2차 세계대전 당시 일본군에게 전쟁 포로로 잡혀 가혹한 대우를 받았던 옛 영국 군인들의 문제가 제기되고 있었다. 이러한 이슈들을 지켜보며 위안부 문제를 보는 내 눈도 깊어졌다.

이렇게 해서 내 안에서 키워진 비교의 눈으로 이제는 한국과 일본의 교과서를 비교하는 연구를 시작하려고 한다. 사실 이것은 한국, 일본, 중국 세 나라의 교과서를 분석하고 거기에서 드러나는 정체성, 민족주의 등을 살펴보는 커다란 연구 프로젝트의 한 꼭지이다.

이 책이 나오기까지 십 년의 세월 동안 참으로 많은 분들에게서 큰 도움을 받았다. 무엇보다도 자신들의 '헤아릴 수 없는' 사연들을 나와 함께 나누어준 옛 위안부 할머니들의 용기와 도움에 진심으로 깊은 감사를 드린다. 자신들의 이야기를 들려주시고는 내가 이 책을 쓰는 동안 돌아가신 전금화, 김학순, 문옥주, 강덕경, 정서운 할머니의 영전에, 그리고 '헤아릴 수 없는 설움을 혼자 지닌 채 고달픈 인생 길'을 조용히 마무리하신 알려지지 않은 많은 옛 위안부 할머니들의 영전에 이 책을 바치고 싶다. 그리고 자신의 전쟁 경험을 전해준 옛 일본 군인들에게도 감사를 드린다. 특히 전후 중국에 전범으로 체포되었다가 일본으로 돌아와 반전 운동에 참여하고 있는 옛 일본 군인들로 구성된 중국귀환자연락회 회원들은 전장에서 또는 위안소에서 겪은 이야기들을 솔직하고 담담하게 해주었다. 그들의 용기와 결단에 깊이 감동했다. 이들 옛 위안부와 옛 일본 군인들의 이야기가 있었기에 이 책을 쓸 수 있었다.

  이 책을 쓰는 동안 많은 분들의 조언을 받았다. 무엇보다도 초고를 계속해서 읽어주며 정성 어린 조언을 해준 영국 워릭(Warwick) 대학의 조안나 리들(Joanna Liddle), 테리 로벨(Terry Lovell) 교수에게 고마움을 전하고 싶다. 영어판 초고를 읽고 많은 도움이 되는 평을 해준 리즈 켈리(Liz Kelly)와 캐롤 볼코빅(Carol Walkowitz) 교수에게도 감사한다. 위안부 문제에 눈을 뜨게 해주신 전 이화여대 교수 이효재 선생님과 윤정옥 선생님 그리고 이화여대 여성학과 장필화 교수님께도 깊은 감사를 드린다. 한국정신대연구회, 한국정신대문제대책협의회, 일본전쟁책임자료센터, 그리고 재일 교포들에 의해 구성된 종군위안부문제 우리여성네트워크에서 자료를 찾거나 옛 위안부나 옛 일본 군인을 찾아 인터뷰하는 데 많은 도움을 받았다. 특히 이들 단체에서 활동해 온 양징자, 야마시다 영애, 윤명숙, 요시무라 마리코, 그리고 가와다 후미코 님들의 도움에 힘입은 바가 크다. 그 외에도 이 글의 영어판과 한글판 초고를 꼼꼼히 읽어주고 토론과 평을 해준 많은 친구들, 동료들에게 감사를 드린다. 마지막으로 언제나 믿음을 가지고 나를 격려해 준 가족들에게 따뜻한 고마움을 전하고 싶다. "그만 뜸들이고 책으로 내라"는 남편의 몇 년에 걸친 잔소리에 힘입어 이 글을 내 품에서 떠나보낸다. 한국에서 시작하여 영국과 일본, 독일 그리고 지구의 남쪽 끝 남아프리카공화국으로 품고 다니며 세월을 끌다 이제야 내놓는다.

애초에 영어로 쓴 것을 한글로 번역하는 과정은 영어로 처음 이 책을 쓸 때만큼이나 고통스럽고(?) 오랜 시간이 걸렸다. 이 책을 도서출판 삼인을 통해 한국에서 먼저 출판하게 되어 매우 기쁘다.

2003년 8월
독일 라이프찌히에서 안연선

차례

책을 펴내며 | 5

1 위안부 문제 알기 ─
옛 위안부와 옛 일본 군인들을 만나다

'위안부' 문제의 역사적 뒤안길 16 | 위안소 만들기 19 | 침묵 23 |
이야기 듣기 25

2 위안부 문제의 역사 기술

민족주의의 시각 49 | 실증주의 역사학의 시각 58 | 여성주의의
시각 64 | 나의 질문은 무엇인가? 73

3 '위안부'들의 한 맺힌 이야기들

모집되어 실려가다—위안부의 모집과 운송 82 | 가족 배경 87 | 성의 '입문' 89 | 일상 생활 91 | 몸으로서의 여성 99 | 위안부와 군인과의 관계 104 | 겨룸과 저항 108 | 전쟁은 끝났지만 117

4 일본 군인들의 이야기

그것은 연애 관계였다 130 | 군인들은 왜 위안소에 갔을까 134 | 군대 내 규율과 통제 139 | 폭력 148 | 합리화 150 | 시각에 차이가 나는 이유가 뭘까 156

5 병사 만들기

군사주의적 남성성의 특성 165 | '진짜 사나이'를 만들어라! ─ 군사주의적 남성성 형성을 위한 실천 169 | 전쟁에의 기여 184

6 '창녀' 만들기 ─ 노예화되고 성애화된 여성성

강요된 여성 주체의 자리매김 197 | 조선과 일본에 이미 확립되어 있던 여성성 201 | '재사회화' ─ '전통적인' 여성성의 사용과 변형 218 | 정체성 재구성의 효과 222

7 천황의 신하 만들기—민족 정체성

'조선인됨'과 '일본인됨'—일본 군인과 한국 위안부의 민족 정체성의 특징 231 | 민족 정체성 확립을 위한 실천 관행 239 | 정치적 수단으로서의 정체성 재편 253

8 끝나지 않은 이야기 끝맺기

순응하기—내면화된 여성성 259 | 저항의 몸짓 262 | 전쟁은 끝났지만—전후 정체성의 재구성 과정 268 | 침묵을 깨기—위안부 운동 272

주석 | 281
주제별 참고 문헌 | 311
인터뷰에 참여한 사람들 | 333

위안부 문제 알기
옛 위안부와 옛 일본 군인들을 만나다

1

'위안부' 문제의 역사적 뒤안길

아시아태평양전쟁 당시 소위 '위안부'라고 불렸던 여성들이 존재했던 것은 이미 알려진 바 있다. 전쟁 당시 일본 군인들에게 성적인 '서비스'를 제공하도록 강요받았던 이들은 그 동안 한국에서 '정신대'나 '종군 위안부'로 불렸다. 이 여성들 중에는 한국인 외에도 일본인, 타이완인, 중국인, 인도네시아인, 필리핀인, 버마인, 네덜란드인, 호주인도 있었다. 한국인 위안부들은 주로 12~20세의 연령대에 있는 여성들이었다. 이들은 속거나 팔리거나 강제로 납치되어 '위안부'가 되었다. 이들의 숫자를 정확히 파악하는 것은 여전히 쉽지 않다. 왜냐하면 이에 대한 구체적인 군문서들이 충분하지 않기 때문이다.[1] 일본 군인들은 위안소를 '니규이치'(29 대 1)라고 했는데, 이는 위안부 여성 1명당 하루에 29명의 군인들 '받아야' 한다는 계산에서였다. '니규이치'는 일본 군인의 수에 맞게 필요한 위안부의 수를 의미하는 것이라 짐작할 수 있다. 이러한 계산에 따라서 한국정신대문제협의회는 위안부들의 수를 8만~20만 명으로 추정했다.[2] 이들 위안부 여성 가운데 80~90퍼센트가 한국 여성이었다. 그 이유 중 하나는 일본이 1925년에 부녀 및 아동의 매매 금지에 관한 국제 조약에 조인했는데 21세 이하 여성과 아동의 인신 매매를 금지하는 이 조약은 식민지의 여성에 대해서는 적용되지 않았기 때문이다. 그러므로 대부분의 '위안부'들이 일본 식민지에서, 특히 한국에서 동원되었다. 이 책은 아시아태평양전쟁이 끝난 후 전후 재판에서 다루어지지 않았을 뿐 아니라, 전후 반세기 동안 한국과 일본 정부 양자에 의해서도 간과되어 온 '위안부' 문제에 대한 것이다.

위안부 문제를 이해하기 위한 배경으로, 우선 일본 식민지 아래서 조선의 사회적·역사적 배경을 살펴볼 필요가 있다. 한국과 일본은 식민지 기간(1910~1945년)과 후기 식민지 시대(post-colonial period)를 거쳐오면서 긴장과 협력이라는 복합적인 관계를 맺어왔다. 세계 열강의 식민지 확장을 통한 팽창주의는 20세기에 들어서는 한국에까지 그 파급을 미쳤다. 일본의 1868년 메이지(明治)유신 이후 조선 정복을 둘러싼 논쟁, 즉 '세이칸론'(征韓論)이 있었다. 이 정치적 논쟁은 일본이 조선 정복을 위해 토벌대를 파견하느냐 마느냐에 대한 것으로 당시 일본 메이지 정부는 이 논쟁을 둘러싸고 두 입장으로 나뉘었다.[3] 이 논쟁은 조선에 군대를 파견하는 것으로 결론이 지어졌다. 한편 청일전쟁(1894~1895년)과 러일전쟁(1904~1905년)에서 승리한 일본은 라이벌이었던 중국과 러시아를 제거하고 조선의 내정과 외교를 통제할 수 있는 권력을 얻게 되었다. 그리하여 조선은 1905년 11월 일본의 소위 '보호국'이 되었고, 모든 국제 외교 관계에 대한 권한을 일본의 손에 '양도'하는 을사조약을 맺게 되었다. 결국 1910년 8월 22일 조선은 일본의 식민지가 되었고, 당시 조선의 마지막 왕 순종은 모든 통치권을 일본에게 넘겨주어야 했다.

식민지화는 당시 조선 사람들의 일상 생활에 커다란 영향을 미쳤다. 우선 일본은 토지 조사 사업을 통해서 조선 토지의 40퍼센트를 차지했으며, 그 결과 많은 한국인이 삶의 기반인 경작 토지를 잃고 심각한 빈곤을 겪게 되었다. 그 이후에도 조선은 1920년대 일본이 심각한 식량 부족을 겪고 있을 때 일차적으로 일본의 식량 공급지 역할을 해야 했고, 이차적으로는 일본의 상품 시장이 되어야 했다. 조선에서 식량 증산을 위한 계획이 체계적으로 실행되었고, 일정한 양의 식량이 매년 일본으로 보내졌다. 그에 비례하여 조선 내 식량 공급량은 감소되었다.[4] 그 외에도 조선은 면화와 금속 같은 원재료를 공급했으며, 1930년대 식민지 조선에 대한 일본의 경제 정책은 중공업에 중점을 둔 산업화로 옮겨갔다.[5] 이러한 정책의 전환은 일본 팽창주의에 입각한 전쟁 준비를 위한 것이었다.[6] 이러한 중공업화 정책은 특히 여성 노동자들에게 심각한 영향을 미쳤다. 왜냐하면 경공업, 즉 섬유·방직·담배·고무 공업 노동자는 대부분 여성으로 구성되어 있었기 때문이다.[7] 중공업화 정책으로 남성 노동자에 대한 수요는 늘어난 반면 많은 여성 노동자들의 전망은 악화되었다.

이후 일본은 조선을 아시아를 지배하기 위한 전진 기지로 삼는 더욱 심각한 정책 결정을 내렸다. 일본이 1937년 중국 침략에 이어서 만주를 점령하는 데 조선은 중요한 전진 기지로 사용되었다. 한편 일본 국내에서 군국주의의 강화는 식민지 조선에 대한 억압을 더욱 강화시켰다. 하와이의 진주만 공격을 비롯한 일련의 군사적 침략으로 일본은 제2차 세계대전에 깊이 개입하게 되었다. 일본이 이러한 일련의 침략을 전개함에 따라 전쟁 경기에 대한 수요가 날로 증가하였고, 이는 식민지 조선 경제의 불균형을 심화시켰다. 조선 내에서 쌀이나 금속과 같이 전쟁에 관련된 상품 생산은 날로 늘어나 일본으로 이송되었다. 전쟁 물자뿐만 아니라 인적 자원도 동원되었다. 조선은 일본 군사력과 일본 산업의 잠재적인 인력 공급의 원천이 되었다. 많은 조선인들이 일본·사할린·동남아시아·남태평양 섬 등에 있는 공장·광산·농장에 노동자로 징용되었으며, 일본 군대에 징집되었다.

이러한 식민지 정책의 결과 일본 군국주의의 절정이었던 1930~1940년대에 이르러 더 많은 조선 농가들이 점점 극심한 식량 부족을 겪게 되었다. 즉 식민지 정책 수행 과정에서 조선인에 대한 배려는 거의 없었다. 당시 조선 인구 가운데 가장 큰 비중을 차지하던 농민층이 빈곤화되면서 농촌 가족의 분해를 가져왔고, 농촌 여성들은 일자리를 찾아 도시로 떠나게 되었다. 그러나 이들 중 소수만이 공장에서 일자리를 찾을 수 있었고, 대부분은 매춘부나 일본군 위안부를 모집하는 중개인들의 표적이 되었다.[8] 조선에서 시행된 이러한 일련의 식민지 정책은 농가의 부채와 빈곤을 심화시켰고 농촌의 어린 소녀들의 인신 매매, 조혼, 강제 혼인, 여아·영아 살해 등의 심각한 사회 문제를 낳았다.[9]

위안소 만들기

초창기에 세워진 위안소는 대개 포주 개인이 운영하는 것으로 1930년대 초반 중국 만주에 세워졌다. 이를 뒷받침하는 예로 최정례 할머니는 1932년에 위안부로 중국에 가게 되었다고 증언했다.[10]

그러나 대량으로 위안소를 설립한 것은 1937년 12월 난징(南京) 학살 이후로 보인다.[11] 이 책에서는 주로 1937년 중일전쟁기부터 1941~1945년에 이르는 태평양전쟁 기간 동안의 위안소 제도에 초점을 맞출 것이다. 일본인 사학자 요시미 요시아키(吉見義明)는 일본군 문서 자료를 통해 첫 위안소가 1932년 상해에 세워졌음을 밝혔다.[12] 당시 위안소는 두 가지 다른 종류의 위안소가 있었다. 하나는 '군위안소'이고 다른 하나는 '산업 위안소'였다. 군위안소는 주로 전쟁터나 전장 근처에 주둔하고 있던 군인들을 위한 것이었고, 산업 위안소는 광산, 공사장, 공장 등의 노동자들을 위한 것이었다.[13] 이 책에서는 군위안소에 대해 살펴볼 것이다.

센다 가코(千田夏光)에 의하면 위안소 설립은 1937년에 이르러 광범위하게 이루어졌다고 한다.[14] 아시아태평양의 광범위한 지역을 침략·점거한 이후인 1942년 8월 이후부터 일본 군수성은 위안소에 대한 정책을 체계화하기에 이르렀다. 미군 전쟁 정보국의 1944년 보고에 의하면 일본군이 주둔한 곳이면 어디나 위안부들을 볼 수 있었다고 한다.[15] 현재까지 발견된 문서에 따르면 중국, 홍콩, 필리핀, 말레이시아, 싱가포르, 영국령 보르네오, 인도네시아, 타이, 버마, 뉴기니아, 오키나와(沖繩), 조선, 베트남 그리고 남태평양 섬들에 위안소가 있었다고 한다.[16]

일본 군인과 피해자들의 증언과 지금까지 발견된 군문서 자료에 의하면 군위안소의 운영에는 기본적으로 세 가지 방식이 존재했다. 첫째, 일본군이 직접 설립해서 운영하는 형태이다. 즉 초기 위안소는 일본군의 오락부(recreation division)가 운영했다. 둘째, 일본군이 설립하고 민간인이 운영하는 형태의 위안소가 있었다. 셋째, 기존의 사창을 일본 군인과 군속만을 위한 위안소로 전환한 형태가 있었다. 센다 가코에 의하면 위안소에 대한 부정적인 여론 때문에 일본군이 직영하던 많은 위안소들이 나중에는 군의 감독 아래 사창업자들에게 양도되는 형식을 취했다고 한다.[17] 군당국에 의해서 운영되었든지 사창업자에 의해 운영되었든지 위안소는 모두 일본군 당국의 지도와 감독을 받았을 뿐만 아니라, 군이 위안부들의 안전과 위생 검사를 관장했다는 사실이 증언과 군문서를 통해 드러났다.[18] 군당국은 일본군이 주둔하고 있는 지역 위안소에 정기적으로 콘돔을 보냈고[19] 위안소를 경제적으로 보조하기도 했다.[20]

일본군은 청일전쟁기에 처음으로 군인들을 위한 매춘부를 동원하기 시작했고, 이는 러일전쟁기에도 계속되었다고 한다.[21] 그러나 위안소가 체계적으로 설립된 것은 1937년부터이다. 위안부들은 일본과 일본의 식민지인 한국과 타이완에서 공급되었고, 점차 확대되어 일본 점령지인 중국, 필리핀, 인도네시아, 베트남, 버마로부터 확충되었다. 인도네시아에 있던 몇몇 네덜란드 여성도 역시 위안부가 될 것을 강요받았다.[22] 일본이 점령하고 있던 동남아시아와 태평양의 여러 섬에 위안소를 세우기 이전에는 많은 지역 여성들이 잡혀와서 강간을 당했다. 일본군 주둔지 가운데 위안소가 아직 설치되지 않은 곳에서는 그 지역 여성들에 대한 강간이 빈번했다.[23]

한국에서는 군위안부들을 일반적으로 '정신대'라고 불러왔다. 정신대란 아시아태평양전쟁 당시 '국가총동원령' 아래서 노력 동원된 조선 여성들을 의미한다. 이 법령은 1939년에 공포되어 수십만 명의 조선인 남녀들이 노동 인력으로 지원·동원되어 일본이나 또는 다른 아시아 지역의 다양한 군수 산업체로 보내졌다. 1944년 8월에는 여성 노력 동원을 위한 '여자정신근로령'이라는 또 다른 법령이 시행되었다. 이 법령에 의하면 14~45세 사이의 여성들은 1~2년 동안 '정신대'에 참여하도록 되어 있었다.[24] 이들은 일반적으로 공장의 노동 인력으로 충원되었는데, 피해자의 증언과 한국 외무부가 발표한 위안부 문제 조사 보고서에 의하면 여자정신근로령으로 공장 노동자로 동원된 여성들 가운데 일부는 일본군 위안부로 전입되어 보내진 경우도 있었다.[25]

위안부를 지칭하는 '종군 위안부'라는 용어의 사용에 대해서는 그 동안 논쟁이 있어왔다. '종군 위안부'란 종군 기자나 종군 간호부처럼 군대를 '따라다녔다'는 의미가 포함되어 있으므로 부적당한 용어라는 지적이 위안부 문제를 연구하는 학자와 활동가들 사이에 있어왔다.[26] 재미 학자 윤방순은 '종군 위안부'라는 용어가 가해자 중심적이고 가부장적인 용어이기 때문에 '군을 위한 성노예'라는 명칭으로 대치되어야 한다고 주장하였다. 그녀는 위안부들에게 적용되었던 강제적인 규율, 감금 상태, 그리고 자유의 박탈 등을 고려할 때 성노예라는 용어보다 더 적당한 용어는 없을 것이라고 결론지었다.[27] 한편 1992년 7월 발표된 남한 정부의 공식 조사 보고서에서는 군위안부라는 명칭을 사용하였다. 1992년 서울에서 열렸던 제1차 일본군 성노예 문제에 대한 아시아여성연대회의에서는 '강제 종군 위안부'라는 새로운 용어가 대안으로 제시되었다. 이 책에서는 아시아태평양전쟁 당시 쓰였던 '위안부'라는 용어를 그대로 사용한다. 그 이유는 우선 이 용어에 내포된 완곡하고 왜곡된 함의를 드러내기 위해서이고, 또 하나는 식민주의 언어의 역사를 보존하기 위해서이다.

침묵

 위안부 문제의 특기할 만한 점은 반세기 동안 위안부 당사자들과 일본 사회는 물론 한국 사회도 침묵을 지켜왔다는 점이다. 전쟁이 끝난 뒤 이들 생존자들은 사회적으로 '보이지 않는' 존재가 되었고 그들의 목소리도 들리지 않는 가운데 사회적으로 매장된 채 살아왔다. 전쟁 기간 동안 일본 군당국이 마련한 대규모적이고 체계적인 위안소 제도가 분명히 존재했다는 사실과, 그 안에서 일어난 폭력 자체의 심각성뿐만 아니라 이후 50년 동안이나 침묵이 지속될 수밖에 없었던 사실—전쟁 후 위안소 문제는 연합군의 조사 대상에서 빠졌으며, 따라서 전후 전범 재판에서도 빠졌다—등은 모두 우리에게 충격을 주고도 남는다. 게다가 전후 일본 정부와 한국 정부 어느 누구도 이 문제를 거론하지 않았었다. 일본 패전 후 연합군은 아시아 여러 지역에서 일본군 내 위안부의 존재를 인식하고 있었다. 1944년 이후 작성된 미군 문서에는 '일본군 매음소'(Japanese Army Brothels)와 '조선 위안부'(Korean comfort girls)에 대해 언급되어 있다. 한편 1948년 바타비아 전범 재판에서는 일본이 인도네시아를 점령하고 있는 동안 그곳에 있던 네덜란드 여성 35명을 강제로 위안부로 사용한 것에 대해 일본 군인 3명이 교수형을 당했으며 10명이 투옥되었다.[28] 그러나 1946~1948년에 걸쳐 실시된 극동아시아 국제 군사 재판, 즉 동경 전범 재판에서 아시아 출신 위안부들의 문제는 취급되지 않았다.[29]

물론 일본 정부는 이 문제를 조사하는 데 관심이 없었다. 뿐만 아니라 1990년 초 민간 운동 단체들이 이 문제를 처음 제기하기 전에는 한국 정부를 비롯해 위안부 피해자가 존재하는 다른 아시아 국가의 정부들도 이 문제를 제기하지 않고 침묵을 지켜왔다. 1965년 남한 정부는 전후 처음으로 일본과 공식적인 외교 관계를 맺는 한일협정에 사인했다. 당시 남한에서는 이 조약에 반대하는 시위대들이 줄을 이었다. 이 한일협정에서는 일본의 조선 식민지화에 대한 배상도 포함되어 있었으나,[30] 위안부 문제는 협상 대상에 포함되지 않았다. 그후 남한의 박정희 정권(1962~1979년)은 경제 개발 정책을 추진했고, 일본과의 외교 관계 정상화는 이 경제 개발을 위한 자금을 조달하는 데 중요한 변수가 되었다.[31]

1990년 위안부 문제를 둘러싼 한국과 일본의 민간 운동 단체와 시민들로부터 여론의 압력이 높아지자, 일본 정부는 위안소 제도는 일본 정부나 군 당국이 만든 것이 아니고 개인 업자들에 의한 것이었다고 발표했다. 또한 식민지 당시 조선인을 위안부로 강제 동원했다는 증거가 없으므로 일본 정부가 사과를 하거나 진상 규명을 해야 할 아무런 의무가 없다고 발표했다.[32] 그러나 1992년 일본인 사학자 요시미 요시아키는 일본 군당국이 위안소 제도에 직접 관여했음을 여실히 보여주는 전시 군문서를 발굴해 냈다. 따라서 전 일본 수상 미야자와 케이치는 일본군이 위안소 시설의 운영에 개입한 적이 있다는 것을 처음으로 시인하게 되었다.[33] 그러나 일본 정부는 전후 보상 문제가 1965년 한일조약으로 마무리되었으므로 위안부 문제에 대한 보상은 논의할 수 없다고 발표했다. 일본 정부에 의한 공식적인 보상 대신에 옛 위안부 여성들을 경제적으로 돕기 위해 '아시아 여성을 위한 평화와 우정의 기금'(Asian Peace and Friendship Fund for Women)을 만들었다. 이 기금은 일본 시민들의 기부금으로 모아진 것이었다. 한국 활동가들은 이러한 민간 기금에 의한 위안부의 생활비 보조를 반대하고, 일본 정부가 직접 피해 당사자들에게 공식적인 사과와 함께 배상할 것을 요구하였다. 1990년 한국과 일본의 여성 단체가 이 문제를 일반 대중에게 알리기 시작하면서, 오랜 침묵 끝에 위안부 문제가 하나의 사회 운동 이슈로 발전하기에 이르렀다. 위안부 문제에 대해 한국 사회 내에서조차 어떻게 반세기 동안 침묵이 지속될 수 있었는가 하는 점은 곰곰이 생각해 볼 문제이다.

이야기 듣기

누가 이야기를 해줄 것인가?

이 책을 준비하고 쓰면서 제일 힘들고 인상에 남았던 것은 옛 위안부와 옛 일본 군인과의 만남이었다. 단지 연구를 위한 연구 대상자와의 인터뷰로 규정하기에는 그들과의 만남에서 내가 느낀 감정의 폭들이 너무나 컸다. 그런 탓에 그 만남을 좀 자세히 써내려가려고 한다. 내가 위안부 문제에 관심을 갖게 된 것은 1991년 서울에서 위안부 생존자들을 만나면서부터였다. 그들은 당시 식당에서 일하거나 새마을 취로 사업을 하고 있거나 나물을 뜯어다 팔거나 하면서 겨우 생계를 유지하고 있는 경우가 많았다. 그들 가운데 몇몇은 전쟁의 잊혀진 한 챕터를 세상에 알리기 위해 유엔을 비롯해 국제적으로 활발하게 활동하게 되었다. 그후 나는 한국인 위안부를 비롯해 옛 일본 군인, 한국과 일본에서 위안부 문제 해결을 위해 일하는 활동가, 학자, 기자, 위안부들의 가족, 그리고 일본인 외교관 등을 만나 깊이 있게 인터뷰를 했다. 1996년에는 일반 사병, 장교, 군의관 등을 포함한 옛 일본 군인들을 만나기 위해 6개월 동안 일본에 체류했는데, 이 기간은 내게 참으로 많은 것을 생각하게 한 시간들이었다. 1992~1996년 사이에 나는 한국과 일본에서 13명의 한국인 옛 위안부를 만나 여러 차례에 걸쳐 이야기를 나누었다. 그 외에도 이 문제를 연구하는 다른 학자나 활동가에 의해 나온 39건의 피해자 증언 자료를 훑어보았다. 내가 직접 인터뷰한 자료의 경우 구술자의 이름과 인터뷰 년도를 주석에 밝혔으며, 다른 사람에 의한 인터뷰 자료 역시 이처럼 밝혔다.

  옛 위안부 생존자들을 찾아내는 데는 그리 큰 어려움이 없었다. 왜냐하면 대개는 위안부였음을 밝혔거나, 한국 정부나 운동 단체에 신고를 한 사람들을 인터뷰 대상으로 삼았기 때문이다. 2004년 2월 27일 현재 남한에 약 212명의 위안부 생존자들이 스스로 또는 가족에 의해 정부나 운동 단체에 신고해 왔고, 이들 가운데 약 132명(해외 3명 포함)이 생존해 있다. 나는 처음에 15명의 생존자에게 연락을 취했다. 그 가운데 3명은 가족이나 주위에 그들의 과거가 알려질까봐 염려된다며 인터뷰를 꺼려했다. 그런 경우 그들의 의사를 존중했다. 한 사람은 가명을 쓴다는 조건으로 인터뷰를 허락했다. 내가 만난 생존자들 모두는 대개 그들의 집에서 개인적으로 인터뷰하기를 원했다. 만약 지금이라도 여전히 침묵을 지키며 어딘가에서 깊은 한을 꺼안은 채 생존해 있는 피해자들의 구술을 들을 수 있었다면, 위안부 문제에 대한 그림이 달라질지, 그래도 여전히 같은 그림일지는 예측하기 힘들다. 그러나 자신이 위안부였음을 밝힌 생존자들의 목소리를 통해서 나는 선명하고 일관된 내용들을 발견할 수 있었다.

옛 일본 군인의 경우 인터뷰가 가능하리라 기대되는 25명에게 연락을 취했다. 1996년 여름, 이들 가운데 17명과 주로 도쿄 지역에서 만나 인터뷰를 했다. 그 가운데 12명은 장시간에 걸쳐 그룹 인터뷰를 했고 나머지 5명은 개인적으로 만나 단독 인터뷰를 했다.[34] 이들 옛 군인들 가운데 13명은 중국귀환자연락회 회원들이다. 이들은 전후 중국에서 전범으로 체포·억류되어 중국공산당에서 '재교육'을 받고, 일본으로 돌아와 전쟁중 일본의 과오를 일본 국민들에게 알리면서 반전 운동을 벌여왔다. 그러므로 그들은 나의 인터뷰 요청을 환영했다. 이들 13명 가운데 1명, 즉 군의관만을 개인적으로 만났고, 12명은 그룹 인터뷰하기를 원했다. 그 이유는 시간과 장소의 편의 문제도 있었겠지만, 중국공산당에서 '재교육'

을 받아 변화했다는 그들 사이의 강한 정체성과도 연관 있어 보였다. 어쩌면 개인적으로 전쟁 체험을 이야기하는 것보다는 당시 동료와 함께 이야기하는 것이 더 중요하다고 느꼈을지도 모른다. 집단 인터뷰는 장단점이 있었다. 우선 한꺼번에 많은 사람들에게 많은 정보를 얻을 수 있다는 점은 큰 매력이었다. 한 사람의 이야기는 다른 사람의 기억을 되살리게 해서 다양하고 자세한 이야기들을 들을 수 있었다. 그러나 프라이버시가 필요한 경우, 이 방법에는 한계가 있었다. 때로 여러 사람이 한꺼번에 자신의 이야기를 봇물처럼 쏟아놓을 때는 따라가기 힘들기도 했다. 군인들의 구술 자료도 역시 내가 직접 인터뷰한 것뿐만 아니라 기존에 이미 나와 있는 군인들의 증언 자료도 함께 사용할 것이다.

일본인 남성 가운데 특정 연령 이상의 연령층은 대개가 아시아 태평양전쟁을 전장에서 체험했을 텐데도, 자신의 전쟁 경험을 이야기해 줄 옛 일본 군인을 찾는 것은 참으로 커다란 과제였다. 나는 일본에서 위안부 문제를 중심으로 활동하고 있는 그룹이나 활동가 혹은 일본인 친구들을 통해서 옛 군인들에게 연락을 취했다. 처음에는 일본 군인으로서 자신의 전쟁 경험을 책으로 쓴 사람이나, 일본의 사회 단체가 위안부 문제 신고 전화를 운영했을 때 증언을 했던 이들을 중심으로 연락을 취했다. 이들 가운데 8명은 인터뷰를 거절했다. 그러다 나는 1996년 6월 도쿄 국회의사당의 한 기자 회견장에서 중국귀환자연락회 회원 2명을 만났고, 그들은 기꺼이 내 인터뷰 요청을 받아들였다. 평소에 반전 운동을 활발하게 하던 그들은 그날도 위안부 문제를 증언하려고 그 기자 회견에 참석했던 거였다.

체계적인 성폭력에 개입했을지도 모를 옛 일본 군인의 이야기를 듣는 기회를 갖는 것은 참으로 대단한 체험이었다. 나는 이들의 이야기를 꼭 듣고 싶었다. 그들의 시각을 아는 것은 위안부 문제를 더 깊이 그리고 총체적으로 이해하고 분석하는 데 중요하기 때문이다. 전쟁 동안 군인들이 어떠한 상황에서 어떤 생각을 하며 지냈는가, 그리고 지금은 위안부 문제에 대해 어떻게 생각하고 있는가를 알고 싶었다. 옛 위안부들의 구술사를 그들이 생존해 있을 때 기록하는 것은 시급한 과제이다. 이와 마찬가지로 옛 일본 군인들의 전쟁 체험, 특히 위안소를 둘러싼 체험을 그들이 생존해 있을 때 기록하는 것도 시급하다. 해마다 위안부 생존자들의 수가 줄어가고 있다.[35] 이들 옛 위안부와 옛 군인 중에는 가끔 나의 인터뷰를 승낙한 이유나 동기가 다른 경우가 있었다. 그에 따라 그들의 구술 내용도 달라졌다. 예를 들어 위안소에 자주 가고 위안부를 멸시하며 폭력적으로 대했던 군인은 솔직하게 이야기할 가능성이 적다. 반면에 일본 군인과 일종의 연애 관계에 있었던 위안부들보다는 성폭력으로 고생한 위안부들이 더욱 자신의 과거를 구술하려 하였다. 나는 이런 점을 고려해서 인터뷰할 대상을 선택했다. 그러니까 인터뷰 대상자들은 무작위적으로 추출된 그룹은 아니다.

이야기의 물꼬 트기

옛 위안부와의 인터뷰는 보통 몇 시간씩 이어졌고, 심도 있고 진한 감정이 개입되었다. 그들은 나름대로의 방법과 시간 개념으로 자신들의 과거를 회상하고 드러냈다. 옛 위안부들은 모두 그들의 집에서 만났다. 일본에서 만난 옛 한국인 위안부 한 사람을 제외하고는 모두 한국어로 인터뷰를 했다. 오키나와에서 위안부로 있다가 전후 일본에 잔류한 그녀는 한국에 대한 기억이 희미해져 가는 만큼 한국어도 잊어가고 있었으며, 일본어로 이야기하는 것이 더 편해 보였다. 옛 위안부들은 처음 만나 서로 어느 정도 친근감이 생긴 후에야 자기의 속 이야기를 터놓았다. 시작하기가 어려워서 그렇지 일단 그들이 속 이야기를 시작하면 마치 봇물처럼 터져나왔다. 그들의 가족, 위안부가 되기 이전의 가난했던 삶, 속거나 강제로 팔려서 위안부로 가게 된 사연들, 위안소에서의 일상 생활, 그리고 전쟁 이후의 삶에도 여전히 끊이지 않던 또 다른 삶의 고통에 대한 이야기들이 끊임없이 이어졌다.

  옛 일본인 군인과의 인터뷰는 여러 가지 다른 이슈들로 가득했다. 이들과 만날 때 나는 우선 제한된 시간을 생각해야 했다. 대부분의 경우 오직 한 번이라는 만남의 기회가 주어졌다. 옛 위안부들과의 만남처럼 다시 만나서 자세한 이야기를 할 기회가 주어지지 않았다. 이들 옛 군인들을 만나기 전에는 이들에게 민감한 주제인 위안부 이야기를 어떻게 꺼낼 것인가 곰곰이 생각했다. 물론 내 소개를 하려고 일본어 연습을 하기도 했다. 그리고는 나와 만나기로 한 군인들이 전쟁중에 주둔했던 지역의 군사사를 찾아 '공부'를 했다. 그들이 주둔했던 지역이 전쟁중에 어떤 상황에 있었는가를 꿰고 있었기 때문인지 그들과 좀더 깊이 있는 대화를 나눌 수 있었다. 내가 인터뷰한 군인들 가운데 4명은 자신의 전쟁 체험을 책으로 펴낸 사람들도 있었는데, 이런 경우 그들의 책을 미리 읽고 갔다. 이 경우는 인터뷰를 하면서 내가 그들의 책을 읽었다는 것을 알아차리고 호감을 보이면서 더 많이 이야기해 주는 적극성을 보였다. 이러한 모든 준비는 (인터뷰를 할 수 있는) 주어진 짧은 시간을 최대화하는 데 도움이 되었다.

중국에서 '재활 교육'을 받고 일본으로 돌아온 중국귀환자연락회 회원들과는 우선 만나기 전에 우편으로 설문 조사를 한 후 그룹으로 인터뷰를 했다. 중국공산당에 의해 전후 '재활' 교육을 받고, 일본에서 반전 운동에 활발하게 참여하고 있는 그들의 특이한 경력을 나는 숙지하고 있었다. 이러한 그들의 독특한 경험 때문이었는지 그들의 구술 내용은 다른 어떤 인터뷰보다 더욱 생생했다. 그들이 경험을 공유하고 있다는 사실은 그들이 그룹으로 인터뷰하기를 원했던 이유 가운데 하나일지도 모른다는 생각이 들었다. 옛일본 군인과의 모든 인터뷰는 한 사람만 빼고는 모두 일본어로 했고, 통역자와 동행했다. 한국말로 인터뷰한 경우는 그가 전후 한국에서 일한 경험이 있어서 한국어가 유창했기 때문이다. 그룹 인터뷰를 제외하고 모든 만남은 그들의 집에서 행해졌다. 우선 주제 자체가 민감한 만큼 남이 들으면 어쩌나 하는 염려 없이 이야기할 수 있겠다고 생각했기 때문이고, 또 그들 대부분이 70대로 연로했기 때문이다. 이런 이유 외에도 그들이 사는 집에 가보면 그 집의 분위기나 경제적인 형편 등을 읽을 수 있지 않을까 하는 생각도 있었다. 내가 처음으로 인터뷰 요청을 했던 한 옛 일본 군인은 내가 누구며, 왜 일본에 왔고, 이 주제에 대해 책을 쓰려는 이유가 무엇이며, 그들의 이야기를 어떻게 사용할 것인지 등에 대한 질문을 했다. 민감한 주제에 대한 자신의 구술이 어떻게 쓰일지 점검하거나 그 연구자에 대해 알고 싶어하는 것은 당연히 있을 수 있는 일이라 생각하고 나는 성의 있게 답했다. 인터뷰를 마친 후 사진을 찍어도 되냐고 물었을 때 그는 이전의 '심문'하는 분위기와는 다르게 기꺼이 동의해 주었다. 그 사진을 어디에 쓸 것이냐는 질문 없이 …… 아마도 이야기를 나눈 후 그의 마음이 좀더 열렸기 때문이기도 하겠고, 일반적으로 사진 찍기를 좋아하는 우리네 동양인의 습성 때문이었는지도 모르겠다.

한국에서 근무하던 일본인 외교관과의 인터뷰를 제외하고 모든 인터뷰를 녹음했다. 그 일본인 외교관은 처음부터 녹음은 안 된다고 분명히 밝혔다. 나는 그들과 만난 직후, 여전히 나의 기억이 생생할 때 녹음 테이프를 들으며 내용을 문자화했다. 구술을 문자화하는 과정에서 가장 힘든 일은 옛 위안부와 옛 군인 들이 들려주는 이야기의 뉘앙스와 그들의 목메인 목소리와 봇물처럼 터져나오는 감정들을 어떻게 글의 형태로 옮겨 적을 수 있을까 하는 점이었다. 이것은 마치 3차원의 세계를 2차원의 제한된 공간에 옮기는 것과 같았다.

이러한 구술 자료를 바탕으로 나는 옛 위안부와 옛 군인의 시각을 비교하고자 한다. 옛 군인 사이에서도 위안부 문제나 아시아태평양전쟁에 대해 서로 다른 견해를 보였다. 크게 나누자면 하나는 요즘 일본의 우익들이 보이는 '자유주의 사관'의 관점이었고, 정반대되는 것은 중국에서 '재활 교육'을 받은 군인들의 관점이었다. 운이 좋게도 나는 위안부 문제를 보는 이러한 다양한 시각들을 접할 수 있었다.

구술자와 연구자와의 권력 관계

구술 자료를 사용하는 연구에서는 구술자와 연구자와의 관계가 매우 중요하다. 인류학적·여성학적 연구 방법론에서는 이 둘 사이의 인간 관계, 상호성, 애착 등을 중요하게 여긴다. 여성학적인 방법론에서는 일반적으로 기존의 여러 연구에서 보이는 연구자와 연구 '대상자' 간의 위계적이거나 '착취적'인 관계에 대해 비판적이다. 그래서 이 둘 사이의 상호성과 신뢰성에 기반한 평등한 연구 과정을 강조한다.[36] 구술자와 연구자 사이의 팀워크는 조금 덜 위계적인 연구와 글의 원형을 제시할 수 있을 것이다. 나는 상호 이해와 협력을 위해 성급한 자매애나 상호성을 가정하기보다는, 옛 위안부들에게는 내가 그들과 나눌 수 있다고 생각되는 나의 삶과 경험들을 이야기했다. 이는 나와 그들 사이의 차이점과 공통점을 찾는, 그래서 드러나게 하는 하나의 과정이었다.

옛 위안부들을 인터뷰하는 동안 나의 감정이 아주 강하게 그들의 이야기에 몰입됨을 느꼈다. 이야기를 들으면서 나도 그들과 함께 분노했고 때로는 눈물을 터뜨렸고 또 우울했다. 그들이 여전히 외상(外傷, trauma)으로 인해 힘들어하는 것을 볼 때 나 역시 고통스러웠다. 한편으로는 그들이 나와 함께 이야기함으로써 가슴속 응어리를 풀어내는 치유 효과를 얻기 바랐다. 그래서 특히 옛 위안부 피해자들과의 인터뷰에서는 단지 정보를 얻기 위해서가 아니라 상담의 장을 제공하고자 했다. 여기에는 예전에 한국성폭력상담소에서 피해자 상담을 했던 나의 경험이 많은 도움을 주었다.

우익의 관점을 가지고 위안소 제도를 정당화하려는 옛 일본 군인들의 이야기를 들을 때는 내 안에도 화가 가득 차서, 감정적인 냉정성을 유지하려고 애쓰기도 했다. 이는 옛 위안부들과 이야기할 때 가졌던 나의 감정 이입과는 다른 것이었다. 나는 옛 군인들과 이야기하는 동안은 또 다른 종류의 상담 기술을 사용하고자 노력했다. 그것은 상대방의 이야기 내용을 판단하지 않고 듣는 것이다. 인터뷰하면서, 이 책을 쓰면서 나로서는 어느 정도의 감정적인 냉정성을 유지하는 것이 필요했다. 옛 위안부들이 겪은 고통이 내 것으로 느껴져 힘들어질 때나, 몇몇 일본 옛 군인들이 방어적인 태도와 우월 의식을 내보일 때 화가 불쑥 치밀어오르는 것을 자제하고 냉정해지려고 애썼다.

예전에 성폭력 피해자 상담을 했던 경험을 통해 나는 이미 옛 위안부들의 심리 상태를 파악할 수 있었다. 이러한 인식은 그들의 트라우마, 그리고 그들이 갖고 있는 타인에 대한 불신과 남성에 대한 적개심 등을 이해하는 데 많은 도움이 되었다. 어쩌다 그들이 나를 신뢰하고 있지 않다고 느껴질 때도 그것을 개인적으로 받아들이지 않고 내 안에서 해결할 수 있었다. 옛 위안부들은 오랫동안 가슴속에 묻혀 있던 그들의 이야기를 털어놓는다는 사실 자체만으로, 그들이 이제 목소리를 내기 시작하는 것 자체로 힘을 얻기도 하고 또 어떤 카타르시스를 느끼는 것을 볼 수 있었다. 그러나 다른 한편으로는 그들이 이야기를 하는 과정에서 오랫동안 잊으려 애썼던 위안소에서의 고통스런 삶, 인간으로서의 기본적인 존엄성의 상실, 무기력함, 그리고 그들의 몸과 마음에 가해졌던 폭력의 순간들이 재현되어 괴로워하는 것도 볼 수 있었다. 그리하여 나는 인터뷰 후에 이들의 감정을 어떻게 '추스릴 것인가'에 대해 고민해야 했다.

옛 일본 군인들과 나와의 상호 작용은 위안부들과의 관계와 좀 달랐다. 그들과 인터뷰하는 동안 나는 여러 가지로 조심스러웠다. 왜냐하면 민감한 주제를 이야기해야 하기 때문이기도 했고, 최소한 그들 세대는 성 문제를 공식적인 자리에서 드러내놓고 이야기하지 않음을 알고 있었기 때문이다. 더군다나 우리는 인터뷰를 위해 처음 만났고, 서로를 알고 이해할 만한 충분한 시간도 없었기 때문이다. 만날 때의 분위기라든가 상호 이해의 정도는, 위안부 문제를 둘러싼 그들과 나의 견해에 따라 차이가 났다. 서로 비슷한 시각을 공유할 때는 좀 편안하게 이야기를 풀어나갈 수 있었다. 중국귀환자연락회 회원들처럼 전쟁이나 식민주의에 대해 나와 비슷한 관점을 가지고 있다 하더라도, 여성 문제나 성 문제에 대해서는 공유점을 찾기가 어려웠다. 중국귀환자연락회 회원들은 개방적인 태도였고, 기꺼이 전쟁에서나 위안소에서의 경험 등을 증언하고자 했다.

어떤 군인들은 위안소에서 자신의 경험을 이야기하기를 꺼려했고, 어떤 사람은 자신은 그런 곳에는 드나들지 않았음을 강조했고, 또 어떤 사람은 아무 스스럼없이 자신의 경험을 이야기했다. 대부분의 군인들은 인터뷰를 위해 나와 처음 만났더라도, 일단 마음먹고 나면 내 앞에서 자신의 위안소 경험을 이야기하는 것이 그리 어려워 보이지 않았다. 주저함이나 거리낌 같은 것이 적었다. 이들 중에는 자기 부인이, 자신이 위안부들과 어울렸다는 이야기를 남에게 한 번만 더 하면 그때는 다시는 쳐다보지도 않겠다고 말했다는 사람도 있었다. 아무튼 이렇게 주저함이 없다는 것은 위안부들의 증언을 들을 때와는 참 다른 것이었다. 위안부들의 체험을 듣기 위해서는 충분한 상호 신뢰가 생길 때까지 기다려야 했다. 이러한 차이를 어떻게 설명할 수 있을까에 대해 나는 곰곰이 생각해 보았다. 위안부들에게는 그리 어려운 이야기가 왜 군인들에게는 그리 어렵지 않았을까? 군인들은 위안소 이야기를 하는 동안 죄책감이나 고통 같은 것을 느끼지 않는 것 같았다. 전쟁중 그들이 위안소를 '들락거렸다'는 사실 때문에 사회적으로 낙인 찍혔다는 이야기도 들어본 적이 없다. 위안부들이 자신의 위안소 생활을 회상할 때 느끼는 고통이나 위안부였다는 사실 때문에 들썩 사회적인 오명(stigma) 같은 것을 군인들에게서는 찾아볼 수 없었다. 이 때문에 군인들은 위안소에서 자신들의 경험을 털어놓는 데도 큰 어려움이 없었으리라 생각한다.

옛 위안부나 옛 일본 군인들을 만나면서 나는 그들과 나 사이의 경계를 뛰어넘을 수 있다고 성급히 가정하기보다는 우리 사이의 차이점과 공유점을 찾고 받아들이고자 했다. 또한 이러한 차이와 공유가 내가 하는 이 연구에 어떻게 반영되는가를 관찰하려 했다. 내가 아무리 위안부들이 살아온 삶을 이해하고 공유하려고 해도, 직접적인 체험을 통해 아는 것과 듣고 읽어서 아는 것 사이에는 커다란 차이가 있을 것이다. 서로 다른 성(gender), 민족, 식민주의,

전쟁에 대한 체험을 갖고 있으니까, 위안부와 군인과 나 사이의 차이점은 드러나기 마련이라 생각한다. 나 자신을 어설프게 그들의 위치에 놓으려고 시도하기보다는, 어떤 점에서 보면 우리 사이에 존재하는 이러한 차이점과 공유점을 솔직히 인정하고 받아들이는 것이 이들과의 인터뷰를 무리 없이 잘 대처해 나가는 데 도움이 되리라 생각했다.

우리가 공유하고 있는 것들

이 책을 쓰면서 자주 다음과 같은 질문을 내 스스로에게 했다. '왜 나는 위안부 문제에 관여하려 하는가?' '이 문제는 과연 내 문제이기도 한가?' '내가 아무리 옛 위안부들이 살아온 삶을 공유하려 해도 전쟁, 성폭력, 절대 가난, 그리고 사회적으로 낙인 찍힌 경험이 없는 내가 이들과 어떤 삶의 공통점을 찾을 수 있을까?' '후기 식민주의 한국에서 태어난 내가 이들과 공유할 수 있는 것은 무엇인가?' 위안부와 군인들은 절대적인 위계 질서, 억압적인 군대 질서 속에서 겪었던 갈등과 고통의 이야기들을 가득 짊어지고 있다. 이러한 내용은 정도의 차이는 있겠지만 아마도 30년 동안 군사 정권 아래서 살아온 나의 경험과 연관되는 점들이 있을지도 모른다는 생각이 들었다. 나는 일본 군인들의 이야기를 들으면서 군복무를 마친 내 또래 남자들의 경험담이 자주 떠올랐다. 전후 한국의 군사주의적 정치 환경에서 자란 내 경험을 떠올리면서, 그리고 옛 일본 군인들의 전쟁 경험 이야기를 들으면서 내 안에 군사주의에 대한 강한 반발의 뿌리를 찾은 것 같은 기분이 들었다. 이러한 저항감은 바로 군사주의의 정치적·사회적 환경에서 자란 전후 세대로서의 정체성, 그리고 성차별주의 사회에 대한 여성으로서의 나의 정체성에 연결되어 있으리라. 이러한 나의 정체성은 전쟁을 거친 위안부들과 군인들의 억압과 갈등을 이해하는 데 도움이 되었다.

전쟁의 직접적인 경험은 없더라도, 전후 한국 사회에서 사회화된 나는 한반도 내 전쟁의 위협에 늘 노출되어 왔고, 전쟁에 대해 끊임없이 의식하도록 교육받아 왔다. 아마도 때로는 과거 남북한 정권에 의해 이런 위기 의식이 과장되었는지도 모른다. 대부분의 한국 사람과 마찬가지로 나도 전쟁을 직접 경험한 부모에게서, 소설과 영화 같은 문학 작품들에서, 그리고 과거 남한 군사 정권이 유포한 정치적 선전(정권 유지를 위해 남북한 사이의 긴장감을 계속 유지하려는)에 의해 전쟁을 간접적으로 경험하며 자라왔다. 때때로 매스컴에서 전쟁이 곧 일어날 것처럼 임박성이 강조되면, 너나할 것 없이 라면과 설탕과 밀가루 같은 비상 식량을 사재기하는 모습들을 보았다. 6·25 전쟁 후 한국의 사회적 분위기는 그 구성원들로 하여금 전쟁을 하나의 현실적인 위협으로 인식하게 만들었다.

한편 나의 성 정체성(gender identity)은 이 책을 쓰는 과정에 큰 영향을 미쳤다. 어떤 면에서 보면 여성이라는 나의 성 정체성은 이 주제에 대해 글을 쓰는 데 어떤 특권 같은 것을 부여해 주었다. 예를 들어 내가 위안부들을 만날 때 내가 혼자인가 아니면 다른 사람 특히 남성을 대동하고 있는가 하는 것이 그 이야기 내용에 영향을 주었다. 인터뷰에서 남성과 자리를 함께한 경우 우리 모두가 무언가 불편함을 느꼈고, 위안부들과 심층적인 경험들을 이야기하는 데 어려움을 느꼈다. 이런 경험을 하면서 나는 남성 연구자들이 이러한 성폭력에 대한 인터뷰와 연구를 어떻게 무리 없이 해나갈 수 있을까 하는 의문이 들었다. 성폭력 피해자 상담을 했던 나의 경험에 비추어볼 때 피해자가 여성인 경우 같은 여성이 더 깊이 있게 그들의 이야기를 이해하고 공유할 수 있음을 발견했다. 일반적으로 대부분의 여성 성폭력 피해자는 남성에게 그들의 이야기를 털어놓는 것을 꺼려하기 때문이다.

우리가 공유할 수 없는 것들

나와 내가 만났던 위안부와 군인들 사이에서 발견한 차이점은 무엇인가? 성, 계층, 민족이라는 변수는 우리 사이에 차이점이나 긴장감을 가져올 수 있는 요인이 되었다. 옛 위안부들과 나 사이에는 세대와 사회적 계층이라는 면에서 차이가 있을 수도 있다. 그러나 마음속에 갇힌 고통을 털어내고자 하는 그들의 욕구와 성폭력 피해자 상담과 위안부 운동에 관여했던 나의 경험은 서로 맞아들어 감정 이입을 가능하게 했다. 그러므로 우리 사이 경험의 차이 폭은 잠시 좁혀질 수 있었으며, 내가 그들의 이야기를 마음으로 함께 나눌 수 있는 특권을 누릴 수 있었다.

일본 군인들과의 만남에서는 중국귀환자연락회를 제외하고는 나도 그들도 서로 조심하는 분위기였다. 나는 늘 신중한 태도를 가지려 했고, 위안소에 가본 적이 있는지, 위안부들이 어떻게 취급받았는지 등의 직접적인 질문을 삼갔다. 이런 식의 질문은 마치 취조와 같은 분위기를 자아내리라는 생각에서였다. 대신에 군 복무 당시 부대 주변에서 여성들을 본 적이 있는지, 또는 보았다면 그 여성들이 거기서 행복해 보였는지 등 간접적인 질문을 했다.

일본 우익의 입장을 보였던 두 장교와 인터뷰할 때는 특별히 내 속의 화를 다스리기 위해 애를 썼다. 그들은, "위안부는 당연히 '창녀'였으며, 일본의 팽창주의적 식민지 정책은 한국을 포함한 아시아 국가들의 문명화를 위한 것이었다"고 힘주어 말했다. 그리고 "우리 일본과 한국은 하나였는데 지금에 와서 왜 한국 사람들은 우리 일본 사람을 좋아하지 않느냐?"고 반문했다. 그들이 이런 이야기를 계속하는 동안 나는 나의 불편한 감정과 반발심을 보이지 않으려고 애썼다. 어렵게 마련된 일본 옛 군인들과의 인터뷰를 끝까지 잘 마치기 위해 그들의 이야기를 끊지 않고 묵묵히 들어야 한다고 생각했다. 이 장면은 스마트(Smart)가 지적한 남녀간의 인터뷰에서 드러나는 권력 관계를 떠올리게 했다.[37] 남녀 사이의 인터뷰는 남녀간 대화의 전형적인 모델에 따른다는 것이다. 즉 남성은 자기 주장을 하고 여성은 고분히 듣는 모델이다. 내 경우는 단지 다른 성(cross-gender), 즉 남녀 사이의 인터뷰였을 뿐 아니라 다른 문화적 배경을 가진 사람과의(cross-ethnic) 인터뷰였다. 그러므로 일본 군인들과의 인터뷰에서는 기존의 인터뷰 방법에서 제기된 것처럼 연구자에게 특권이 주어지는 전형적인 역학 관계가 성립하지 않았다. 우리 사이의 권력 관계는 오히려 군인들 쪽으로 기울어져 있었다.

한번은 옛 일본군 장교를 인터뷰할 때 그의 부인이 자리를 함께한 적이 있었다. 그 부인의 태도는 나로 하여금 많은 것을 생각하게 해주었다. 남편에게 연락을 취할 때부터 나는 그녀의 반갑지 않은 태도를 감지할 수 있었다. 그럴 수 있으리라 생각했고, 애초부터 내가 환영받으리라고는 기대하지 않았다. 그러나 인터뷰를 하는 동안 그녀는 "그 문제(위안부 문제)에 대해 확실치 않으면 이야기하지 마세요"라고 여러 차례 남편을 제지했다. 약속된 대로 정확히 한 시간이 지난 후 그녀는 나에게 시간이 다 되었음을 알렸다. 그러나 그 남편은 그때 마침 일본이 오늘의 한국이 있기까지 얼마나 많은 기여를 했는가에 대해 열변을 토하고 있는 중이었으므로 인터뷰가 중단되는 것을 원하지 않았다. 그 옛 장교의 아내는 자신이 여성임에도 성폭력으로 시달렸던 위안부 문제에 대해서 어떤 이해나 감정 이입도 찾아보기 힘들었다. 나는 그 뒤에 그 이유에 대해 줄곧 생각해 보았다. '그녀의 일본인으로서의 자아 정체성(ethnic identification)이 여성으로서의 정체성보다 강했기 때문일까?' '부인으로서 남편에게 "충성"(loyalties)하려고, 또는 남편과 이해 관계를 공유하기 위해 위안부 문제를 부인한 것일까?' 단지 여성이라는 이유 때문에 다른 여성의 경험과 시각을 공유한다는 점에 대해 나는 또다시 회의를 느끼게 되었다. 그리고 '여성이라는 것이 의미하는 게 무엇일까' 그리고 '후기 식민주의 국가(a post-colonial nation)의 시민이라는 것이 의미하는 게 무엇일까' 등의 생각들이 꼬리를 물고 일어났다. 같은 논리를 한국 남성들에게 적용한다면, 단지 같은 한국 사람이기 때문에 위안부 문제를 더 잘 이해할 수 있다는 것에 대해서도 나는 회의적이었다.

다시 인터뷰 장면으로 돌아가 보자. 어떤 군인은 위안부와 자신의 관계를 아무 거리낌없이 이야기했다. 내가 이 민감한 질문을 어떻게 시작할까 애쓰고 있는 사이에 "나 위안소에 가끔 갔었지요" 하고 단도직입적으로 이야기를 시작하는 사람도 있었다. 이럴 때 나는 많은 감정의 교차를 느꼈다. 한편으로는 드디어 위안소에서 그들의 경험에 대한 이야기를 들을 수 있으므로 말문이 터진 것을 환영하였지만, 다른 한편으로는 그러한 경험을 거리낌없이 말할 수 있다는 것과 그들이 사용한 용어들에서 남성으로서의 우월감이나 권력을 엿볼 수 있었다. 이러한 권력 관계는 그들에 비해 젊은 한국인 여성인 나에 대한 그들의 권위적인 태도에서도 잘 드러났다.

옛 일본 군인들과 나 사이에 이러한 긴장 관계가 있었음에도 이것이 표면으로 드러나지 않도록 노력했다. 그리고 나 자신을 그들의 구술 내용과 거리를 두고자 했고 개인적인 감정 이입을 하지 않으려고 노력하였다. 즉 나의 불편함 감정을 드러내거나 그들의 의견에 휘말려 논쟁하지 않으려 했다. 그러나 이와 같이 상대를 판단하지 않고 듣고자 하는 시도는 나의 내면 감정을 억눌렀던 것 같다. 성(gender)과 문화적 배경을 넘어선 인터뷰에서 쥬디스 스테이시(Judith Stacey)가 지적한 것같이 "실질적이고 감정적인 지원과 관심을 가지고 비판단적으로 받아들이는 것"[38]은 쉽지 않았다. 다른 한편으로 나는 군인들과의 인터뷰 경험에서 구술자가 하나의 '정보'로서 사용되어 대상화될 수 있다는 우려에 대해서도 곰곰이 생각해 보았다. 옛 일본 군인들이 나와의 권력 관계에서 우위를 점하고 있음에도 나는 그들의 구술을 이 책을 쓰기 위해 '대상화'할 수 있다. 그러나 다르게 생각해 보면 그들이 전쟁과 남성의 성에 대한 권위적이고 방어적인 태도를 보일 때는, 내 자신이 '대상화' 되고 '약자'의 입장에 있음을 느꼈다. 참으로 복합적인 역학 관계가 드러났다.

옛 일본 군인들과 인터뷰를 하는 동안 때로는 내 안에 불편한 감정들이 또아리를 틀었다. 나는 그들의 구술 내용을 분석하면서 내 안의 이러한 불편한 감정에 대해서도 분석하고 그 원인이 무엇일까를 오랫동안 생각해 보았다. 그들과의 인터뷰 녹취 테이프를 풀고 정리할 때, 나는 그들이 아시아태평양전쟁과 위안부 문제에 대해 그들의 시각으로 나를 설득하려 했음을 알 수 있었다. 인터뷰할 때는 이러한 문제에 대해 나의 의견을 전혀 이야기하지 않았는데도, 내 견해가 그들과 다르리라는 것은 이미 전제되어 있었다. 때로 인터뷰는 일본제국 군대의 군인으로서 그들의 용감하고 명예로운 과거를 회상하는 하나의 배출구가 되기도 했다. 그리고 그들의 시각으로 나를 '교육' 시키는 장이기도 했다.

이런 모든 점을 고려할 때 내가 인터뷰 과정에서 겪었던 역학 관계(dynamics)는 전형적인, 소위 '정통' 민족지학 (ethnography)과는 매우 다른 것이었다. 팻 카플란(Pat Caplan)은 민족지학에 대해 "민족지학 연구자는 인종, 계급, 교육 수준 등에 기반한 자신의 우월한 지위를 고통스럽게 인식한다"고 지적했다.[39] 그러나 성과 문화적 배경을 달리하는 나와 일본 군인들과의 만남에서는 카플란이 지적한 것과 같은 특권적인 지위가 내게 전혀 주어지지 않았다. 기존의 소위 '정통' 민족지학 연구는 제1세계의 연구자들이 그들의 후기 식민지 사회에서 행한 것들이 대부분이다. 그러나 이 책을 쓰기 위해 내가 일본에서 현장 연구를 했던 것은 그와 반대 경우였다. 나는 옛 일본의 식민지 출신으로서 일본에 갔다. 일본 사회에서 한국인과 여성은 여전히 사회적으로 덜 우세한 위치에 있다. 이러한 권력의 역학 관계는 인터뷰에서도 나타났다. 내가 인터뷰한 일본 남성들은 종종 인터뷰를 자신의 방식대로 이끌고 통제하려는 시도를 보였다.[40] 여러 가지 측면에서 기존 민족지학에서 지적된 권력 관계의 구조는 나의 일본 현장 연구에는 잘 들어맞지 않았다. 그들은 자신의 우월적인 위치를 이미 전제하고 있는 듯했다. 한편 한국에서의 현장 연구 역시 기존 '정통' 민족지학과는 다른 점이 있었다. 이것은 같은 문화권에서 태어나고 자란 내가 동일한 문화의 민족지학을 파고들어야 했기 때문이다.

내가 일본에서 현장 조사를 마치고 떠날 때는 마음이 복잡했고 온갖 감정이 교차했다. 위에서 언급했듯이 때로 내 마음속 화를 삭히느라 애를 쓴 적이 있는가 하면, 때로는 몇몇 군인들이 전쟁 당시 '졸병'으로서 일본 군대에서의 경험과 전후 전범으로 잡혀 들어가 겪은 일들을 이야기하면서 고통스러워할 때는 나도 그들의 아픔에 동정이 갔다. 그들 가운데 현재 가난과 외로움과 노년의 건강 악화 같은 문제로 고생하는 이들이 있다는 사실을 알았을 때는 안쓰러운 마음이 들었다. 내 마음의 이러한 감정의 교차는 성·민족·나이에 따라 개인의 정체성에 나타나는 다면성과 복합성을 이해하는 데 도움이 되었고, 우리들 사이에 존재하는 차이점에 어떻게 대처할 것인가에 대한 실마리를 제공해 주었다. 이와 더불어 한국과 일본에서 나의 현장 연구 경험은, 특히 여성의 현실에 기반한 연구인 경우에 '이론과 실천을 어떻게 병행시킬 수 있을까' 하는 문제에 대해 많은 생각을 하게 해주었다.

마지막으로 이 책의 구성에 대해 간단히 소개하고자 한다. 이 책은 모두 8장으로 구성되어 있다. 1장에서는 위안소 제도의 역사적 배경을 살펴보았고, 내가 이 책에서 사용하는 면접 방법론에 대해 설명했다. 한국인 옛 위안부와 옛 일본 군인들과 면접하는 동안 여러 가지 주목할 만한 이슈들이 나타났다. 구술자와 연구자의 입장에서 만난 우리들 사이의 역학 관계 등을 예로 들 수 있다. 2장에서는 위안부 주제에 대한 기존 연구에 대해 검토해 볼 것이다. 3장에서는 위안소에서 그리고 전후 한국 사회에서 겪은 한국 위안부들의 경험에 대한 구술들을 한데 엮었고, 4장에서는 전시 군대 생활을 중심으로 한 일본 군인의 구술을 한데 묶어보았다. 5~7장에서는 위안소 제도를 통해 한국인 위안부와 일본인 군인에게 어떠한 종류의 여성성, 남성성이 구성·재구성되었는가를 살펴볼 것이다. 이들 세 장이 바로 옛 위안부와 옛 군인들의 인터뷰 자료를 분석한 파트이다. 마지막 장인 8장에서는 성별·민족 정체성의 일본적 구성·재구성에 대처하는 위안부들 자신의 자리매김(self-positioning)에 대해 검토할 것이다.

위안부 문제의 역사 기술

1970년대 이래로 학자, 운동가, 저널리스트 등이 위안부 문제에 대한 저서를 내놓기 시작했다. 이 책들은 한국을 비롯해서 일본·미국·호주 등에서 출판되었는데, 위안부 문제에 대한 대부분의 저서는 1990년대 들어서 본격적으로 출간되었다. 특히 1990년 초 위안부 문제 해결을 위한 움직임이 한국과 일본에서 본격화됨에 따라 이에 대한 연구에도 더 관심이 모아졌다. 김학순 할머니를 시작으로 옛 위안부들이 자신이 위안부였음을 밝히고 증언하기 시작함에 따라, 위안부 문제에 대한 연구 역시 많은 영향을 받게 되었다.

　위안부 문제에 관해서는 그 동안 한국 사회에서 이론과 운동 간에 비교적 밀접한 관계를 유지해 왔다. 상당수의 연구자들이 실제적으로 1990년대에 이 문제 해결을 위한 운동에 참여해 왔다. 예를 들면 윤정옥, 이효재[1], 정진성, 야마시다 영애(山下英愛), 니시노 루미코(西野留美子), 가와다 후미코(川田文子), 스즈키 유코(鈴木裕子), 박원순, 도츠카 에츠로(戶塚悅朗)[2] 등이다. 그들은 때로 위안부 운동 과정에서 제기된 문제들이나 논쟁들을 글로 써냈고, 운동 과정에서 제기된 문제 해결의 실마리를 제공하기도 했다. 요시미 요시아키의 연구처럼 위안부 문제에 대한 군문서를 발굴하고 이에 기반한 역사적 '사실'을 규명한다든가, 또는 국제법에 따라 피해자 보상을 위한 법적 근거를 찾는 연구 등을 예로 들 수 있다.[3] 그 동안 위안부 문제에 관한 연구들은 위안소 제도에 대한 일본군과 국가의 개입, 일본 식민주의와 성폭력, 민족주의 등에 대한 것이었다. 그 외에도 증언이나 구술사[4], 일본군 문서 자료 내 위안부 관계 자료 모음[5], 그리고 활동가들이 위안부 문제 운동 과정을 묶은 소책자가 발간되었다. 최근의 연구는 성과 민족 같은 좀더 분석적이고 담론적인(discursive) 문제[6], 피해자의 후유증(trauma)[7], 그리고 위안부 문제 해결을 위한 운동사[8] 등에 초점을 맞추고 있다. 이와 더불어 한국정신대연구회에서는 한국과 중국에 생존해 있는 위안부들의 증언집을 지속적으로 펴내고 있다. 한편 위안부 문제를 밝히고 해결하는 데 그 지향을 두는 연구와는 또 다르게 위안부 문제를 정당화하고 방어하기 위한 일본 보수주의 진영의 연구물도 나오고 있는 형편이다.[9]

이번 장에서는 한국과 일본의 역사 쓰기에서 위안부 문제가 어떤 시각으로 쓰여졌는가에 대해 살펴보고자 한다. 여기에는 서로 다른 다양한 시각들이 드러나는데, 이들을 크게 세 부류로 나누었다. 첫째는 민족주의의 시각, 둘째는 '실증주의적'인 역사학의 시각, 셋째는 여성주의적인(feminist) 시각이다. 이러한 분류는 성(gender)과 식민주의를 바라보는 서로 다른 관점에서 비롯된 것이다.

민족주의의 시각

일본 민족주의적인 시각

한국과 일본을 중심으로 위안부 운동이 확산되어 가자 일본 민족주의 진영은 이에 대한 반응으로 예전보다 더 많은 글을 발표했다. 이 글들은 이른바 '수정주의'나 보수주의 사관으로 분류된다.

후지오카 노부카쯔(藤岡信勝), 나카무라 아키라(中村粲), 호사카 마사야수(保阪正康), 니시오카 쯔토무(西岡力), 그리고 구사키 기민도(日下公人) 등이 쓴 글들[10]을 예로 들 수 있다. 이들의 입장은 기본적으로 일본 제국주의의 팽창주의를 방어하는 것이다. 위안부 문제와 관련해서 예를 들면 위안부 모집 과정에 개입된 강제성, 그리고 일본 국가나 군당국이 위안소 제도의 설립과 운영에 개입한 문제 등을 부정하거나 축소한다.

예를 들어 구사키 기미히토는 다음과 같이 일본군의 개입을 축소화했다. "일본군은 사창업자를 감독하거나 그들을 위한 편의를 제공했을 뿐이다. 이것이 일본군에 의한 매춘 제도가 존재했던 것을 의미하는 것은 아니다. 만약 일본 국가가 강제로 위안부를 모집하는 일에 관여했다면 그 공식 문서가 남아 있어야 한다."[11] 즉 그는 일본 국가가 위안소 제도에 직접적으로 관여한 것을 부인했다. 또한 후지오카 노부카쯔는 이들 여성들이 군대 주변 사창가에서 고소득을 노리는 창녀들이었다고 주장했다.[12] 나카무라 아키라는 일본 식민지 시대 한국에서 근무하던 한 일본인 공무원의 진술을 인용해서 이들 여성들의 한달 수입이 250엔에 이르는 고소득이었다고 주장했다. 이는 당시 대졸자 초임의 3.5배에 해당하는 액수이다.[13] 하타 이쿠히코(秦郁彦)는 아시아태평양전쟁 후 미군이 작성한 심문 기록을 바탕으로 이들 여성들의 수입이 한 달에 심지어 1천~2천 엔까지 이르렀다고 추정했다.[14] 그러나 이러한 주장들은 위안부들과의 증언과는 많은 차이를 보인다. 하타 이쿠히코와 후지오카 노부카쯔는 당시 일본에서는 합법적인 공창 제도가 있었기 때문에 위안소 제도를 운영한 것에 대해서는 아무런 문제삼을 것이 없다고 밝혔다.[15] 이들은 일본 군당국이 매춘업 허가를 해주었을 뿐이고, 그리고 더 나아가서는 위안부들을 보호하는 일을 담당했다고 주장한다.[16] 이들 시각에서 위안소 제도는 단순히 군부대 주변의 사창가와 다를 것이 없다.

둘째로 일본 민족주의 시각에서는 군부대 주변에 사창이 보편적이었음을 강조하고 있다. 군부대 주변에는 시대와 장소를 막론하고 사창이 형성되어 존재해 왔음을 강조하고, 더구나 전시에 군부대 주변의 사창은 극히 정상적인 것으로 일본군의 경우도 특별히 다르지 않다는 것이다.[17] 호사카 마사야수는 군대와 성(sex)은 뗄 수 없는 밀접한 관계가 있다고 가정한다.[18] 더 나아가서 이들의 논리는 전쟁 상황에서 강간을 합리화하는 데 이른다. 하타 이쿠히코는 전쟁에서는 젊은 군인들이 성적인 배출구가 필요하기 때문에 강간이 따르기 마련이고 이는 젊은 남성들에게 당연한 것으로 보았다.[19] 이러한 시각은 남성의 성을 생물학적인 결정론에서 보는 것이다. 이러한 환원주의는 위안부 제도와 일본군 점령 지역에서 그 지역 여성에 대한 강간을 합리화하는 결과를 낳았다.

군대 주변 사창 제도의 보편성을 주장하는 것과는 대조적으로 하타 이쿠히코나 호사카 마사야수 같은 일본 민족주의 진영의 저자들은 전쟁이라는 상황에서의 예외성을 강조한다. 예를 들어 호사카 마사야수는 전시의 성에 대해 다음과 같이 설명했다. "죽음이 임박한 상황에서 느끼는 살과 애정의 만남, 그 달콤한 맛은 아무도 모른다."[20] 그는 현재의 관점을 가지고 과거를 보는 것, 특히 전쟁이 없는 평화 상태의 시각으로 전시 상황을 재는 것은 오류라고 지적했다.[21] 그러므로 그의 관점에서는 위안부 제도가 인간의 기본적인 인권 침해이고 범죄라는 논리는 성립하지 않는다. 그는 위안부들에 대한 인권 침해에 주목하기보다는 전장의 군인들도 역시 성적인 배출구가 필요한 하나의 남성으로 여겨져야 한다고 변명하고 있다.[22] 이러한 논리 속에는 피해자 인권에 대한 개념은 포함되어 있지 않다. 대신 인권 침해를 정당화하기 위해 전쟁이라는 특수 상황이 강조된다.

셋째로, 일본 민족주의적 관점은 위안부들의 증언에 의문을 보인다. 공식 문서 자료에 의해 뒷받침되지 않으면 위안부들의 증언이 갖는 역사적 '진실성'을 의심하는 것이다. 예를 들어 위안부 모집 과정에서 강제력의 사용이나 일본 국가의 개입 등은 부인된다.[23] 그러므로 나카무라 아키라의 글에서처럼 증언 자료는 선택적으로만 증거로 채택될 뿐이다. 예를 들어 나카무라 아키라의 저서에서 위안부들의 증언은 신빙성이 없는 것으로 여겨진 반면, 식민지 시대 옛 일본인 정부 관료의 증언은 중요한 근거로 채택되었다.[24] 일본 민족주의적 관점은 공식 자료나 관제 자료를 구술 자료보다 더 신빙성 있고 유효한 것으로 여긴다. 이렇게 증거를 선택적으로 사용하는 것은 자기 모순적이다. 위안부들의 증언을 자료 가치에서 배제하기 위해 일본 민족주의적인 관점은 위안부들의 구술이 믿을 만한 가치가 있는지 공식 문서 자료를 통해 점검되어야 함을 특히 강조했다.[25] 특정 자료가 다른 자료보다 더 가치가 있다고 여기는 것은 성(gender)과 관련된 이슈이기도 하다. 대부분 여성들의 경험은 기록되기보다는 구술로 전해지는 경향이 있는 반면, 남성의 목소리와 시각은 기록되어 남는 경우가 더 많다. 더 나아가서 일본 민족주의의 관점은 위안부 모집 과정이나 위안소의 운영에 식민지 시대 조선인들도 협력했음을 강조한다.[26]

민족주의적인 일본 보수주의 진영이 위안부 문제를 보는 시각은 자민족 중심적인 식민주의자의 입장이다. 이러한 시각 내에서 여성의 경험은 식민주의 담론과 남성의 담론을 통해 구성된다. 일본 민족주의의 시각은 식민주의에 개입된 권력과 강제 그리고 이것이 성(gender)에 미친 영향에 대해 간과하고 있다. 즉 이 관점에서 성과 식민주의의 문제는 무시되고 있다. 이는 문명화된 식민주의자와 개화되지 않은 식민지인, 그리고 남성성과 여성성의 대조라는 이분법적인 논리를 바탕에 두고 있는 탓이다. 이처럼 일본 식민주의를 정당화하고 합리화하기 위한 인종과 성에 기반한 우월성의 구도가 이들 일본 보수주의, 즉 민족주의적인 관점에서 유지되고 있다.

한국 민족주의의 시각

일본 민족주의적 시각과는 대조적으로 한국 민족주의적인 관점에서는 식민주의를 크게 강조한다. 예를 들면 김일면과 임종국의 저서에서 이런 입장이 잘 나타난다.[27] 한국 민족주의의 관점은 위안부 문제에서도 민족 말살이라는 측면을 특히 강조한다. 김일면(金一勉)과 임종국은 한반도에 대한 일본 식민주의 정책이 기본적으로 민족 말살을 위한 것이었다고 본다. 당시 조선의 남성들을 일본 제국 군대의 군인이나 군수 공장의 노동자로 차출해 가고, 여성들을 위안부로 모집해 간 것은 조선 민족 말살 정책이었다는 것이다.[28] 이들은 저서에서 민족 말살의 개념을 정확하게 정의하고 있지는 않다. 그러나 미루어 짐작하면 전쟁을 수행하기 위해서 재생산이 불가능할 정도로 조선인을 착취하고 소모해 버리는 (disposable) 노동력으로 이용했음을 뜻하는 듯하다. 이들에 따르면 위안부 제도를 간접적이면서 점차적인 민족 말살의 과정으로 확장해 볼 수도 있다. 즉 정체성을 파괴하고, 여성의 재생산 능력의 파괴·통제하는 것을 통해서 민족 말살까지도 가능해진다는 것이다.[29] 복잡하고 교묘한 형태로 나타나는 현대의 민족 말살을 정의하기 위해서는 물리적인 학살에서부터 국가적, 민족적, 인종적 정체성(national, ethnic, racial identity) 말살에 이르기까지 광범위한 범위를 포괄하는 것으로 그 개념 정의의 폭을 확장시킬 수 있을 것이다.[30] 한국 민족주의적 관점에서 사용하고 있는 민족 말살의 용어에 대해서도 좀더 구체적인 개념 정의가 필요하다.

  한국 민족주의 진영에서 강조하는 위안부 문제의 또 다른 이슈는 한국 여성의 몸을 '범하는' 것을 민족이나 국가에 대한 침범으로 재현하는 것이다. 이 관점에서 여성의 몸은 민족이나 국가의 소유로 여겨지며, 민족 정체성의 상징으로 여겨진다. 한국 민족주의적인 시각에서 위안부 제도를 특히 비난하는 중요한 이유 가운데 하나는 한국인 위안부들이 직업적인 매춘부가 아니고 '처녀'였다는 사실이다. 강만길 교수도 이점을 지적하고 있다.[31] "일본 제국주의가 한국 여성의 정조를 짓밟았음"[32]을 비난하는 이러한 시각에는 가부장적인 순결 이데올로기가 드러난다. 그리고 이 문제를 인권의 침해 문제이기 이전에 정조의 침해 문제로 보는 것이다.

한국 민족주의 진영의 연구에 의해 위안부 제도와 조선인을 착취한 일본 식민지 정책 사이의 관련성은 많이 밝혀졌으나, 기존에 조선 내 존재하던 가부장적 사회 구조와 위안부 제도 사이의 연관성은 간과되어 왔다. 예를 들어 역사 학자 이만열은 위안부 제도의 역사적 배경에 대한 논문에서 여성의 몸과 성이 남성의 소유나 재산으로 여겨지는 기존 가부장제 체제에 대해서 문제를 제기하지 않았다. 그는 다만 위안부 제도의 정치 경제적인 배경에 대해서만 다음과 같이 논하고 있다. "조선 농촌의 빈궁화와 전시 체제 강화에 따른 여성 인력의 조직화 및 동원 체제가 일본군 위안부 정책 형성과 시행의 중요한 역사적 배경이 되었던 것이다."[33]

식민지의 여성이 왜 남성과는 다른 방식으로, 즉 그들의 노동력뿐만 아니라 성(sexuality)까지 이중으로 착취당하는지를 한국 민족주의적인 연구는 간과하고 있다. 식민주의 맥락에서 나타나는 남성과는 다른 여성 경험의 특수성(particularity)을 놓치고 있는 것이다. 한국 민족주의적 입장은 남녀를 불문하고 식민지인의 경험을 보편화함으로써 여성의 성이 왜 식민주의자의 의도에 따라 사용되었는가 하는 것에 대해서는 질문하지 않는다. 이처럼 성과 가부장제를 간과한 결과, 한국 민족주의 관점은 위안부 제도의 다각적인 배경을 살펴보지 못했다.

한국 민족주의 담론에서는 일본제국 군대의 특이성을 그들의 잔인성 탓으로 돌린다. 위안소 제도 역시 세계 역사상 유례없는 유일한 것으로 여겨진다. 이 시각은 군대 주변에 군인을 상대로 하는 사창이 형성되는 것은 어디에나 존재하는 것으로 보고, 그 보편성을 강조하는 일본 민족주의 진영과는 대조적인 것이다. 한국 민족주의 시각에서 위안부 제도는 매매음이라기보다는 현대판 성노예의 한 형태로 여겨진다. "객관적인 관점에서 보면 일본 군대 특유의 비인간성과 잔혹성의 증거로서 현대판 성노예에 지나지 않았다고 할 수 있다."[34] 그러므로 일본제국 군대에 의해 형성된 위안부 제도가 전무후무한 제도였다는 것을 주장하기 위해서는 비교적인 증거를 가지고 뒷받침해야 한다. 즉 영국 군인을 위해 제도화된 매춘, 나치 독일에서의 강제 매춘, 옛 유고슬라비아인 보스니아와 헤르체고비나에서 일어났던 집단 강간 등의 경우와 일본제국의 위안부 제도를 비교해서, 위안부 제도가 어떤 점에서 세계 역사상 유례없는 경우인지를 밝혀야 할 것이다. 체계적인 비교 분석에 의해 보완되지 않으면 위안소 제도의 유일성을 주장하는 논리는 그 기초가 빈약하다.

한국 민족주의를 반영하는 이 관점이 위안부들이 성노예처럼 취급당했음을 인정한다 하더라도, 여전히 가부장제 내에서 여성의 성적 대상화에 대한 검토는 미흡하다. 김일면은 일본 봉건 시대 이래 여성 매매의 전통을 검토함으로써 위안부 제도의 배경을 찾고자 하는 선구적인 연구를 했다.[35] 그러나 그의 연구에서는 성(gender)을 분석의 카테고리로 삼지 않기 때문에 여성 매매의 전통에서 드러나는 여성의 몸과 성의 대상화에 대해서는 거론되지 않았다. 이런 탓에 그의 연구는 성(gender)과 식민주의가 얽힌 구도를 분석해 내는 데 한계를 보였다. 더불어서 한국 민족주의적인 시각을 가진 몇몇 학자들, 특히 강만길, 이만열 같은 사학자들은 위안부 문제를 연구하는 데 여전히 공식 기록 자료에 크게 의존하고 있다.

역설적이지만 위에서 살펴본 한국 민족주의와 일본 민족주의 사이에는 어떤 공통점을 찾아볼 수 있다. 첫째, 양쪽 민족주의 시각은 우선 성(gender)에 관련된 분석이 미흡하다는 점이다. 즉 식민주의와 민족 정체성이 성별화되어(gendered) 있음을 눈여겨보지 않고 있다. 이들은 가부장제 성문화의 중심이 되어온 성 이중 윤리의 논리를 공유하고 있다. 한국 민족주의 시각은 식민주의 문화 그 자체가 어떻게 성별화되었는가에 대한 고려 없이 식민주의 문화를 검토하고 있다. 이러한 접근에서는 성(gender)을 권력 관계의 일부로 보지 못하게 된다.

두번째 공통점은 식민주의자와 피식민주의자를 지나치게 이원론적으로 구분하여 전형화한다는 것이다. 이와 같은 배타적인 이원론은 한국 민족주의와 일본 민족주의적인 시각이 가지는 자기 민족 중심성 때문이다. 이러한 관점은 그 자체 내에 뚜렷한 정치적인 목적을 가지고 있다. 즉 한국 민족주의적 입장의 경우 위안부 문제를 둘러싼 사과와 보상을 통해 이 문제를 해결하겠다는 목적을 가지고 있고, 일본 민족주의 진영의 경우 자신들의 과거 식민주의를 정당화하려는 정치적인 목적을 가지고 있다.

실증주의 역사학의 시각

소위 '객관적인' 역사학 또는 실증주의 사관의 시각은 정치적·이론적으로도 중요하며, 이는 앞에서 살펴본 양쪽의 민족주의 시각들, 그리고 나중에 논의할 페미니스트 시각과도 구별된다. 이 절에서 논의할 위안부 문제에 대한 실증주의 역사학의 시각은 대개 반식민주의와 반군사주의적인 경향을 보이는 진보적인 관점이지만, 여전히 성(gender)에 대해서는 커다란 비중을 두지 않는다. 이들은 일차적으로 공식 문서에 의존해서 위안부 제도에 대한 역사적인 '사실'을 밝히는 데 전념하고 있다.

예를 들면 요시미 요시아키, 요시다 유타카(吉田裕), 윤명숙, 구라하시 마사나오(倉橋正直) 등의 연구가 그러하다.[36] 특히 역사학자인 요시미 요시아키는 각 위안소들을 설립하고 이들 사이의 거대한 연결망을 유지하는 데 일본군의 직접적인 역할과 개입을 증명하는 일본군 문서 자료를 발굴해서 출판했다. 소위 '객관적인 역사적 진실'을 추구하는 역사학자들은 그들의 연구를 위해 식민지 시대에 발행된 일본 공식 문서에 크게 의존하고 있다. 이러한 연구는 공식 문서 자료를 가지고 일본 정부의 공식·관제 담론과 대결한다는 점에서 유용하다.

뿐만 아니라 실증주의 역사학의 시각은 위안부 제도가 어떠했는가, 그리고 어떻게 기록되었는가를 검토하고 문서화하는 데 기여한다. 이러한 시각을 가진 연구들은 위안부 제도의 설립과 운영에 개입했던 일본군과 국가에 대한 조사에서 새로운 장을 여는 선구적인 역할을 해왔다. 그들의 연구는 위안부 제도를 유지하는 것이 국가의 범죄 행위였음을, 즉 국가에 의한 인권 침해였음을 뒷받침해 주는 성과를 보였다. 이들은 일본군 문서를 가지고 위안부를 모집하는 데에서부터 위안소를 설립하고 운영하는 데에 이르기까지 일본군의 개입을 명료하게 밝히는 데 기여했다. 이 시각은 위안부 제도를 식민주의의 정치적 전략의 하나로 여기고, 또한 국가에 의한 성폭력으로 본다. 위안소 제도에 대한 군과 국가의 개입 증거를 보임으로써 이 제도가 국가에 의한 전쟁 범죄라는 것을 알려준다.[37] 그러므로 실증주의 역사학의 시각에서는 일본 민족주의 사관에 성공적으로 맞서기 위해서 공식 기록 문서를 사용하는 것이 중요하게 여겨졌다. 이는 제도권 내의 방법을 기용한 진보적인 관점이라 할 수 있다.

위안부 문제에서 이러한 실증주의 역사학 관점이 기여한 것은 위안부 문제를 일본 군사사의 맥락에서 이해하고자 한 점이다. 즉 일본군의 구조와 위안부 제도 사이에 연계성을 보이고자 했다.[38] 예를 들어 전시 일본군의 착취적인 특성을 드러냈고, 위안소 제도는 군인들에게 휴가를 제공할 충분한 예산을 갖추지 못했던 일본군이 경제적인 방법으로 군을 유지하기 위한 한 방법이었다고 주장한다.[39] 이러한 설명은 위안부 제도의 존재가 일본군과 일본 식민주의 제도의 자기 귀결적인 결과임을 보임으로써, 위안부 제도를 일본 군사 제도 내 하나의 통합된 부분으로 자리매김한다. '객관주의적' 역사학의 시각은 정치적인 측면을 강조하는 외에도 위안부 제도를 둘러싼 경제적인 변수들을 설명하는 데에도 기여를 함으로써 위안부 제도의 정치·경제 메커니즘을 밝히는 데 성과를 거둬왔다.

구라하시 마사나오는 위안부들이 모집된 방법에 따라, 즉 강제에 의한 것이었는가 아니면 돈을 벌기 위한 자발적 결정이었는가에 따라 위안부를 성노예와 매춘부 두 가지 부류로 구별하고 있다.[40] 이러한 분류는 직업적인 매춘부였던 일본인 위안부와, 위안부가 되리라는 것을 모른 채 모집되어 온 대다수 한국인 위안부 사이의 구별로 이어진다. 따라서 그는 위안부 제도 내의 성노예적 형태와 기존에 존재하던 일본 내 공창 형태를 구별한다.[41] 이러한 분석은 위안부라는 카테고리 내에 존재하는 다양성을 이해하기 위한 다각적이고도 폭넓은 역사적 배경을 보여준다. 그러나 성노예와 매춘의 두 가지 형태를 구분하는 것은 이 둘 사이에 존재하는 유사성이나 연속성을 지나쳐버리게 한다. 매춘에 대한 구라하시 마사나오의 개념에는 문제점이 보인다. 그는 매춘을 경제적인 목적을 위한 자발적인 선택으로 보고 있는데, 경제적인 동기가 개입되었다 하더라도, 그것이 항상 자유로운 선택이었다고 보기는 힘든 것이다. 여성들이 성매매의 길로 접어들게 되는 중요한 이유인 가난과 같은 경제적인 압박감을 고려해야 하기 때문이다. 절대 빈곤이라는 극도의 경제적 압박이 존재하는 상황에서는 '강제'나 '자발적 선택'이라는 개념 자체를 재고할 필요가 있다. 위안부들이 매춘부인가 아닌가 하는 질문은 이 주제를 다시 가부장적인 성문화의 테두리 속에 가두는 위험성을 안고 있다. 그러므로 그들이 매춘부인가 아닌가 하는 것에 초점을 맞추기보다는, 이들을 매춘부로 분류하는 데서 비롯되는 정치적인 함의와 결과가 무엇인가를 주목해야 할 것이다.

위안부 문제를 실증주의 역사학의 관점으로 바라보는 것은 장단점을 지니고 있다. 앞에서 지적했듯이 이는 기본적으로 공식 기록 문서에 의존하고 있다. 위안부 제도가 존재하는지에 대한 상당한 논쟁이 있어왔고, 또한 해방 이후 반세기 동안 이 문제에 대해 침묵해 왔으므로, 한국과 일본의 민족주의적 역사학에서는 '무슨 일이 있었는가'(이를 긍정하기 위해서건 부정을 위해서건) 그리고 '일본 국가의 역할이 무엇이었는가'를 밝히는 것이 우선적인 과제였다. 이러한 배경으로 인해 위안부 문제에 대한 연구는 생존자의 증언이나 구술 자료보다는 문서 자료에 더 큰 가치를 두는 실증주의 역사학에 의존하게 되었다. 물론 '객관적인 역사적 진실'을 추구하는 것은 일본 정부의 관제 담론에 맞서기 위한 효과적인 수단이 될 수도 있다. 위안부 운동이 대두되었던 1991년에 일본 정부는 한국 여성을 위안부로 강제 모집한 증거 자료가 없으므로 사과해야 할 이유가 없다고 발표했다. 이러한 일본 정부의 주장은 일본군과 국가의 개입을 드러내는 군문서가 발견됨에 따라 자취를 감추게 되었다.

실증주의 역사학의 방법론은 이와 같은 성과를 보였지만, 공식 문서의 비판적인 읽기에 대해서는 충분히 토론하지 않았다. 공식 문서에 지나치게 의존하는 것은 생존자들의 경험과 목소리를 왜소화한다. 피해자 여성들의 구술은 단지 '객관적인' 역사 자료의 보조적인 증거로서만 사용되는데, 이것은 구술 자료의 질적 가치에는 관심이 적다는 것을 보여준다. 증언 자료는 문서 자료에 의해 이미 밝혀진 것을 보충하기 위해 선택적으로만 사용된다. 문서 자료와 구술 자료 가운데 서로 다른 것이 있으면 구술 자료는 '신빙성이 덜한' 것으로 취급되는 경향이 있다. 이와 같이 문서 자료에 지나치게 의존함으로써 구술 자료는 부차적인 것이 되며, 구술 자료의 주요 생산자인 여성을 지식의 생산 과정에서 제외시키는 결과를 낳는다.

이른바 '객관적인 역사적 사실'을 추구하는 데 있어서 구술 자료는 객관성과 신빙성이 부족한 것으로 여겨진다. 왜냐하면 구술은 개인의 이해 관계 그리고 그 각 개인이 살고 있는 사회의 가치관에 의해 각색된다고 여겨지기 때문이다. 그러나 구술자와 역사학자를 포함해서 어느 누구도 사회 환경이나 가치관의 영향으로부터 완전히 벗어날 수는 없다. 인간은 타인과의 관계를 통해 사회 속에서 살아간다. 문서 자료의 내용 역시 저자의 사회적인 가치관이나 이해 관계 그리고 그들이 역사를 기록하는 목적에 의해 영향을 받는다. 권위주의적인 국가의 관제 문서 자료의 경우에는 더욱 이러한 경향을 보인다. 그러므로 문서 자료가 항상 '객관적인 진실'을 담고 있는 것만은 아니라는 사실에 주의를 기울여야 한다.

예를 들어서 식민주의적이고 가부장적인 관점이 문서 자료에 스며들어 있을 수 있다. 이른바 실증주의 역사학의 방법론을 가지고 위안부 문제를 연구할 때는 위안소 제도에 대한 '기록된' 그림만을 그릴 수 있기 때문에 과도하게 전체화(overly-totalising)할 우려가 있는 것이다. 역설적이게도 이러한 실증주의 역사학은 그들과 반대 입장에 서 있는 일본 우익들과 그 방법론을 공유한다. 실증주의 역사학이 위안부 제도의 식민주의적인 측면을 밝혀내려고 노력했지만, 민족주의와 식민주의에 대한 이슈들은 오직 문서 자료의 테두리 안에서 논의되고 있다. 예를 들어 요시미 요시아키는 일본이 위안소 제도를 통해 민족 말살을 시도했다는 측면은 이 정책이 마련된 초기부터 계획된 전략이라기보다는 일본 식민주의에 긍정적으로 작용한 하나의 부수적인 결과로 보았다.[42] 왜냐하면 위안부 제도가 민족 말살을 목적으로 했다는 점을 뒷받침해 주는 문서 자료가 부족하기 때문이다.[43] 즉 실증주의 연구 방법은 문서 자료에 한정됨으로써 연구의 내용 자체를 제한할 수도 있다.

기억은 단지 뇌세포 작용에 의한 생물학적인 능력이라기보다는 사회적 가치관에 영향을 받는 사회적인 현상이다. 사람들에 의해 기억된 것과 기억되지 않은 것은 여러 종류의 사회적·개인적인 요소에 달려 있다. 제임스 펜트리스(James Fentress)가 강조했듯이 "개개인의 기억은 단지 개인적인 것만은 아니다. 기억은 개인의 정체성을 형성하고 모든 사고와 행동에 그 맥락을 제공하므로 단지 개인 자신의 기억만은 아니다. 기억은 학습되고, 차용되고, 그리고 물려받은 것이다."[44] 기억은 개인적인 것과 사회적인 재현, 그리고 현재 상황에 대한 과거의 경험과 이해가 얽혀져 있는 복잡한 문화적인 산물이다. 기억은 또한 성별화되어 있다. 그러므로 선택적인 기억은 신빙성 없는 것으로 지나쳐버리기보다는 사회적인 맥락에서 해석·분석할 필요가 있다. 만약 구술자가 어떤 이야기를 빠뜨리거나 과장·과대 평가한다면 이를 믿을 수 없는 자료로 차치해 버리기보다는 그 이면에 존재하는 이유나 동기를 찾아 분석할 필요가 있다.

실증주의 역사학의 관점은 민족(ethnicity)과 성(gender)을 의식하고는 있지만, 민족 지배와 성 지배에 대한 적절한 분석 틀이나 분석 이론이 결여되어서 그들의 논의를 심화시키지 못하고 있다. 성의 이슈에 대해서도 언급은 하고 있지만, 분석적인 수준으로 심화시키지 못하고 있다. 예를 들어 위안소 제도를 두게 된 동기 가운데 하나로 흔히 거론되는 '절제할 수 없는 남성의 성'이라는 생물학적인 결정론을 깊이 있게 분석해 내지 못했다.[45]

여성주의의 시각

위안부 문제를 보는 여성주의(feminism)의 시각을 나는 '성(gender) 지향적인 관점'과 '여성주의 운동 지향적인 관점'으로 나누었다. 이들 여성주의적 관점은 앞에서 살펴본 민족주의와 실증주의 역사학의 관점이 지닌 단점들을 보완하고 있다.

성 지향적인 관점

'성(gender) 지향적인 관점'은 '성'(gender)을 가장 중요한 위치에 놓고 분석한다. 즉 여성들이 겪는 억압의 공유, 특히 가부장제적 성윤리 아래에서 여성이 겪는 억압을 분석의 핵심에 놓는다. 이 관점에 따르면 위안부 문제는 여성들이 일상 생활에서 겪는 성폭력과 성차별의 연장선상에 놓여 있다.[46] 그리하여 여성에 대한 성폭력 문제는 그것이 전쟁시에 일어났든지 평화시에 일어났든지 모두 양성 사이의 불평등한 권력 관계에서 비롯된 것으로 본다. 이 관점은 여성 문제의 보편성을 강조한다. 특히 여성에 대한 성폭력은 어느 사회나 존재하는 보편적인 문제로 여겨진다.

성 지향적인 관점과 민족주의적인 관점 사이에는 상당한 차이가 있다. 민족주의적인 관점은 '타자'와의 관계에서 배타적인 '자아'를 재확립하기 위해 민족(ethnicity)과 국가(nation)의 특성과 경계를 지나치게 강조한다. 반면 성 지향적인 관점은 성문제와 관련하여 문화적이고 지리적인 경계를 초월하고자 한다. 이 관점은 가부장제 사회에서 여성 경험의 보편성에 초점을 맞춘다. 예를 들어 야마자키 히로미(Ya-mazaki Hiromi)는 일본 위안부 여성들도 한국을 비롯한 일본의 다른 식민지국 출신의 위안부들과 같은 성노예의 희생자였다고 주장한다.[47] 이 시각에서 바라보면 위안소 제도는 국가가 식민지를 대상으로 저지른 범죄라기보다는 일차적으로 여성에 대한 범죄로 여겨진다.[48] 결과적으로 야마자키 히로미는 위안부 문제를 둘러싼 여성들 사이의 민족과 국가를 초월한 이해관계를 공유할 것을 강하게 주장한다. "일본군 성노예의 이슈는 단지 국가를 위한 협상의 차원으로 환원되어서는 안 되고, 여성들은 민족과 국가의 경계를 초월하여 서로의 역사에 대한 공통적인 이해가 필요하다"고 지적한다.[49]

성 지향적인 관점은, 첫째로 대부분 전직이 매춘부였던 일본 위안부들을 식민지 출신의 다른 위안부들과 같은 위치에 놓음으로써 '타락한' 여성과 '요조숙녀'를 가르는 가부장제적 이분법에 도전했다. 실천적인 차원에서 이 관점은 위안부 문제를 둘러싸고 아시아 여성들 사이에 협력을 증진시키기 위한 공통 분모를 형성하는 데 커다란 기여를 했다. 둘째로 이 시각은 가부장제 사회에 만연한 성폭력의 보편적인 측면을 부각시키고, 또한 여성 경험의 공통성에 더욱 관심을 갖게 했다.

그러나 이 관점이 가진 한계는 민족·인종이나 다른 차이에 따라 나타나는 남성 지배 형태의 다양성, 그리고 이러한 차이가 여성의 일상적인 삶에 가져오는 함의 등을 중요한 분석의 이슈로 보지 않는다. 여성들이 같은 성으로서 경험을 공유한다 하더라도, 여성들 사이에는 민족·인종·계급 등에 따라 경험과 인식의 다양성을 보인다. 사라 아메드(Sara Ahmed)는 여성주의 내 이러한 보편주의적인 경향을 다음과 같이 비판했다. "성, 인종 그리고 식민주의 사이의 문화적인 상호 작용을 고려하는 것은 두 가지 이유에서 중요하다. 첫째로 이는 인종과 식민주의에서 성을 배제하는 어떤 시각도 반대할 것을 요구한다. 그리하여 우리로 하여금 어떻게 몇몇 여성주의 이론 자체가 식민주의 문화의 일부로서 기능하는가에 대해 생각하게 한다."[50] 사라 아메드의 입장은 일부 페미니스트들이 성억압의 보편성에 대해 주장한 것이 어떻게 여성주의 분석 내에 '제3세계 여성'의 범주를 낳게 하는가에 대한 찬드라 모한티(Chandra Mohanty)의 분석을 다시 한 번 환기시킨다. 모한티는 서구 여성주의의 보편주의적 모델이 결국 식민주의적인 관계를 재강화할 위험이 있다고 본다.[51]

그 결과 위안부 문제에 대한 성 지향적인 관점은 위안부 제도와 밀접한 연관이 있는 일본 식민주의와 일본 천황제의 문제를 깊이 있게 다루지 않는다. 예를 들면 성폭력과 식민지 권력 사이의 관계를 지나침으로써 위안부 제도가 특별한 식민주의 정책의 일환이라는 점을 지적하지 못하고 있다. 식민주의 전쟁을 수행하기 위한 성의 통제, 특히 다른 인종이나 다른 민족 사이의 성폭력과 원주민의 식민화에 대한 분석은 기껏해야 2차적으로 다루어지거나 고려되지 않는다. 다시 말해 인종이나 민족에 따른 권력의 불균형은 성 지배에 더해지는 부가적인 변수로만 취급된다. 그러나 오직 남성 지배 특히 성폭력이라는 단일적인 개념에만 초점을 맞추기보다는 특정 문화의 맥락 속에서 나타나는 남성 지배의 다양성과 모순성에 대해서도 논의할 필요가 있다. 위안부 문제의 맥락에서 나타나는 성폭력의 문제를 인종·민족의 문제와 별개로 존재하는 것으로 보기는 힘들기 때문이다.

여성주의 운동 지향적인 관점

인종·민족이나 성 지향적인 관점을 넘어서서 '여성주의 운동 지향적인 관점'은 성의 이슈를 식민주의와 함께 분석한다. 스즈키 유코는 위안부 문제에 개입되어 있는 두 가지 이슈를 지적한다. 위안소 제도는 식민지 착취와 더불어 식민지를 성적으로 착취하기 위해 고안되었다고 본다.[52] 여성주의 운동 지향적인 관점에서는 위안소 제도와 일본 천황 제도의 다각적인 관계를 조사했다. 성 지배와 인종·민족 지배는 일본 식민주의 안에 서로 연결되어 있다는 것이다. 이들은 일본 공창 제도와 가부장적인 가족 제도인 이에 (家) 제도에서 보이는 성 정치학 속에 성 지배와 민족 지배가 결합되어 있다고 주장한다.[53] 그래서 이들은 위안소 제도를 낳게 한 일본 사회와 문화의 특성에 대해 살펴보았다. 한국 민족주의적 관점과 실증주의 역사학적 관점과 마찬가지로 스즈키 유코는 일본의 '예외주의', 특히 일본 천황제의 착취적인 측면을 강조하고 있다. 여성주의 운동 지향적인 관점에서는, 전형적으로 군사주의는 매매음을 수반하기 마련이지만 군대를 위해 매춘부를 국가가 '마련' 해 준 것은 다른 나라의 경우는 찾아보기 힘들고 이는 일본 천황 군대만의 유일한 특성이었음을 강조한다.[54] 반면 성 지향적인 관점을 보이는 우에노 치즈코(上野千鶴子)는 여성주의 운동 지향적인 관점이 천황제의 특이성을 과대 평가했다고 비판했다.

여성주의 운동 지향적인 관점에서 일본 사회의 내적인 요소들을 위안소 제도를 설명하는 데 접합시킨 것은 위안소 제도의 특이성을 나타내는 매우 가치 있는 시도이다. 위안부 제도를 낳게 한 일본 가부장제와 식민주의의 사회 구조를 살펴보는 것은 위안부 제도를 일본 식민주의와 가부장제의 지도 내에서 자리매김하기 위한 좀더 포괄적인 시각을 제공해 준다. 그러나 이를 일본식 식민주의의 '예외주의'라고 주장하기 위해서는 다른 식민주의와의 비교 연구를 통해 뒷받침될 필요가 있다.

성은 여성주의 운동 지향적인 관점에서도 역시 주요 주제로 다루어진다. 위안부 제도를 기존의 공창 제도의 한 종류로 보는 것에 대해서는 여성주의 운동 지향적인 관점 내에서도 약간의 차이를 보이고 있다. 예를 들어 가와다 후미코(川田文子)는 일본의 오랜 전통을 지닌 공창 제도가 위안소 제도를 낳게 한 하나의 배경이 되었던 것은 사실이지만, 근대 일본에 존재했던 공창과 위안소라는 성노예 제도는 구분된다고 보았다.[55] 그러나 야마시다 영애와 스즈키 유코는 위안부 제도는 일본 공창 제도의 일종으로 그 연장선상에 있다고 보았다.[56] "위안소 설치 배경에는 기존에 일본 사회 안에 존재했던 공창 제도가 있다. 위안부 제도는 천황의 군대를 위한 공창제였다"고 본다.[57]

이들의 관점에서 매매음과 성적 강제는 서로 구별되는 다른 개념이 아니다. 왜냐하면 전쟁시, 특히 일본 황군의 경우에는 이 둘 사이에 연속성을 보이기 때문이다. 그러므로 매매음과 성적 강제의 개념을 토막을 내듯이 구분하는 것은 논쟁을 불러일으킬 수 있다. 더 중요한 질문은 성적인 강제와 매매음이라는 이 두 개념이 위안부 제도를 도입하는 데 어떻게 개입되었는가 하는 것이다. 더 나아가서 위안소 제도의 배경으로서 매매음 제도를 살펴보는 것과 위안소 제도의 성격을 매매음이었다고 평가하는 것은 서로 다른 문제로 구분되어야 한다.

매매음과 성적 강제의 이슈와 관련한 일본인 위안부에 대한 분석에서도 여성주의 운동 지향적인 관점 내에 약간의 차이가 드러난다. 니시노 루미코(西野留美子)는, 첫째로 일본인 위안부는 '조국'을 위해 그들 자신을 헌신하는 '애국적인' 동기가 있었으므로 식민지 출신의 다른 위안부들과 구별했다. 둘째로, 모집 과정에서나 대우를 해주는 것에 있어서도 인종·민족에 따라 위안부들은 다르게 취급받았다. 예를 들어 일본인 위안부는 그들이 위안부로 일할 것이라는 걸 아는 상태에서 공창제 법에 의해 모집되었다.[58] 이 점에 대해 스즈키 유코의 연구는 상반된 점을 보인다. 1992년 아시아연대회의에서 발표한 논문에서 그녀는 일본 위안부들의 이 중적인 측면, 즉 일본 가부장제 사회의 희생자이자 또 다른 한편으로 다른 아시아인에 대한 식민지 팽창주의의 협력자라는 측면을 지적했다.[59] 그러나 또 다른 글에서 스즈키 유코는 일본인 위안부도 국가 성폭력의 피해자이므로 매춘부 출신인 일본인 위안부와 식민지 출신의 위안부들 사이의 유사성에 주목했다.[60] 그녀는 일본인 위안부 문제의 중요한 두 가지 측면을 지적하고는 있지만, 이 문제가 가진 복합성을 좀더 분석해 내는 데는 부족한 점이 있다. 식민주의 문제에서 일본인 위안부는 다른 위치에 자리매김된다. 그러나 성(gender)이라는 측면에서 보면 이들도 역시 식민지 출신의 위안부와 같은 배를 탄 것이다. 이 책에서는 한국인 위안부에 초점을 맞추고 있지만, 일본인 위안부와 한국인 위안부들 사이의 공유점과 차이점을 함께 조사하는 것 역시 필요하고 중요한 일이다. 왜냐하면 이런 작업을 통해서 성과 식민주의 이슈 사이에 얽힌 복잡성이 드러나고 분석될 수 있기 때문이다.

정진성은 성과 민족의 문제를 둘러싼 논쟁에 한몫했는데, 그녀는 이 두 가지 문제가 분리되어야 함을 주장했다.[61] 즉 민족 문제의 중요성을 강조하는 것이 성의 이슈가 가진 중요성을 희석시키는 것으로 보는 것은 지나치게 방어적인 태도라고 주장한다. 그녀는 이러한 논리가 민족이라는 개념과 민족주의의 개념을 혼동하는 데서 비롯된 것이라고 보았다. 사실 성이냐 민족이냐를 지나치게 강조하는 것은 이 두 범주의 상호 연계성(compatibility)을 간과할 수 있다. 즉 성과 민족을 분리된 별개의 범주로 보는 입장은, 첫째로 성의 문제를 제기하는 것은 민족 내 분열을 일으키는 것으로 보며, 둘째로 민족과 연관된 문제를 제기하는 것은 여성들 사이에 긴장을 가져올 수 있다고 여긴다. 그러나 같은 인종·민족이라 하더라도 성에 따라 복합성을 보이며, 마찬가지로 여성들 사이에서도 인종·민족에 따라 다양성을 보인다. 즉 성별화된 인종·민족 그리고 특정 민족 정체성에 따른 성을 고려할 필요가 있다. 성과 인종·민족이라는 두 가지 변수를 서로 배타적인 것으로 여기기보다는 이러한 유사함과 차이 사이에서 나타나는 복합성과 연속성을 수용하고 지적하는 것이 중요하다.

여성주의 운동 지향적인 관점이 가진 또 하나의 장점이 있다. 이들은 천황제의 특성, 일본의 식민주의, 그리고 공창제에서 보이는 것과 같은 일본 내 성 정치학과 위안부 제도를 연관지음으로써 성과 식민주의 그리고 천황제 사이에 얽힌 상호 작용을 보려고 시도한다. 이러한 관점은 근대 일본 내 성 정치학이 식민주의 권력의 표현으로서 식민주의의 팽창을 위한 성(sexuality), 특히 여성의 성(sexuality)의 사용에 기반하고 있음을 잘 보여주고 있다. 그러므로 '여성주의 운동 지향적인 관점'과 '실증주의 역사학의 시각'은 위안소 제도를 국가에 의한 범죄 또는 국가에 의한 강간 정책, 즉 국가에 의해 공인된 강제적인 성으로 보는 것에 동의한다.[62] 여성주의 운동 지향적인 관점은 한국 민족주의의 관점과도 공유하는 부분이 있다. 여성주의 운동 지향적인 관점을 가진 몇몇 저자들은 위안소 제도를 민족 말살이라는 맥락에서, 즉 한국·조선을 파괴하려는 하나의 전략으로서 식민지 여성의 재생산 능력을 말살하는 것이나, 식민지 지배의 극단적인 형태로 간주한다.[63] 윤정옥은 위안부 제도를 민족 말살을 위해 체계적으로 마련된 정책이었다고 본다. 그녀는 한국의 경우 위안부 제도의 도입은 민족 말살 정책이었고, 이 점에서 한국의 경우는 다른 아시아의 경우와 다르다고 보았다.[64] 그러나 그녀의 글에서도 역시 위안부 제도에서 구체적으로 무엇이 민족 말살을 구성하는가에 대해 본격적인 논의가 드러나지 않고 있다. 한편 성 지향적 관점을 보이는 우에노 치즈코는 위안부 제도를 민족 말살로 보는 것은 한국 민족주의의 반영이라고 비판했다.[65] 그러나 민족 말살의 대상이 되는 인종·민족 자체와 민족주의의 이슈는 구분되어야 한다.

여성주의 운동 지향적인 관점은 위안부 문제의 이론화와 이 이슈의 정치적인 운동화 사이의 상호 작용에서 비롯되었다. 이 시각에서 글을 쓴 대부분의 저자들은 직접·간접적으로 이 운동을 위한 단체에 관여해 왔다. 더불어서 위안부들의 경험과 관점은 이들의 연구와 저서에 많이 개입·반영되었다. 그러나 위안부 문제와 식민주의의 문제를 함께 연결하려는 이들의 노력에도 아랑곳없이 순결 이데올로기, 남성의 성에 대한 생물학적인 결정론 같은 성 문제에 대한 분석은 여전히 충분히 깊이 있게 다루어지지 않았다. 김부자(金富子)와 스즈키 유코는 위안소 제도 도입의 동기를 설명하는 것으로 자주 등장하는 절제할 수 없는 남성의 성, 또는 '필요약'으로서 여성을 사용하는 점 등에 대해 언급하고 있다.[66] 스즈키 유코는 이러한 "생물학적 설명은 거짓이다"[67]라고 언급하고 있지만, 이러한 설명이 왜 거짓인지 그 근거에 대해서는 더 이상 논의를 전개하지 못했다. 따라서 남성의 성에 대한 가부장적 신화에 대한 논의가 더 심화될 필요가 있다. 성과 식민주의에 대한 논의에서도 스즈키 유코는 이 두 가지 변수가 위안부 문제에 관련되어 있음을 지적하는 정도이지, 이 두 변수가 권력 관계를 재생산해 내는 방식에 대한 깊이 있는 분석은 빠뜨리고 있다.

나의 질문은 무엇인가?

앞에서 살펴본 바와 같이 여성과 남성의 성은 역사적으로 식민주의와 군사 권력 행사의 주요 장이 되어왔다. 그 동안 위안부 문제를 조사하고 분석하는 많은 연구들이 있어왔다. 그러나 가부장적인 관계, 인종·민족적인 위계 구조, 군사주의의 맥락에서 식민주의 권력 등을 형성하는 데 여성과 남성의 성의 구성이 어떠한 기능을 하는가에 대해서는 여전히 더 많은 연구가 필요하다. 성 정치학과 식민주의하에서의 정체성(identity)은 이 책의 주요 테마가 될 것이다. 군사주의 국가 식민지 권력에 의한 정치적인 전략(strategy)을 성취하기 위해 여성의 성(sexuality)과 정체성이 어떻게 사용되었는가 하는 질문을 이 책에서 다룰 것이다. 위에서 간략하게 살펴본 기존의 연구들에서 불충분하게 다루어졌던, 일본 식민주의의 맥락에서 성, 식민주의, 군사주의, 전쟁이라는 변수들이 복합적으로 얽혀 있는 상호 연관성을 이 책에서 드러내 보이고자 한다. 이를 위해서 그 동안 기존의 위안부에 대한 대부분 연구에서 주변화되어 왔던 여성 자신의 구술에 초점을 맞출 것이다. 이러한 여성의 구술사는 기억과 경험을 재구성하는 대안을 제시할 수 있을 것이다. 이러한 나의 관점은 여성의 경험을 주변화하는 것에 도전하게 될 것이다.

이 책에서 나는 네 가지 질문을 제기하고 대답하고자 한다. 첫 번째는 여성 정체성(feminine identity), 남성 정체성(masculine identity), 그리고 민족 정체성의 맥락에서 강요된 주체의 자리매김(subject-positionings)은 무엇이었는가 하는 것이다. 즉 위안부 제도를 통해서, 그리고 일본 식민주의에 의해서 구성된 성과 민족 정체성은 어떤 것이었는가를 밝히는 것이다. 역설적이게도 이들의 정체성은 부분적으로는 한국 민족주의에 의해 재강화되기도 했다. 위안부들이 이러한 강요된 자리매김에 어떻게 대응했는가에 대해서도 살펴볼 것이다. 즉 위안부 제도라는 맥락에서 식민주의와 민족주의가 여성을 자리매김하는 방식을 이 책을 통해 검토할 것이다.

나의 두 번째 질문은 이러한 정체성의 자리매김이 어떻게 일상생활을 통한 매일 매일의 실천과 이데올로기를 통해서 이루어졌는가 하는 것이다. '요조숙녀'와 '창녀'라는 이분법적인 여성성과 군대 안에서 이루어진 남성화와 여성화의 동시적인 재사회화 과정을 통해 위에서 언급한 정체성의 자리매김을 설명하고자 시도할 것이다. 위안부들의 민족적·문화적 주체성(subjectivities)과 성(gender) 정체성이 어떻게 해체되는가를 보이기 위해 우선 정체성의 문제를 살펴볼 것이다. 또한 일본 군인들의 민족 정체성과 남성 정체성이 위안소 제도를 통해 어떻게 재형성되는가에 대해서도 검토할 것이다. 식민주의 맥락에서 여성과 남성의 성의 구성(configurations)을 찾아내고자 시도하는 과정을 통해 이러한 질문들의 답을 찾을 것이다.

나의 세 번째 질문은 위안부들의 정체성 재구성의 정치학이 가져온 결과, 특히 일본의 전쟁 계획에 미친 영향은 무엇이었는가 하는 것이다. 앞에서 살펴본 위안부 문제에 대한 기존의 대부분 관점들에서는 위안소 제도가 성노예 제도인가 매춘 제도인가에 대한 문제 제기가 종종 있었다. 그러나 이 책에서는 이들 위안부들을 매춘부로 규정할 것이냐 아니냐 하는 이분화된 질문에 초점을 맞추지 않을 것이다. 그 대신, 식민주의의 이해 관계와 가부장제 사회 구조와 관련해서 특정 부류의 여성을 '창녀'로 분류하고 통제하는 것이 어떠한 효과를 갖는가 하는 질문을 제기할 것이다.

마지막으로 네 번째 질문은 식민주의와 남성 권력에 의해 강요된 자리매김에 대한 위안부들 자신의 자리매김은 어떤 것이었는가 하는 것이다. 즉 위안부들이 성별화되고 식민주의적인 주체성의 강요에 대처하는 방식을 살펴볼 것이다. 기존의 연구들에서 위안부 제도의 착취적인 측면에 대해서는 많은 것이 밝혀진 반면에, 위안부들의 생존 전략이나 대처 방식에 대해서는 많은 관심이 드러나지 않았다. 나는 여기서 여성에게 드리워지는 힘없고 수동적인 피해자라는 표상(representation)에 반해 위안부 여성들이 보인 다양한 형태의 저항과 생존 전략에 대해 살펴볼 것이다. 즉 식민지 여성이 가지는 다면적인 주체성과 정체성의 복합성이라는 개념에 주목할 것이다.

　이 책을 통해 살펴볼 이러한 질문들은 그 동안 위안부 문제를 다룬 기존의 연구와 역사학에서 해답을 구하지 못했거나, 다른 방식으로 설명되었던 또는 무시되었던 부분들에서 비롯된 것이다. 한국과 일본 두 나라의 민족주의적인 관점에서 인종·민족을 기준으로 무비판적으로 받아들인 이원론, 그리고 '성 지향적인 관점'에서 성을 기준으로 무비판적으로 받아들인 이원론을 뛰어넘어 성과 민족의 이슈를 함께 고려할 것이다. 식민지 여성의 억압이라는 천을 짜기 위해서는 식민주의와 성의 이슈 사이의 이원론적 구분은 해체되어야 한다. 그래야 위안부 문제의 보다 포괄적인 그림이 그려질 수 있기 때문이다. 나는 이 책에서 가부장제·식민주의·민족주의 속의 이데올로기와 실천이라는 천을 한 올 한 올 풀어보이고자 한다. 위안부 문제에 대한 연구에서 성과 식민주의와 군국주의는 단지 '더해지는' 변수들이 아니라, 군국주의화된 주체성의 형성을 분석하는 데 완전히 통합된 변수로 취급되어야 한다. 나는 국가 차원, 그리고 성별(gender)과 성(sexuality) 차원에서 나타난 식민주의 권력이라는 맥락에서 위안부 제도를 좀더 포괄적이고 명료한 지도에 그리기 위해 위안부 여성뿐만 아니라 일본 군인 둘 다의 경험 속에서 위안부 문제를 살펴볼 것이다.

　이 책에서는 식민주의와 가부장제의 특정한 맥락에서 강요된 주체성의 자리매김을 통해 어떻게 그리고 왜 남성성과 여성성과 민족 정체성이 일본 식민주의와 한국 민족주의에 의해 구성되고 재생산되는가를 보이고자 한다. 이를 위해 남성과 여성의 성이 식민지 국가 권력과 전쟁 그리고 폭력을 어떻게 구성했는지, 그리고 이들에 의해 어떤 방식으로 구성되었는지에 대해 토론할 것이다. 더불어 위안부 제도가 일본 식민주의를 유지하는 데 중요한 역할을 했다는 사실을 밝히고자 한다.

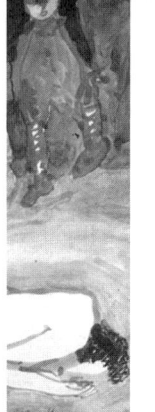

'위안부'들의 한 맺힌 이야기들 3

이번 장은 내가 옛 위안부들과 만나 이야기를 나누면서 얻은 구술 자료와 그 동안 나온 증언 자료들을 바탕으로 위안부의 체험을 엮은 것이다. 우선 이들이 어떻게 모집되어 위안소로 수송되었는가에 대해서부터 위안소 안에서의 일상 생활—예를 들면 성적 강제, 성적이고 신체적인 폭력의 일상화와 그 영향, 매춘부화의 과정—에 대한 이야기들을 한데 모았다. 그리고 일본인 군인과 한국인 위안부 사이의 관계, 저항과 순응 등에 관한 이야기를 엮었다. 마지막으로는 전쟁 이후 위안부들의 삶의 모습을 옮겨 담았다.

그들의 이야기는 온통 분노와 슬픔 그리고 고통으로 얼룩져 있었다. 대부분의 위안부들이 인터뷰를 하는 동안 몇 번이고 반복해서 이런 말을 했다. "내가 겪은 걸 말로는 이루 다 못해……" 그들이 겪은 고통과 굴욕은 어떤 구술의 형태로도 다 쏟아내기 힘들어 보였다. 그 길고 심했던 고통의 세월을 표현해 낼 단어가 존재하지 않는 듯했다. 고문에 의한 고통에 대한 연구에서 엘레인 스캐리(Elaine Scarry) 역시 육체적 고통은 표현할 수 없다는 것을, 즉 육체적 고통을 표현해 낼 언어의 빈곤성 그리고 고통이 언어와 정체성을 파괴하는 방법 등에 대해 설명했다.[1] 위안부들이 겪었던 육체적이고 정신적인 고통 역시 언어적으로 대상화(verbal objectification)할 수 없는 듯했다. 뿐만 아니라 전후 50년 동안 침묵당한 결과 이들 하위 주체(subaltern)의 목소리는 일상의 언어로는 묘사될 수 없는 것 같았다. 여성 개인의 경험이 그들이 살아가는 사회의 문화적 가치나 신화의 규범과 들어맞지 않을 때, 즉 여성이 어떻게 생각하고 느끼고 행동해야 하는지가 규정되어 있는 사회 문화적인 가치 범위를 이탈했을 때 여성들은 망설임과 의구심 때문에 자신의 생각과 경험의 가치를 가늠할 능력을 상실한다.[2] 내가 만났던 옛 위안부들은 그들의 체험, 특히 성적인 경험을 이야기할 때 직접적인 표현보다는 상당히 간접적이고 때로는 암시적인 표현을 많이 사용했다. 때로 그들이 사용하는 단어들의 의미는 단지 대화의 맥락 속에서만 이해될 수 있었다.

위에서 지적한 대로 그들이 계속 여러 번 반복해서 한 말은 그들의 체험을 "이루 다 말로 표현할 수 없다"는 것이었다. 남성 중심적인 언어는 일차적으로 남성의 경험과 시각을 반영하고 있다. 특히 성과 관련된 언어에서는 더욱 그러하다. 성관계는 곧 삽입을 의미하고, 이것이 여성의 동의에 의한 것인지 아닌지와는 무관하다. 옛 위안부 여성들이 그들의 체험을 묘사하기 위해 사용하는 언어는 그들의 주체성이 어떻게 이루어졌는지에 대한 시각을 제공해 준다. 남성의 경험과 남성 중심적인 언어의 틀에서 여성이 자신의 성적인 체험을 표현해 내기는 쉽지 않다. 옛 위안부들이 가슴속에 맺혀 있던 체험을 토해 내는 데 어려움을 느꼈던 또 하나의 이유는, 자신의 정체성과 체험을 구술 형태로 구성해 낼 능력을 식민주의 권력에 의해 빼앗겼기 때문일 것이다. 옛 위안부들은 억압, 육체적인 착취, 비인간화의 상황에서 침묵을 강요받았던 탓이다.

그러므로 여성의 침묵을 '아무일도 없었음'으로 해석할 것이 아니라, 침묵도 구술이나 증언과 더불어 해석될 필요가 있음을 강조하고 싶다. 유교주의 가치 체계가 큰 영향을 미치고 있는 한국 사회에서 대부분의 사람들은, 특히 여성들은 자신의 성적인 과거를 공개적으로 이야기하기를 꺼려한다. 성적인 체험은 더구나 위안부 피해자들의 세대에게는 매우 민감하고 개인적인 주제로 여겨진다. 무엇이 이들 여성들로 하여금 침묵하게 했고, 이들의 침묵으로 혜택을 입은 사람은 누구인가? 자신의 목소리를 내기 시작한 옛 위안부들은 자기 자신의 언어로 자신의 경험을 표현함으로써 자기 이야기의 주체가 된다. 이때 이들의 주체성이 침묵에서 회복되고 다시 그 목소리를 낼 수 있을 것이다.

모집되어 실려가다—위안부의 모집과 운송

위안부 모집의 주요 타깃이 된 사람들은 주로 십대의 미혼 소녀들이었다. 윤정옥은 대개 17세 내외의 소녀들이 위안부로 모집되어 갔다고 밝혔다.[3] 북한에 살고 있는 옛 위안부 리경생 할머니는 심지어 12세에 모집되어 갔다고 증언했다.[4] 대부분의 위안부들은 14~19세 사이에 모집되어 갔고, 이는 일본이 위안부 여성으로 20세 이하의 여성을 선호했던 것과 일치한다.[5] 당시 공창법에 의하면 공창의 연령 제한은 일본에서는 18세, 조선에서는 17세였다.[6] 그러나 현실적으로 이러한 연령 제한법은 대부분의 위안소에서 지켜지지 않았다. 1925년 일본이 비준한 '부인 및 아동의 매매 금지에 대한 국제 조약'에 의하면 미성년인 21세 이하의 여성을 매음부로 사용하는 것을 금지하고 있으나, 일본은 조약 가입시에 미성년을 만 18세 미만으로 한다는 유보 조건을 달았다.[7] 그러나 조선이나 타이완과 같은 식민지 국가는 이 법의 적용에서 제외되어 있었다.

어린 조선 여성들을 위안부로 모집하는 데는 몇 가지 경로가 있었다. 첫 번째는 여자 정신대라는 이름으로 징용한 경우이다. 예를 들면 김은진 할머니는 그녀가 다니던 학교를 통해 근로 정신대라는 이름으로 모집되어 갔는데도, 나중에는 위안소로 보내졌다.[8] 근로 정신대에 모집된 소녀들 가운데 군수 공장 등에서 일하는 대신 위안소로 보내진 경우가 있었음이 증언을 통해 드러났다.[9] 국가총동원법[10]은 1938년 3월 일본에서 통과되어 식민지 조선에 적용되었다. 이 법은 아시아태평양전쟁 말기로 접어들면서 조선에 있는 교육 기관과 행정 기관을 통해 조선인을 대량으로 전쟁에 동원하기 위해 사용되었다. 식민지 조선에서 일하던 일본인 국민학교 교사들은 (근로) 정신대 모집에 관여했다. 당시 서울 방산국민학교 교사였던 일본인 이케다 마사에는 당시 '가난한 가정의 건강한 소녀'들을 선발해 보내라는 지시를 받았다고 했다.[11] 그녀는 자신이 담당한 반에서 상대적으로 가난한 집안의 소녀 6명을 모집해 정신대로 보냈다고 시인했다.[12] 많은 수의 학생들을 모집해 전선으로 보내는 데 성공한 학교의 교장은 승진의 기회를 얻기도 했다.[13] 이처럼 교육 기관을 통한 전쟁 동원은 강덕경 할머니의 구술에서도 드러난다. "나는 1944년 6월경에 여자 근로 정신대 1기생으로 일본에 갔다. 요시노 국민학교 고등과 1학년 때였다. 일본인 담임 선생이 가정 방문을 와서 정신대로 나가라고 했다. 배우기도 하고 돈도 벌 수 있다고 했다."[14] 당시 조선에서는 여성들을 체계적으로 전쟁에 동원하기 위해 각 지방별로 할당량이 있었던 것으로 보인다. 예를 들면 황금주 할머니는 자신이 살던 함흥에서는 각 가구마다 여성들을 군수 공장으로 보내기 위해 차출해 갔다고 했다.[15]

이와 같이 법을 이용했는가 하면, 두 번째 방법으로 강제 모집을 하기도 했다. 문옥주 할머니의 경우 1940년 유니폼을 입은 일본 남성에 의해 끌려가 만주로 보내졌다고 한다.[16] 야마구치(山口)현 시모노세키(下關)에서 옛 노무 동원 부장이었던 요시다 세이지(吉田淸治)는 위안부를 강제 모집했던 자신의 체험을 기록한 글에서 1942~1945년 사이에 일본 경찰의 도움으로 전라도 지역에서 18~30세 사이의 여성들을 포함한 5천여 명의 남녀 조선인들을 강제 모집해서 일본군에 이송했다고 시인했다.[17]

세 번째 모집 방법은 직업 소개소를 통해서 속이는 방법인데, 이런 방법은 특히 널리 사용되었다. 대개는 급여가 높은 좋은 일자리, 교육 기회, 좋은 음식, 해외에서의 새로운 삶의 기회 등을 미끼로 십대 소녀들을 현혹했다. 1944년 『매일신보』에는 위안부 모집 광고도 게재되었다.[18] 가난한 집안의 소녀들에게 이러한 미끼는 매력적으로 보였다. 이들은 청소부, 요리사, 웨이트리스, 비서, 연예인, 간호부 같은 일본군의 준군속으로 일하는 것으로 속아서 모집되었다.[19]

네 번째는 가족이나 고용자, 사적인 매매소에 의해 팔린 경우이다.[20] 물론 이때도 본인은 무슨 일을 하게 될지 어디로 가는지 모르는 경우가 대부분이었다. 어떤 경우에는 자신의 아버지나 남편에 의해 팔려가기도 했다. 이러한 사실은 가난한 집안의 딸은 언제라도 처분할 수 있는 존재였다는 사실을 알려준다. 아버지나 오빠가 강제 노동자로 광산에 끌려가거나 일본군에 징용되어 가는 것을 막기 위해서 대신 위안부로 갈 것을 딸에게 설득한 가족도 있었다.[21] 양현아는 한국의 가부장제 가족이 경제적 빈곤과 사회적 어려움이 닥쳐올 때 언제나 여성을 보호하는 피난처가 되었던 것은 아니라고 지적했다.[22]

이제까지 살펴본 위안부 모집 경로는 크게 두 가지 방법으로 요약된다. 하나는 군이나 지역 행정 당국을 통해서이고, 또 다른 하나는 여성 매매 시장을 통해서이다.[23] 어떤 경로를 통했건 대부분의 위안부 모집은 당사자의 동의 없이 이루어졌다. 그리고 위의 두 가지 경로 모두 대개의 경우는 일본 식민주의 국가의 에이전트가 통제하고 감독했다고 할 수 있다. 사설 직업 소개소 같은 업자들에 의해 위안부 모집이 이루어진 경우에도 일본군 당국이 업자들을 선정했고, 군과 경찰 역시 모집 과정에 협조했다.[24] 한국의 많은 위안부 생존자들은 그들이 모집되어 가거나 끌려가는 과정에 군경과 경찰이 동행했음을 구술했다. 전후 타이에 정착해서 살다가 사망한 노수복 할머니는 자신이 천황의 대표(representative)로 해외에 가도록 선정되었다는 이야기를 일본 경찰에게서 들었다고 했다.[25] 위안부의 모집 과정에서 지적해야 할 또 한 가지는 일본인 관원뿐만 아니라 당시 조선인도 협박 때문에, 그리고(또는) 개인적인 이해 관계 때문에 위안부 '모집자'로서 일본 행정 당국에 협조했다는 것이다.

당시 조선이나 타이완 같은 일본 식민지에서는 일본군이 명령을 하달하고 군경, 경찰, 지역의 사설 업자들이 서로 협력하여 위안부를 모집했다. 소녀들을 납치하여 강제로 모집하는 데서 오는 여러 문제들, 예를 들면 일본군의 위신에 부정적인 이미지를 주는 문제 등을 해결하기 위해 일본군 당국은 1938년 두 가지 지시를 내렸다. 첫째, 위안부의 모집은 군당국에 의해 완전히 통제되어야 하고 모집 담당자는 군에서 신중하게 선정해야 한다. 둘째, 위안부 모집 과정은 조선에서와 같이 관련 지역 경찰과 긴밀히 협력해서 진행되어야 한다.[26]

모집된 소녀들을 위안소로 운송하는 것도 일본군이 담당했다. 예를 들어 기차,[27] 해군의 배,[28] 군 트럭[29] 등 군 교통 수단이나 군 숙소 등을 제공해서 군이 모집해 온 소녀들을 호송했다는[30] 증언이 많이 있었다. 이들 여성들은 종군 간호부처럼 일본군 조직 내에서 공식성을 부여받지 못했기 때문에 수송시에도 군수품 수송을 위한 장소, 즉 기차의 맨끝 연결 차량이나 배의 밑바닥에 실려갔다.[31] 위안부 모집자들을 태평양 섬 지역으로 운송하는 동안 "배 안에서 사용 중지"라는 경고문이 선내에 붙어 있었다는 증언도 있다.[32] 이들 모집자들을 각 부대로 할당할 때는 '군수 물자 배급'이라는 명목에 위안부들의 이름을 적었다고 한다.[33]

당시 민간인이 군함 같은 군 교통 수단을 이용하려면 군당국의 승인을 얻어야 했다. 뿐만 아니라 모든 민간인은 조선을 떠나 해외로 나가기 위해서는 공식적인 허가서가 필요했다.[34] 더불어서 센다 가코에 의하면 위안부 모집에 드는 비용은 군 예산 가운데 임시 예산에서 충당되었다고 한다.[35] 이와 같은 점으로 미루어볼 때 위안부 모집과 운송 과정에 군당국이 체계적으로 개입해서 통제했음을 알 수 있다.

가족 배경

대부분의 위안부들은 가난한 집안의 딸이었다. 식민지 기간(1910~1945년) 동안 조선은 일본의 수탈 때문에 극심한 빈곤과 기아에 시달렸다. 식민지 정부는 농민들에게서 대부분의 토지를 몰수했다. 가난한 집안의 딸들은 사회적인 권력을 거의 가지고 있지 않았으므로, 식민지 권력의 강권력에 더욱 취약했으며 돈을 미끼로 한 사기에 쉽게 걸려들 수밖에 없었다.

위안부들은 가난에 시달리는 경제적 약자일 뿐만 아니라, 외부모 가족(특히 '편모 가정') 출신이나 고아와 같은 당시 사회적인 배경에서 약자들인 경우가 많았다. '편모 가정' 출신인 김덕진 할머니는 가난한 가정에서 자신의 입 하나를 줄이고 돈을 벌기 위해 집을 떠났으나, 결국 위안소로 끌려갔다.[36] 옛 위안부들 중에는 모집되어 가던 당시 사회적인 권력의 보호 밖에 있던 고아들이나, 부모가 생존해 있는 경우라 하더라도 부양이나 보호를 받지 못한 경우가 많았다. 왜냐하면 이들 가정의 아버지들은 알코올 중독자이거나 도박꾼이거나 병을 앓고 있었기 때문이다.[37]

옛 위안부들의 가족 배경에서 발견한 또 하나 눈여겨볼 사실은 장녀들이 많다는 것이다. 그들은 맏딸로서 가족 부양을 도와야 한다는 의무감을 많이 느꼈다고 한다.[38] 가난한 가정의 딸, 그 중에서도 특히 맏딸은 가족을 위한 희생양이 되는 경우가 많다. 당시 가난한 집안의 딸들은 다른 집 가정부로 일하고 있는 경우가 많았다. 실제로 옛 위안부들 중에는 황금주 할머니처럼 모집되어 갈 때 가정부였던 경우가 종종 있다. "함흥에서 일본 경찰이 집집마다 돌면서 한 집에 한 명씩 군수 공장에 보내야 한다고 했다. 주인집에는 딸이 셋 있었는데, 그들은 학교에 다니고 있었다. 주인 아줌마가 무척 걱정을 했으므로 내가 대신 가겠다고 했다. 주인집에서 그 동안 내게 보였던 호의를 갚기 위해서는 내가 주인집 딸을 대신해서 가야 한다는 의무감 같은 걸 느꼈다. 그리고 돈도 벌고 내 사정도 좀 낫게 하기 위해 내가 가기로 했다."[39]

위안부 모집 대상이 되었던 또 다른 그룹은 기생 학교의 소녀들이었다. 예를 들면 김학순 할머니[40]와 홍애진 할머니는 모집되어 갈 당시 기생 학교에 다니고 있었다. 이들은 기생이 되기 위해 춤과 노래 등을 배우고 있었다. 당시 기생은 사회적으로 취약한 계층이었다. 왜냐하면 유교적인 가부장제 가족 제도에서 이들은 '보호받을 수 있는' 한 남성에게 속해 있지 않았기 때문이다. 대부분의 기생들은 가난한 집 출신들인 경우가 많았다.

위안부들 중에는 정치적인 이유로 모집 대상자가 된 경우도 있다. 정서운·윤순만 할머니처럼 당시 조선 독립 운동과 연루되어 있던 가족의 딸들 역시 위안부로 차출된 경우가 있었다.[41] 부자라고 항상 위안부 모집 대상에서 제외된 것은 아니었다. 예외적이긴

하지만 때로는 부유한 가정 출신의 딸들도 위안부로 보내졌다.[42] 전반적으로 볼 때 위안부는 사회적으로 취약한 그룹을 주요 대상으로 모집하였는데, 그 이유는 모집 과정에서 생길 수 있는 사회적인 불안을 최소화하기 위해서였을 것이다.[43] 이는 위안부 문제에 사회적 계급이라는 변수가 개입되어 있음을 보여준다.

성의 '입문'

십대 소녀들이 위안소에 도착하여 성적인 '입문'(sexual initiation)을 거치게 될 때는 의심할 여지없이 폭력이 사용되었다. 이러한 성의 입문은 대부분 그들의 첫 도착지에서 장교가 강간하는 형식으로 이루어졌다. 김학순 할머니는 다음과 같이 회상했다. "언니하고 나는 방에 들어가 대체 뭐가 어떻게 되는 건지 알 수가 없어 서로 얼굴만 쳐다보고 있있다.…… 힘에 끌려 옆방에 가니 그 장교는 나를 끌어안으며 옷을 벗기려 했다. 안 벗으려고 하다가 옷이 다 찢겨져버렸다. 결국 그 장교에게 내 처녀를 뺏겼다. 그날 밤 나는 그 장교에게 두 번이나 당했다."[44] 이처럼 모집되어 온 대다수의 소녀들은 위안소에 도착해서 그들이 성적인 강제를 당할 것이라는 걸 대개 몰랐다.

성의 입문에는 늘 폭력이 따랐다. 옷을 찢거나, 따귀를 때리거나, 칼 총 등으로 위협하거나, 구타하는 등 위안소에서 여러 가지 폭력을 당했다고 옛 위안부들은 구술했다.[45] 이들 여성들은 분명

신체적 폭력과 함께 겪은 강간에서 매우 심한 생명의 위협을 받았을 것이다. 이러한 강간의 형식을 띤 성의 입문을 대부분의 옛 위안부들은 "처녀(성)을 빼앗겼다"[46]거나 "몸을 망쳤다"[47]라고 표현했다. 이들은 모집되어 갈 당시 성에 대한 지식이 전혀 없었음을 털어놓기도 했다. 대부분이 십대 시골 소녀였던 이들은 성행위라는 것을 위안소에서 처음으로 체험하게 된 경우가 많았다. 최명순 할머니는 "뭔가 내 몸 안으로 들어오는데 나는 그게 무릎인지 알았다"[48]고 할 정도로 그들은 성에 무지한 소녀들이었다.

때로 성적인 입문은 집단 강간의 형식을 취하기도 했다. 이 경우는 갓 도착한 위안부들에게 더 이상 저항할 힘이나 의지를 하나도 남기지 않고 굴욕과 절망감만을 남겨주었다. 강순애 할머니는 "처음에 장교가 끝낸 후 사병들이 차례로 나를 강간했다"고 말했다.[49] 기존의 연구에서도 위안소 제도를 "국가에 의한 체계적인 강간",[50] "군 전용의 성노예제",[51] "집단 강간"[52] 등으로 여겨왔다.

강제적인 성 입문은 주로 고위 장교급에 의해 저질러졌다.[53] 새로 위안소에 도착한 '처녀'들을 처음으로 차지할 수 있는 '초야권'은 장교들이 지닌 특권이었다. 뿐만 아니라 처녀와 성행위를 하면 재수가 좋다는 미신이 이러한 성의 입문에 종종 관여되었다. 일본군 장교들 중에는 '처녀'와 성행위를 하면 전쟁터에서 죽음을 피할 수 있는 부적과 같은 행운을 가져다준다고 믿는 이도 있었다.[54] 이러한 관행에서 '처녀'의 몸은 거의 주술적인 부적처럼 여겨졌다. 이러한 성의 입문이 있은 후 이들 여성들은 일반 병사들과 성관계를 하도록 강요받았다.[55] 일본군 내의 수직적인 위계 구조는 이러한 잔인한 관행들 속에서도 그대로 유지되었다.

일상 생활

성폭력의 일상화

성 입문의 위기가 끝나고 나면 이들은 이제 군인들을 '받기' 시작해야 했다. 이것은 매일매일 되풀이되는 일과가 되었다. 위안소에서 강간은 단지 일회적인 사건이 아니고 매일 계속되는 일상적인 체험이 된다. 황금주 할머니는 위안소에서 가장 흔하게 볼 수 있는 광경 가운데 하나가 이미 바지와 심한 경우는 팬티까지 반쯤 내리고 줄을 서서 자신의 차례를 기다리는 군인들의 모습이라고 말했다.[56] 바깥에서 기다리던 군인들이 성급하게 재촉해댔기 때문에, 군인들은 거의 3~5분 동안에 성행위를 마쳐야 했다. 장교였던 스즈키 요시오는 "대개 5분이나 10분이 지나면 줄 서서 기다리던 군인이 방문을 두드리며 빨리 나오라고 재촉했다"고 말했다. 그래서 많은 군인들이 이미 기다리는 동안 바지를 벗고 '준비' 하고 있었고, 또 위안부의 방에서 '일을 끝내고' 나올 때도 옷을 제대로 입지 못한 채 나와서는 방문 밖에서 옷을 챙겨 입는 경우가 많았다고 한다.[57] 이러한 광경은 마치 사람들이 몰려 차례를 기다리는 공중 화장실 앞의 광경을 떠올리게 한다. 실제로 일본 군인들은 위안부들을 "위생적인 공중 변소"로 여겼다.[58] 타나카 마쯔는 '공중 변소'라는 용어가 성노예를 완곡하게 표현한 것으로 보았다.⁵⁹ 이러한 표현은 위안부들이 군인들의 배설을 위한 대상으로 여겨졌다는 것인데, 다시 말하면 위안부들을 군인들의 성적 욕구를 해결하기 위해 사용하고, 사용 가치가 없어지면 언제든 처치해 버릴 수 있는 그런 소모품 같은 대상으로 여겼다는 것에 다름 아니다. 여기에는 남성 성욕 배출의 욕구가 억제할 수 없는 생리적인 것이라는 암시가 깔려 있다. 여성의 몸을 이처럼 일상적으로 성적 수탈(sexual exploitation)하는 것은 인간이 지닌 최소한의 존엄성을 파괴하는 것이다. 전금화 할머니는 중국 위안소에서 "짐승 이하의 취급"을 받았다고 회상했다.⁶⁰

일상 생활의 리듬—주말

아비규환의 위안소에서도 일상 생활의 리듬이 형성되어 갔다. 주말과 주중, 낮과 밤 시간, 전투 이전과 전투 이후, 해군함이 항구에 정박했을 때와 항구를 떠났을 때 등에 따라 위안부들의 생활 패턴은 달랐다. '일상적인' 일과에도 군대 내 위계 질서가 고스란히 유지되었다. 예를 들어 장교와 사병의 위안소 이용 시간은 분리되어 할당되었다. 문옥주 할머니의 증언에 의하면 "대개 아침을 먹고 아홉 시경부터 군인을 받았는데······ 졸병들이 오후 네 시쯤에 부대로 돌아가면, 그후 장교들이 와서 열 시 정도까지 있다가 갔다. 그 이후는 자고 가는 긴 밤 손님이 들어왔다고 한다."⁶¹

위안부들의 일생 생활에서 하나의 패턴을 형성하는 가장 중요한 요소 가운데 하나는 부대의 일정이다. 토벌, 전투, 이동, 휴가 등 군의 일정에 따라 위안부들의 생활 패턴이 달라졌다. "군인들이 토벌에 나가면 한가했지만, 돌아오면 다시 많은 군인들을 상대해야 했다."[62] 주중과 주말에 따라서도 패턴이 다르게 형성되었다. 대부분의 옛 위안부들이 하나같이 고통스럽게 떠올렸던 장면은 주말의 상황이었다. 대개 주말에는 더 많은 군인들이 몰려와서, 아침 9시부터 자정까지 또는 밤을 새도록 군인들을 '받아야' 했다. 이러한 상황에서 위안부들은 식사할 시간조차도 없었던 것 같다. 박순애 할머니는 군인들이 "불개미 끓듯이 들끓는" 주말을 이렇게 회상했다. "침대에 누워 군인을 받으며 주먹밥을 먹어야 했어. 그것도 산목숨이라고……"[63] "그때 옷은 원피스 같은 것을 입었는데 속곳은 입고 있을 수도 없었다. 밑은 아프고 많이 부었다."[64] 손판임 할머니도 주말이 다가오면 마치 도살장 가는 기분이었다고 했다.[65] 일본 군인 마쯔모토(가명)도 위안부가 주말에는 '초주검' 상태가 되었다고 구술했다. "그날은 일요일이었는데 그 위안부는 이미 하루 종일 바빴고 여러 명을 받은 것 같았어요. 내가 방에 들어갔을 때 그녀는 너무 피곤해 앉지도 못했지요. 거의 반은 잠든 것처럼 보였답니다."[66]

군인들의 피로와 회복의 주기는 위안부들의 패턴과 정반대였다. 예를 들면 위안부들의 주기, 즉 주말에는 '초주검'이 되고 주중에는 상대적으로 회복되는 주기는 군인들의 근무와 휴가 일정과는 정반대되는 것이었다.

위안소가 일본 군당국에 의해 지원을 받고 감독을 받음에 따라, 일본군은 위안소에 필요한 생필품들을 지원하였고, 지역에 따라서는 식사를 제공한 경우도 있었다. 군인들이 쌀과 식료품을 공급해 주기도 했다.[67] 어떤 경우는 위안부들이 소속군의 식당에 가서 식사를 하거나, 군인들이 위안부들의 식사를 마련해 준 경우도 있다.[68] 전쟁이 막바지로 접어들자 위안부들 역시 생필품의 부족과 식량 부족으로 고생했다고 한다.

'창녀' 만들기 — '창녀화'

위안부들에게 가해졌던 일상적인 성폭력은 이 여성들을 '창녀'로 만드는 한 과정이었다. 이는 일회적이거나 우발적인 것이 아니라 체계적인 성의 강제였다. '성노예'라는 단어는 다소 센세이셔널하게 들릴지 모르나, 이 단어처럼 이들이 겪은 성폭력의 체험을 잘 나타내주는 용어는 찾기 힘들 것이다. 위안부들은 군인들에게 성적으로 '서비스' 하겠다는 어떠한 동의도 한 적이 없었으며, 더구나 강제·감금·고립은 위안부 제도와 깊이 관련되어 있다. 위안부들의 체험에서 미루어 짐작해 보면 이러한 행위는 명백한 성폭력과 강제 매춘에 해당하는 것이다.

위안소 제도는 근대 일본의 공창 제도를 모방했기 때문에, 이 역시 매춘의 형태로 가정되기도 한다. 사실 위안소의 일상 생활은 공창이나 사창에서 볼 수 있는 것과 매우 비슷하다. 예를 들면 '손님'이 '진열되어' 있는 여자들 가운데 마음에 드는 이를 고르는 것이라든가,[69] 성행위에 대해 지불을 한다든가 하는 것은 공창이나 사창가의 관행과 일치한다. 이영숙 할머니는 '손님' 들에게 선택받기 위해 화장을 하고 의자에 일렬로 앉아 있어야 했다고 회상했다. 위안부들의 이름이나 번호를 적어 벽에 붙여놓은 위안소도 있었으며, 이름 대신 번호로 위안부를 부르기도 했다고 한다. 이런 경우 모든 위안부는 자기 고유의 번호를 가지고 있었고, 군인들은 마음에 드는 번호가 걸린 방 앞에서 줄지어 섰다.[70]

군인들은 위안소에 돈을 지불했다고 주장하지만, 대부분의 위안부들은 실제적으로 급여를 받지 못했다고 구술했다. 1945년 「연합군 조사 보고서」에 나타난 일본군의 위락 시설에 대한 규정에 의하면, 전체 수입의 50~60퍼센트는 원칙적으로 위안부들에게 지급되어야 했다.[71] 그러나 위안소마다 조금씩 정도의 차이가 있기는 하지만, 대부분의 경우 음식·의복·의료비나 기타의 생활 필수품에 대한 비용은 위안부들이 지불해야 했다. 예를 들어 중국의 위안소에서는 성병에 걸렸을 때도 위안부가 스스로 치료를 위해 비싼 비용을 물어야 했으며,[72] 이렇게 해서 빚을 지게 되면 이를 갚을 때까지 '고용 계약' 기간은 더 연장되었다. 또한 강제 저축의 형식으로 위안부들 임금의 상당 부분을 지급하지 않았다. 이 강제 저축의 상당 부분은 전투기 같은 군수 물자를 구입하는 군사비로 충당하기 위한 것이었다.[73] 박연이 할머니는 월급 전부가 통장으로 모두 입금되었으며 이러한 저축 제도를 신뢰했지만, 전쟁이 끝나자 저금 통장은 휴지 조각이 되어버렸다고 했다.[74] 결국 이들의 손에 들어온 돈은 거의 없었다.[75] 이러한 사실은 위안소에서 행해졌던 거래가 위안소 경영자와 군 사이의 거래였다는 것을 말해준다. 요금은 위안소 규정에 의해, 즉 군당국에 의해 결정되었고, 군인들이 위안소에 오기 전 부대에서 전표를 구입해서 이를 위안소 요금으로 지불했다.[76] 김덕진 할머니는 다음처럼 구술했다. "군인들이 올 때마다 조그만 표를 주고 갔는데 그것을 모아다가 조선인 주인에게 갖다주면 공책에 매일 기록했다. 일본이 전쟁에서 이기면 팔자를 고치게 해준다고 했으나 따로 급료를 준 적은 없었다."[77]

위안소 경영인이 위안부들을 통제하는 방식은, 위안부들이 하루에 '받은 손님'의 수에 따라 처벌하거나 보상하는 것이었다. 전형적인 처벌은 구타, 감금, 굶김 또는 (위안소보다) 조건이 더 나쁜 사창가에 팔겠다는 협박 등이었다. 박연이 할머니 역시 하루가 끝나면 위안소 경영인이 '받은' 군인의 수를 세었고 그 수가 충분치 않은 경우 처벌을 받았다고 한다.[78] 반면에 군인들을 더 많이 '받은' 위안부들에게는 금반지, 맛있는 음식, 사탕 따위를 주거나 특별 대우를 해주었고, '승진'도 시켜주었다. '손님 수'에 따라 여성들의 점수를 매김으로써 이들 사이에 경쟁 의식을 부추겼다. 위안부들을 통제하기 위해 서로 분열시켜 통제한다는 분리 지배의 원리가 사용되었던 것이다. 배족간 할머니가 말한 것처럼, 위안부들도 군인들과 마찬가지로 위안소에 있었던 기한에 따라 계급이 매겨지기도 했고, 상급자 위안부는 하급자를 처벌할 수도 있었다.[79] 박연이 할머니 역시 위안부들 사이의 위계 구조에 대해 말했다. "나이가 많고 적은 것에는 상관없이 먼저 온 여자에게는 무조건 '언니'라고 부르며 군대식 고참으로서의 대접을 깍듯이 해야 했고 지시에 무조건 따라야 했다. 나를 포함하여 그 집에 배정받은 여자들은 그날부터 언니들로부터 교육을 받기 시작했다.…… 남자를 어떻게 상대하는가 하는 기본적인 것에서부터 시작해서 끝나면

뒤처리를 어떻게 하는가와 삿쿠(콘돔)를 끼워주는 방법에 이르기까지 상세한 교육을 받았다."[80]

위안부들 사이의 위계 구조를 형성하는 기반이 된 것은 그들이 '상대하는' 군인들의 계급이었다. 군인들 사이의 위계 구조는 위안부들 사이에서도 재생산되었다. 각 위안부가 '받는' 군인이나 장교의 계급에 따른 특권과 위계 구조가 바로 이들의 지위를 결정했다. 군 위계 구조 내 고위직 장교를 '상대한다'는 사실은 이들의 일상 생활에 차이를 가져왔다. 위계 질서 구조에서 위안부가 지니는 위치에 따라 그들이 하루에 몇 명을 받아야 하는가가 결정되었다. 주로 장교들을 '상대하는' 일본 위안부들은 다른 위안부들처럼 많은 군인들을 '받지' 않아도 되었다. 이러한 차별은 이들 여성들을 서로 분열시키는 하나의 요소가 되었다.

전투의 리듬, 폭력의 리듬

위안부들의 구술을 모아보면 군인들이 전투에 나가기 이전과 이후에 나타나는 폭력의 패턴을 그려낼 수 있다. 이러한 폭력의 패턴은 군인들에게 공격성을 고조시켰다가 다시 순화시키는 주기와도 일치한다. 위안소에서 군인들이 보이는 폭력의 패턴은 황금주 할머니의 구술에서도 재현된다. "전장에 나가기 전의 군인들은 더 잔인했어. 이루 말할 수 없지…… 곧 전쟁터에 나갈 것이라는 걸 아는 군인들은 더 심했어. 도저히 참을 수가 없을 정도였지……."[81] 니시노 루미코가 보고했듯이 군인들의 폭력은 특히 동료들이 전쟁터에서 전사했을 때 더 심해졌다. 예를 들자면 전쟁터에서 돌아오는 길에 중국인이 눈에 띄기만 하면 당장 그 자리에서 죽일 정도였다고 한다. 이렇게 공격성과 긴장감이 극에 달한 순간에, 군인들에게 위안부와의 성행위 기회를 제공하는 것은 군인들의 공격성을 순화하기 위한 것이었다.[82] 위안소에서 볼 수 있는 폭력의 여러 형태 가운데 가장 일상적인 것은 구타였다. 최명순(가명) 할머니는 너무 맞아서 혼이 나간 것처럼 느껴질 때도 있었고, 그때는 그냥 허공을 헤매는 초점 없는 멍한 눈빛으로 시체처럼 누워 있었다고 한다.[83] 오키나와에서 위안부로 있다가 전후 그곳에서 정착해 살았으며 그곳에 뼈를 묻은 배봉기 할머니는, 위안소에서는 심지어 죽을 자유조차도 없었다고 말했다.[84] 위안부들을 제압해서 복종하게끔 만들기 위해서 군인뿐만 아니라 위안소 경영자들도 폭력을 사용하였다. "만약 누가(위안부가) 말을 안 듣는다거나 하면 늘씬하게 두들겨 맞았어"라고 황금주 할머니는 회상했다.[85] 심지어는 '말을 잘 듣는' 경우에도 구타를 당했다고 한다. 황금주 할머니에 의하면 구타는 하루 일과 가운데 하나였다. "매일 얻어맞는 것이 일이었다. 달을 쳐다보면 무슨 생각을 하느냐고 때리고 혼잣말을 하면 무슨 욕을 하느냐고 때렸다."[86] 또 다른 형태의 폭력은 여성의 성기에 대한 폭행이었다. 예를 들면 성기를 담뱃불로 지지거나 칼로 찌르기도 했다. 이러한 폭행은 신체적인 고통과 함께 입으로 표현할 수 없을 정도로 크나큰 치욕감을 주는 것이었다.

이 외에도 위안부들에게 성적인(sexualised) 굴욕감을 주는 폭력은 다양했다. "어떤 군인들은 들어와 내 머리를 자기 사타구니에 처박고 성기를 빨라고 시키기도 했다."[87] 위안소 내에서 일어날 수 있는 가장 극단적인 형태의 폭력은 살해였다. 문옥주·이상옥 할머니는 술 취한 군인의 칼에 찔리기도 했다.[88] 규정에 의하면 위안소 내 음주와 폭력은 금지되어 있었지만, 이는 엄격히 지켜지지 않았다. 술은 종종 군인들의 폭력적인 행동을 유발시켰다. 군인들에게 음주는 억압적인 군대 생활과 전쟁에서 죽음에 대한 공포 등을 벗어날 수 있는 일시적인 탈출 수단이었을 것이다.

몸으로서의 여성

여성의 경험은 종종 몸이나, 몸에 대한 이미지에 의해서 구성된다. 고정 관념에서 보면 여성이 특별히 '예쁘다'는 것은 특혜를 얻을 수 있는 하나의 장점으로 여겨진다. 그러나 위안부들이 처한 상황에서 보면 여성의 신체적인 미(beauty)는 더 많은 불행을 초래하기도 했다. 전금화 할머니의 체험 역시 그랬다. "내가 젊있을 때는 예뻤기 때문에 다른 여자들보다 내게 더 많은 군인들이 왔어. 내게는 더할 나위 없이 힘들고 고통스러웠지."[89] 위안부 여성들의 몸은 단지 폭력뿐만 아니라 원치 않는 임신과 병 때문에도 고통을 받았다. 동남아시아와 남태평양 섬 지역에 있던 위안부들은 말라리아의 위협을 받았으며, 그 외에도 성병·기아·과로 등에 시달렸다.[90] 위안부들은 군인들로부터 성병에 옮을 가능성에 늘 노출되어 있었다. 특히 당시에는 전염성이 있는 매독과 임질이 널리 퍼져 있어서, 일본 군당국은 위안소에 콘돔을 공급했으며, 위안부들의 위생 상태를 점검(성병 검진)할 것을 강조했다. 그런데도 성병은 위안부와 군인 들 사이에 널리 퍼졌다. 옛 일본 군인이었던 에바도에 따르면 성병에 걸린 군인들 가운데는 위안부들에게 콘돔 없이 성행위를 할 것을 강요하는 이도 있었다고 한다. 왜냐하면 성병을 다른 사람에게 전해 주면 어쩌면 자신은 치유될지도 모른다고 생각했기 때문이다.[91] 성병 감염은 때로 사망에까지 이르기도 했다.[92] 인도네시아나 중국에 있는 위안소에서는 성병에 걸려 증상이 심해진 위안부는 사창에 팔아버리기도 했고, 더 이상 '쓸모가 없어지면' 내버리고 돌보지 않았다.[93] 조선인 소녀들이 위안부로 모집될 당시에는 대부분 성병을 가지고 있지 않았던 것으로 나타났다. 이들은 위안소에 도착하자마자 성병 검진을 받았고, 그 후에도 정기적으로 일본 군의에게서 검사를 받아야 했다. 이러한 사실은 위안부와 군인 들 모두가 증언한 것이다.[94] 위안부들은 정기적으로 검사를 받았고, 그 검진 결과는 일본 군당국에 보고되었다. 위안부들의 '위생 상태'를 통제하고 분류하기 위해 그들 모두의 이름을 적은 목록이 작성되어 있었으며, 위안부 개개인들의 검진 결과는 각 부대에 보고 되었다.[95] 일본군은 위안부의 성병 정기 검진에 대한 이러한 규정을 실행했음에도 불구하고 성병의 확산을 막지는 못했다.

군인들에게서 성병이 전염된 경우에도, 위안부들이 비난을 받았으며 구타를 당했다. 전금화 할머니는 "지네들이(일본 군인들이) 우리에게 (성병을) 옮겨놓고서 왜 우리를 나무라느냐"며 억울해했다.[96] 성병을 치료하는 과정도 '감염되는 것만큼' 이나 고통스러운 것이었다. 이영숙 할머니는 "그 주사는 한번 맞으면 너무 독해서 일주일 동안 물에 손을 못댈 정도였다"고 했고, 이옥분 할머니는 "(그 주사는) 하도 독해서 애기집도 떨어져 나간다고들 했다"고 말했다.[97] 군의관이었던 유아사 켄도 당시 성병 치료에 사용되었던 항생제인 606호 주사가 매우 강한 것으로 부작용이 있다고 털어놓았다.[98] 위안부들은 성병 예방과 심지어는 피임을 위해 606호 주사를 맞아야 했다는 증언도 있다.[99] 성병 예방과 치료를 위해 위안부들을 정기 검진한 것은 근본적으로는 전투를 위한 군사력 손실을 막기 위한 것이었다. 다시 말하자면 정기 검진은 위안부들을 위한 것이었다기보다는 군인들, 더 나아가서는 일본군의 군사력 유지를 위한 것이었다.

성적 강제가 일상적으로 존재하는 곳에는 임신의 가능성이 함께 존재한다. 이는 위안부들의 삶을 더욱 고통스럽게 만들었다. 대부분의 경우 임신한 것이 밝혀지면 곧 낙태를 해야 했다. 홍애진 할머니도 임신한 것이 발견되자 위안소 경영자가 낙태를 강요했다고 한다.[100] 군의관이었던 유아사 켄은 산부인과 의사가 아닌 일본군에 소속된 군의들이 낙태를 시술한 경우도 있다고 증언했다.[101] 임신한 위안부를 다른 곳으로 보내기도 했는데,[102] 이들이 어디로 보내졌는지, 그 뒤에 이들이 어떻게 됐는지에 대해서는 일반적으로 알려진 바가 없다. 위안부는 성행위를 위한 대상이었으므로, 일본군은 위안부의 아이에 대해서는 아무런 관심이나 이해 관계가 없었던 것이다. 비위생적이거나 열악한 의료 상황에서 낙태를 하는 것은 위안부에게 또 다른 위험이 되었다. 윤두리 할머니는 몇몇

동료 위안부들이 낙태 도중이나 그 이후에 사망한 걸 보았다고 증언했다.[103]

송신도 할머니처럼 위안소에서 아이를 낳자마자 그 아이를 중국 사람에게 입양시킨 경우도 있었다.[104] 윤두리 할머니는 임신한 동료 위안부 가운데 자살을 시도한 사람도 있었다고 말했다.[105] 성에 대한 지식이 없었던 나이 어린 조선인 위안부들 가운데는 미도리처럼 임신인지도 모르고 있다가 아이를 낳게 된 경우도 있었다. 이득남 할머니는 같은 위안소에 있던 미도리를 이렇게 떠올렸다. "나보다 두 살 아래인 미도리는 아기를 뱄는데 배가 불러오기 전까지는 임신한 것도 모르는 채로 군인을 상대했다. 그녀는 유산하기에는 너무 늦어서 아이를 낳아야 했는데 군인을 받아야 했으므로 아이 돌볼 사람을 사서 길렀다. 그 아이는 태어난 지 여덟 달만에 병으로 죽고 말았다."[106]

위안소에서 여성의 생리 주기는 거의 전적으로 무시되었다. 어떤 위안소에서는 생리 기간 중에는 군인과의 접촉을 금지하는 규정이 있기도 했지만[107] 많은 생존자들은 생리중에도 군인을 '상대해야' 했다고 증언했다. 문필기 할머니는 이때가 가장 참기 힘든 시간이었다고 털어놓았다.[108] 생리 중임에도 불구하고 성적인 강제가 계속되는 고통도 이루 말할 수 없는 것이지만, 기본 생활 필수품인 생리대조차도 구할 수 없어 위안부들은 고생을 많이 했다. 김학순 할머니도 생리중에 군인을 '상대해야' 했는데, 이때는 생리혈이 새는 걸 막기 위해 스스로 만든 조그만 솜 덩어리를 집어넣고 "그짓을 해야 했다"고 구술했다. 솜조차도 구할 수가 없을 때는 천을 잘게 찢어서 돌돌 말아 사용했다고 한다.[109] 황금주 할머니도 이 상황을 다음과 같이 구술했다. "생리 때에는 약솜 같은 것을 배급받아 사용했다. 1년쯤 지난 후부터 이 배급이 끊겨 남들이 빨아 널어놓은 것을 훔쳐와 사용하기도 하고, 군인들 각반 떨어진 것을 주워다 빨아서 사용하기도 했다. 그러다가 군인들 눈에 띄면 재수 없다고 얻어맞곤 했다."[110] 이와 같이 기본적인 위생품마저 구비되지 않은 상황에서 위안부들은 여성으로서의 그 마지막 모성이나 존엄성마저도 빼앗겼던 것이다.

황금주 할머니가 지적하듯이 위안부들이 더 이상 군인을 '상대할' 수 없을 때는 사용 가치가 없는 것이므로, 그야말로 사용후 버려지는 소모품과 같은 존재였다.[111] 예를 들어 병이 심해지거나 몸이 너무 약해서 더 이상 성행위를 할 수 없게 되면, 위안부로서의 사용 가치가 없는 것으로 여겨졌다.[112] 이들의 몸은 성행위를 위해서만 유용했을 뿐, 그 외에는 아무런 가치도 부여받지 못했다. 그러므로 성병이나 다른 질병에 걸리지 않은 상대적으로 건강한 위안부만이 그 '유용성'을 인정받았다. 이들은 사후에도 인간으로서 최소한의 존엄성을 보장받지 못했다. 위안소에서 사망한 위안부들의 시체들 중에는 땅에 묻히지도 못하고 그냥 버려지는 경우도 있었다. 위안부의 죽은 몸은 아무 사용 가치가 없는 것으로 여겨졌기 때문이다. 이옥분 할머니는 이 상황을 다음과 같이 재현했다. "몸이 약할 대로 약해진 여자들이 그 많은 사람을 상대하고 나면 반쯤 죽은 상태가 되었다.…… 주사를 놔도 별 소용이 없다 싶으면 군인들이 이들을 트럭에 싣고 산으로 끌고 갔다. 죽은 여자는

산에 가져다 버렸다. 그리고는 풀잎으로 겨우 가렸다."[113]

성적인 강제가 위안부들이 겪어야 했던 고통의 전부는 아니다. 그들의 노동 역시 착취를 당했다. 위안부들에게는 성노예에서부터 심지어 전쟁 말기에는 군사적인 업무에 이르기까지 거의 모든 종류의 일이 부과되었다. 예를 들면 군부대 병영의 청소, 군복 세탁,[114] 창 찌르기 등의 군사 훈련,[115] 탄약 상자와 폭탄 나르기,[116] 부상병 간호,[117] 전투에 나가거나 돌아오는 군인들의 환송과 환영,[118] 춤과 노래로 군인들에게 오락 제공, 재사용을 위해 사용한 콘돔 세척하기,[119] 부상병을 위한 헌혈,[120] 심지어는 스파이[121] 활동에 이르기까지 참으로 다양했다.

위안부와 군인과의 관계

위안부들의 구술에서 드러난 일본 군인의 모습은 크게 두 가지인데, 이는 서로 상반된다. 군인에 대해 위안부들이 가진 하나의 이미지는 '짐승만도 못한 것' 또는 '미친 개'와 같은 이미지이다.[122] 또 다른 한편으로 옛 위안부들 중에는 "모든 일본 군인들이 다 나빴던 것은 아니다"라고 회상하는 이도 있다. 못된 사람은 "이루 말할 수 없이 잔인하였지만" 동정을 베푸는 사람도 있었다는 것이다. 강무자 할머니는 "나쁜 군인은 말도 못하게 나쁘지만 좋은 군인은 같이 울기도 하고 자기들도 천황 명령이기 때문에 어쩔 수 없다고 했다"고 말했다.[123] 위안부들이 군인들을 바라보는 이러한 시각은 동정심에서 비롯된 듯하다. 김은례 할머니는 그 이유를 이렇게 설명했다. "왜냐하면 그들의(군인들의) 신세도 우리처럼 윗사람에게 얻어맞고 늘 기를 펴지 못했으니까."[124] 일상화된 성적 강제와 폭력이라는 극단적인 환경 속에서도 위안부들은 "죽음을 향해 가는 같은 배를 타고 있다"는 심정으로 군인들에게 동정심을 느끼기도 했음을 알 수 있다. 황금주 할머니 역시 전쟁터에 나가기 전 자신을 찾아와 울던 군인에게 가여운 마음이 들었다고 했다.[125] 이러한 감정은 권력 구조의 밑바닥에 존재하는, 즉 권력을 갖지 못한 사람들끼리 공유하는 억압의 체험에서 나온 연민의 일종으로 보인다. 자신들의 억압자를 인간화해서 보는 이러한 태도는 위안소 삶에서 하나의 '대처 전략'(a coping strategy)이 되었을지도 모른다. 이와 같이 서로 다른 성(gender)과 민족(ethnicity)의 배경을 가진 위안부와 군인의 관계는 동정과 적개심이라는 상반된 감정이 공존하는 복합적인 것이다. 위안부들은 대부분 군인들에게 이러한 상반된 두 가지 시각, 즉 동정과 적개심을 동시에 지니고 있는 경우가 많았다.

실제로 위안부를 난폭하게만 다루지 않고 동정심과 관대함을 보인 군인들에 대한 이야기도 위안부의 구술에서 종종 볼 수 있다. 특히 전쟁터로 떠나는 군인들 가운데 자신의 전사를 예견한 이들은 동정심이나 관대함을 보이는 경우가 있었다고 위안부들은 회상한다. 군인들이 죽음과 직면했을 때 대처하는 방식은 서로 상반된 두 가지가 있었다. 죽음에 대한 불안감, 공포감으로 더욱 폭력적이고 잔인한 태도를 보이는 이가 있는가 하면, 삶을 마무리한다는 의미에서일까 평소와는 다른 관대함을 보이는 이도 있었다. "전투를 하러 나가는 사람들은 다소 온순하고, 이제 자기는 필요 없다고 잔돈 부스러기를 놓아두고 가기도 했다. 전투에 나가면서 무섭다고 우는 군인들도 있었다. 그럴 때 나는 꼭 살아서 돌아오라고 위로해 주기도 했다."[126]

위안부들의 기억 속에 남아 있는 '착한' 군인들은 누구였을까. 옛 위안부들의 기억 속에는 위안소에 와서 성행위할 것을 강요하는 대신 이야기를 나누다 돌아간 군인들도 있다.[127] 이런 군인들은 위안부들을 단지 성행위를 위한 '몸'으로만 여기지 않았다. 박연이 할머니의 기억 속에도 이런 군인이 하나 있다. "가끔은 인정 있는 사람도 있었다. 표(군표)를 많이 사가지고 들어와서 몸에는 손을 안 대고 시간이 다 될 때까지 과일을 깎아 먹으며 이야기만 하다 가는 군인도 있었다…… 인정 있는 군인을 만나는 일이 흔치는 않지만 암흑 같은 생활 속에서 그래도 작은 위안이 되었다."[128] 인간이 지니는 최소한의 존엄성마저 거부당한 노예 같은 생활 속에서 조그마한 관심이나 관대함은 위안부들에게는 상당한 의미를 지니는 것이다. 박순애(가명) 할머니는 이런 군인들에게 도움을 요청하기도 했다. "하도 힘들어 좀 마음씨가 좋아 보이는 군인에게 비행기를 태워서 보내달라고 애걸"해 보기도 했다.[129] 이러한 동정심은 때로 연애 관계로 발전하기도 했다. 김덕진(가명) 할머니는 자신을 '사랑했던' 이즈에를 아버지이자 남편이자 한 가족으로, 즉 그 한 사람 안에 모든 이상형을 담은 이미지를 여전히 가지고 있었다.[130] 반면 군인이나 장교의 호의를 다른 시각에서 보는 경우도 있었다. 예전에 필리핀 위안부였던 마리아 로사 헨슨의 경우가 그렇다. "나는 타나카(일본군 장교)만이 내 심정을 이해한다고 느꼈다. 그는 나에게 난폭하게 굴지 않았던 유일한 사람이었다. 그러나 내 가슴속에서는 그에게도 늘 화가 나 있었다. 그가 다른 군인들만큼 나를 거칠게 다루지는 않았더라도 그는 여전히 자기가 내게서 취하고 싶은 것을 취하고 있었다."[131]

개인적인 연애 관계는 때로는 성적인 착취를 로맨스처럼 낭만화 (romanticisation)하기도 한다. 위안부와 군인의 관계는 대부분 일시적인 것이었다. 일본이 전쟁에 패망했을 때 일본 군인이나 장교와 연애 관계에 있었던 대부분의 위안부들도 다른 위안부들과 마찬가지로 버려졌다. 이러한 관계는, 극도로 치닫는 삶의 고통 속에서 일시적인 '애정' 이나 '로맨스' 라는 감정의 탈출구를 제공함으로써, 여성들이 위안부로서의 삶을 지속케 하는 또 다른 통제 방법이었을지도 모른다. 군인들이 보였던 친절이나 애정이 인본주의에서 비롯된 인간적인 제스처일 수도 있겠지만, 또 다른 한편으로는 계산된 의도를 숨긴 채 위안부들의 행동과 감정을 통제하려는 간접적이고 눈에 보이지 않는 방식일 수도 있지 않을까. 조그마한 친절도 큰 위안으로 받아들이는 삶의 고통 속에 있는 이들 여성들이 소위 '애정' 이라는 감정을 이용한 이러한 비가시적인 통제 방식을 알아차리기란 쉽지 않았을 것이다. 위안부들 가운데는 생존 전략의 하나로 장교와의 친밀한 관계를 형성하려고 시도하기도 했던 이들도 있었다. 이에 대해서는 다음 절에서 좀더 자세히 소개할 것이다.

조선인 군인이 있는 부대에서는, 조선인 군인들도 위안소를 찾았다. 문옥주 할머니는 이들을 만난 적이 있다고 했다. "어느 날인 가는 한 군인이 내 방에 들어와 눈물을 그렁거리며 울고 있었다. 왜 그러냐니깐 자기도 조선인이라면서, 이 조선 군인들도 일본 군 인들과 마찬가지로 군표나 삿쿠를 가져와 사용했다."[132] 그녀의 이야기가 암시하듯 조선인 군인들 가운데 일부는 위안소를 '이 용'했다. 그러나 이와는 다른 태도를 보이는 조선인 군인도 있었 다. 강무자(가명) 할머니는 조선인을 만난 적이 있다며, "조선인 군인들은 와서 건빵, 카라멜을 주고 갔지만 몸에는 손도 안 댔다. 삿쿠를 쓴 것처럼 비벼서 물에 담근 다음 쓰레기통에 넣었다"고 말했다.[133]

겨룸과 저항

일본인이 아니라는 것, 즉 단지 조선인이라는 것 자체가 경멸의 이유가 되었는데,[134] 이처럼 민족이라는 변수가 덧붙어 조선인 위 안부는 더욱더 경멸적인 대우를 받아 '마땅한' 것으로 여겨졌 다.[135] 위안부들은 일본 이름과 일본어를 사용하도록, 그리고 일본 식 옷을 입도록 강요받았다.[136] 일본어를 사용하고 일본식 헤어 스 타일과 복장을 하는 것은 위안소 내에서 일본 군인들에게 더욱 친 근한 분위기를 조성해 주기 위한 것이었다고 박순애(가명) 할머니 는 이야기한다.[137] 일본어에 서툴러서 일본 군인들의 요구 사항을 제대로 이해하지 못하는 것도 조선인 위안부들을 폭행하는 또 다

른 구실이 되었다.[138]

이와 함께 조선과 관련된 모든 것은 체계적으로 뿌리 뽑혀 나갔다. 예를 들어 조선어, 치마와 저고리, 조선 노래, 댕기머리나 쪽을 찌는 조선식 헤어 스타일 등은 모두 금지되었다. 이상옥 할머니는 위안소에 갈 당시 긴 댕기머리를 하고 있었는데, 위안소에 가서 단발머리로 잘렸다. 위안소 경영자는 댕기머리를 하고 있으면 조선인이라고 알아보기 때문에 잘라야 한다고 말했다고 한다.[139] 조선말을 사용하거나 노래 부르는 것은 금지되어 있었고, 들키면 처벌을 받았다. 이러한 금지는 위안부들에게 침묵을 강요해서 그들의 목소리를 없애기 위한 것으로 보인다. 그렇지만 극단적인 상황에 부딪쳤을 때 모국어가 봇물처럼 터져나왔다고 위안부들은 말한다. 문옥주 할머니는 자신을 죽이려 했던 일본 군인을 피하려다가 그를 죽이게 되었는데, 이 사건으로 헌병대에 불려가서 군정 재판을 받았다. 이때 문옥주 할머니는 "어느 정도 하던 일본말도 나오지 않아 우리말로 울면서 자초지종을 말하였다"고 했다.[140] 억압적인 상황에서 조선인으로서의 정체성을 유지하려는 위안부들의 노력은 상당한 것이었다. 위안부들은 자신의 문화를 실천(practice)함으로써 민족적 정체성을 유지하려 노력했다. '조선'에 대해서 조선말로 이야기하거나, 조선의 노래(특히 「아리랑」) 등을 불렀던 것을 그 예로 들 수 있다. 이러한 노력은 끊임없이 계속되는 구타와 굴욕 속에서 살아남기 위한 것이었고, 조선인 위안부들끼리의 연대감을 형성하기 위한 것이기도 했다. 문옥주 할머니는 고향 생각이 나고 삶이 너무나 고통스러울 때는 조그만 목소리로 다른 이들과 함께 조선의 노래를 부르곤 했다고 말했다.[141] 물론 이러한 것들은 일본인 몰래 해야 했다. 위안소 경영자의 분열 지배 통제 방식에 대항하여, 이렇게 자매애를 실천하는 것은 위안부들 사이에 연대감을 형성했을 것이다. 이옥분 할머니는 이러한 공유의 체험을 고스란히 기억하고 있었다. "전부 조선 여자여서 우리는 누군가 특히 아프거나 배가 고파 보이면 일본 사람들 몰래 자기 밥에서 한 숟가락씩 떼어내어 종이에 담아 나눠주곤 했다. 그러다 일본 사람들한테 들키면 나눠준 사람이나 받아먹은 사람이나 죽도록 매를 맞았다."[142]

조선인 위안부들 안에 내재해 있는 '조선인임'(Koreanness)을 파괴하려는 시도는 오히려 반작용을 형성하기도 했다. 조선인이라는 민족 정체성은 이러한 반작용과 함께 오히려 강화되어 갔다. 위안부 가운데는 이영숙 할머니처럼 위안부를 대하는 태도와 관련해서 일본 군인이나 위안소 경영자에게 대담하게 항의하기도 했다. "식사를 주문하는데 주인 여자가 모두 우동을 시켰다. 나는 워낙 밀가루 음식을 싫어해서 나 혼자 밥으로 시켜 먹었다. 그랬더니 주인 여자가 '조선년은 할 수 없어' 하고 한마디 했다.…… 파티가 끝난 후 나는 계속 포도주를 마셨다.…… 취한김에 여자들을 불러 세워서 '조선년이라고 욕한 사람이 누구냐' 하면서 나오라고 했다.…… '너희들 일본 사람 때문에 여기에 오게 되었는데 그럴 수 있느냐 ……" 하고 따져 물었다.[143] 김태일 할머니 역시 자신이 조선인이라고 멸시받을 때 대담하게 대항한 사람 중 하나였다. 김태일 할머니는 "그래 나 조선 사람이다. 죽여라. 죽여. 내가 조선 여자 기질을 보여주마. 죽여봐. 죽여"[144] 하고 대들었다.

위안부들은 매일매일 계속되는 장기적인 성폭행을 대처해 나갈 생존 전략을 고안해 내기도 했다. 강제적이고 폭력적인 위안소 체제는 위안부들의 저항을 약화시켰지만, 그러함에도 몇몇 위안부들은 적극적이거나 소극적인 방식으로 저항했다. 저항의 방식은 다양했다. 위안소 탈출을 시도하기, 군인 요구에 저항하기, 되받아치거나 싸우기, 군인 살해, 자살 시도, 실성함(미침), 힘든 현실을 탈피하기 위해 술이나 마약 복용하기, 장교와의 친근감을 형성하기 등 여러 가지 생존 전략과 저항의 방식이 존재했다. 그 가운데 가장 대담한 저항 방식 가운데 하나는 바로 위안소 탈출을 시도하는 것이었다. "어쨌거나 죽기는 마찬가지"라는 생각에서 이들은 죽음을 무릅쓰고 탈출을 시도했던 것이다. 김학순 할머니는 자신의 탈출 시도를 다음처럼 들려주었다. "나는 워낙 성격이 고분고분하지도 못하고, 그저 어떻게 하면 도망칠까 하는 궁리만 하고 있어서…… 에미코 언니랑 도망길 방도를 여러 가지 생각하기도 했지만 그곳 길을 전혀 몰라 나가도 어디로 가야 할지 막막했다. 나갈 때는 꼭 같이 나가자고 언니하고 약속을 했다."[145]

그러나 위안부들은 늘 감시당하고 있었으므로 탈출 시도는 대부분 실패로 끝났다. 탈출 시도가 실패했을 때의 기억은 이들 머릿속에 여전히 생생하게 남아 있었다.[146] 「통첩」이나 「진중일지」 같은 일본군 문서에는 위안소 감시가 부대장과 헌병의 책임으로 규정되어 있다.[147] 진경팽 할머니도 역시 "하루에 몇 번은 헌병들이 경비를 돌고 전신에 군인들이 보초를 서거나 여자들의 도망이나 자살을 감시"했다고 말했다.¹⁴⁸ 중국의 어떤 위안소에서는 위안부들이 도망갔을 때 쉽게 판별하기 위해 '위안부'라는 문신을 팔이나 배에 새겨놓은 경우도 있었다.¹⁴⁹

위안소를 벗어나기 어려웠던 또 다른 이유는 조선인 위안부들이 있던 대부분의 위안소들이 최전방 근처에 위치해 있었기 때문이다. 그러니까 위안부들이 비록 위안소를 빠져나간다 하더라도, 바깥은 더 위험할 수도 있었다. 위안부들이 위안소 밖에 나가서 다른 지역으로 이동하기 위해 지역민들의 도움을 받거나 교통편을 제공받을 가능성은 희박했다. 더구나 일본이나 조선이 아닌 다른 지역에 있던 위안부들은 지역 주민들과 언어 소통이 거의 불가능했으므로 도움을 받기 힘들었다.¹⁵⁰ 부산 위안소에 있었던 윤두리 할머니처럼 실제로 일본이나 한국 내 위안소에 있었던 위안부들이 탈출을 시도한 경우가 더 많았다.¹⁵¹ 이들은 최소한 위안소 밖의 지역민들과 의사 소통을 할 수 있었고, 도움받을 가능성도 높았기 때문이었다. 어떤 경우에든지 탈출에 실패해서 붙잡혀온 위안부는 가혹한 처벌을 받았다. 그러므로 위안소를 벗어나려는 시도는 상당한 위험을 무릅쓴 저항이었다.

위안부가 취할 수 있었던 또 다른 저항의 형태는 군인들의 과도한 요구들을 거절하는 것이었다. 심지어는 그들이 때릴 때 되받아치는 경우도 있었다. 그런 위안부는 두말할 나위 없이 무자비한 구타 세례를 받았다. 칼을 가지고 덤비는 군인에게 저항한 문옥주 할머니는 죽을 각오로 맞섰다고 한다. "나는 죽기 아니면 살기로 그에게 달려들었다. 그 순간 놀란 그가 쥐었던 칼을 놓자 나는 그 칼을 들어 엉겁결에 가슴을 찔러버렸다. 그 군인은 피를 흘리면서 차에 실려나갔고, 나는 헌병대에 불려가 군정 재판을 받았다."[152]

위안부들은 자신이 처한 숨막히는 상황을 끝내기 위해 극단적으로는 자살을 시도하기까지 했다. 자살 시도는 소극적인 저항으로 보일지도 모르나, 억압적인 상황을 거부하는 강력한 결단이기도 했다. 위안부들은 자신의 몸에 가해지는 지속적인 성폭력을 탈피하기 위해서 소독약·염색약·크레졸 같은 비교적 쉽게 구할 수 있는 것들을 가지고 자살을 시도했으며, 바다로 뛰어들거나 높은 곳에서 뛰어내려서 자살을 시도하기도 했다.[153] 그러나 장수월·이덕남 할머니처럼 고향에 돌아가고픈 강한 열망 때문에 자살을 포기한 경우도 있었다.[154] 옛 위안부들은 고통의 정점이었던 위안소 생활 도중이 아니라, 오히려 전쟁이 끝난 후 귀향길에 올라서 자살을 시도하는 경우가 있었다. 위안부였다는 사실이 고향에 알려졌을 때 받게 될 '수치감' 때문이었을 것이다. 강덕경 할머니는 자신이 임신한 것을 알게 되자 한국으로 돌아오는 배 안에서 바다로 몸을 던져 자살하려고 했다고 말했다.[155]

인간은 자신이 견딜 수 있는 한계를 넘어서는 억압적인 상황에 부딪쳤을 때는 '정신을 놓아버리게'(실성함, becoming mad) 된다. 위안부 중에도 실성한 경우가 있었는데, 이것은 단지 정신적인 질환이라기보다는 저항의 한 형태로 볼 수 있을 것이다. 임금화 할머니는 군인들 상대하는 일이 너무나 끔찍해 위안소에 도착한 지 석 달만에 실성했다.[156] 최명순(가명) 할머니처럼 전후 고향에 돌아온 뒤에 그 후유증으로 정신 이상을 보이는 경우도 있었다.[157]

아편을 하거나 술을 마시는 행위도 위안소에서의 고통스런 삶에 대처하는 전략 가운데 하나였다. 위안소에서 음주와 흡연을 시작한 이봉화 할머니는 술·담배가 없었다면, 위안소에서 계속되는 고통을 견디지 못했을 것이라고 말했다.[158] 최일례 할머니도 위안소에 도착한 지 얼마 안 되어 아편 중독이 되었다고 했다.[159] 생존을 위한 이러한 전략은 고통스런 현실을 잠시 동안이라도 벗어날 수 있게 해주어서 계속되는 억압의 상황을 견뎌낼 수 있는 힘이 되기도 했을 것이다. 그러나 마약이나 아편을 지나치게 사용해서 죽음에 이른 위안부도 있었다.[160] 어떤 위안소에서는 아편의 사용이 묵인되었으며 심지어는 장려되기도 했다. 정서운 할머니도 자신이 맞았던 아편 주사에 대해 이렇게 말했다. "쉴새없이 들어오는 군인들로 인해 기진맥진해서 기절하면 일본 군인이 주사기로 마약을 팔에 쿡쿡 놓았다. 토요일과 일요일에는 군인이 들어오기 전에 미리 마약 주사를 놓았다."[161] 옛 일본 장교였던 고야마는 "때로 위안소 경영자가 군당국의 묵인하에 아편 거래에 개입해서 돈을 챙기기도 했다"고 털어놓았다.[162]

위안부들에게 장기적인 생존 전략으로 중요했던 것은 자신의 건강과 몸을 웬만큼은 유지해 나가는 것이었다. 예를 들면 성병에 걸리지 않게 조심한다든가, 자신의 건강을 스스로 돌본다든가, 또는 구타당하지 않게 요령껏 한다든가 해서 자신을 유지해 나갔다.[163] 노수복 할머니가 생존 전략으로 선택한 것은 "고분고분 말을 들어주는 것"이었고 그래서 군인들이 요구하는 것을 다 들어주려고 했다.[164] 특히 구타는 위안부들을 압도하는 공포감을 주었으므로 이러한 폭행을 피하기 위해 복종하는 척 '고분고분' 말을 들어주곤 했다. 물론 잔인한 폭력의 상황 속에서 위안부들이 겁에 질려 저항하기 힘들었기 때문이라고 생각할 수 있을 것이다. 그러나 이런 상황에서 눈에 띄는 저돌적인 행동을 하지 않는 것 자체가 하나의 생존 전략으로 해석될 수 있을 것이다. 김덕진(가명) 할머니도 역시 이러한 기억을 되살렸다. "무서워서 죽으라면 죽는 시늉도 했다. 그래서 그랬는지 군인들도 그다지 포악하게 굴지 않았다."[165] 김분선 할머니도 역시 "나중에는 시키는 대로 했으니 싸울 일도 없었다"고 했다.[166] 위안부들은 생존 전략의 하나로서 복종을 '선택'했던 것이다. 어떤 면에서 보면 장기적인 성적인 강제와 폭력을 견디어내고 살아남았다는 것 자체를 저항의 한 형태로 볼 수 있을 것이다.

위안부들의 생존 전략 가운데 위험이 따르지 않는 것은 애원하거나 가장하는 것을 들 수 있다. 즉 성병에 걸린 척하거나, 생리중에는 군인을 '상대 하지 않는다'는 규칙이 있는 위안소에서는 생리중인 것처럼 가장해서 군인을 받지 않는 식으로 일상화된 성적, 물리적 강제를 일시적으로 피하고자 했다. 이영숙 할머니가 사용한 전략은 다음과 같다. "(위안소에서) 1년이 지나자 내 몸은 내가 돌보아야 한다는 생각이 들어 그때부터는 꾀를 부리기도 했다. 검사를 할 때는 소금물로 깨끗이 닦은 후에 검사대에 올라가야 하는데 닦지 않고 올라가서 이상이 있는 것처럼 위장을 하기도 했다. 그러면 치료를 받기 때문에 당분간 군인을 상대하지 않았다."[167]

위안부들은 특히 폭력적인 군인들에게 때로는 애원하거나 위협하기도 해서 그들을 다뤘다. 군인들이 위안소 규칙을 어길 때, 예를 들면 사쿠(콘돔) 사용을 거부할 때 위안부들은 서로의 건강을 위해 사용할 것을 부탁하기도 했으며, 때로는 상관에게 이르겠다고 위협하기도 했다. 밀려드는 군인들을 일시적으로 피하기 위해 뒷마당이나 화장실 같은 곳에 자신의 몸을 숨기기도 했다. 물론 그러다가 발견되었을 때는 가혹한 처벌을 받았다.[168] 또 다른 저항 방식은 '받아야 하는' 군인의 수를 줄이기 위한 '시간 끌기 작전'을 펼치는 거였다. 예를 들면 각 군인에게 할애하는 시간을 늘린다거나 다음 군인을 받기 전에 몸을 씻는다면서 시간을 연장한다거나 하는 식이다. 위안소 경영자들이 잔인한 처벌을 위안부들에게 보여주는 것, 예를 들면 반항적인 위안부를 살해하는 장면이나 자살한 여성의 시체 처리 과정을 강제로 보게 하는 것은, 위안부들의 저항 의지를 꺾어놓기 위해서였다.[169]

이득남(가명) 할머니는 그녀의 '단골'이었던 사카이 대위의 비위를 맞추어야 했다고 말했다. "그는 성격이 매우 괴팍했다. 그는 나의 '단골'이었는데 툭하면 칼을 휘두르고 때리고 했다. 오지 못하게 할 수도 없고…… 그래서 살아남으려면 매우 조심스럽게 그의 비위를 맞추어야 했다."[170] 때로는 위안부들이 구타를 피하고 군인들의 '비위'를 맞추어주기 위해 '마음에 없는 미소'를 띠었다. 이옥분 할머니 역시 이러한 생존 전략을 사용했다. "죽지 않으려면 재치 있게 잘해야 했다. 병정들한테 인상만 써도 나카이가 골방으로 끄집어내니까 웃고 싶지 않아도 웃어야 되고……."[171] 즉 고분고분 순종하는 것은 장기적인 생존 전략이었다. 그러나 맞지 않기 위해서 겉으로 이러한 전략을 사용하는 위안부들은 마음속으로는 여전히 분노를 품고 있었고 또 '복수할 날'을 생각하고 있었다.[172] 이러한 분노와 복수심을 밖으로 표현해 내는 데는 많은 세월이 걸렸지만, 그들이 위안소에서 살아남기 위해 선택했던 복종의 이면에는 분노가 숨겨져 있었다. 이옥분 할머니는 그녀가 품었던 분노를 다음처럼 재현했다. "나와 다른 조선 여자들을 때릴 때마다 나는 속으로 '내가 언젠가는 네놈들을 다 잡아먹고 말 것이다. 네놈들 종자 씨까지 말려버릴 거다' 하며 이를 갈곤 했다."[173]
또 다른 생존 전략은 장교와 친밀한 관계를 맺음으로서 권력에 가까이 머무는 것이었다. 이는 다수의 군인들을 상대하는 것을 피할 수 있었고, 또한 장교에게서 도움을 얻고자 하는 의도였다. 김덕진(가명) 할머니 역시 자신의 체험을 이렇게 말했다. "계급이 아주 높은 군인들을 위해서 예쁘고 똑똑한 여자들을 골라 차에 태워 부대 안으로 데리고 가기도 했다. 이런 중에 나도 불려가 이즈미라는 군인과 특별히 가까운 관계를 맺게 되었다."[174]

전쟁은 끝났지만

버려지거나 살해당하다

전쟁이 막바지에 이르자 위안부들은 다른 전장이나 좀더 안전한 후방으로 후퇴하는 부대와 함께 이동해야 했다. 위안부들은 이러한 후퇴 과정에서 군인들과 마찬가지로 부상과 기아에 시달렸다. 때로는 움직일 수 없을 정도로 부상을 심하게 입은 경우도 있었다.[175] 배봉기 할머니의 굶주림에 대한 기억은 전쟁의 두려움을 넘어서는 것이었다. "전쟁 말기 오키나와에 있던 위안부들은 모두 심각한 영양 실조에 걸려 있었고 어떤 이는 결국 정신이 돌아버리는 경우도 있었다."[176]

대부분의 위안부들은 전쟁이 끝났다는 사실을 모르고 있었다. 일본이 연합군에 항복한 후 위안부들을 처리한 방식은 세 가지로 나누어볼 수 있다. 가장 간단한 방법은 유기하는 것이었다. 일본 군인들만 철수시키고 대부분의 위안부들은 전쟁이 끝났는지도 모르고 그대로 뒤에 남겨졌다. 때로는 정글 속에 남겨져 극도의 기아와 질병에 시달렸다. 황금주 할머니는 그때의 상황을 이렇게 들려주었다. "어느 날 저녁이 되었는데 밥 먹으라는 소리가 없었다. 사람도 오지 않고 밖에도 아무런 기척이 없었다. 막사 문을 몰래 열고 나와 보니 말도 트럭도 차도 아무것도 없었다.…… 살살 기어 식당에 가보았더니 엉망진창이었고 사람은 한 명도 없었다."[177]

일본군이 위안부를 처리하는 데 사용한 또 다른 방법은 연합군에게 일본군 내 위안부의 존재를 숨기기 위해서 이들을 간호부로 가장시키는 것이다.[178] 또는 보안상의 이유 때문에 위안부들을 잔혹하게 살해했다.[179] 어떤 경우에는 위안부들을 방공호 속에 모아 놓고 그 안에 폭탄을 터트렸다고 한다. 그 외에도 고향으로 보내준다면서 위안부들을 모두 배에 태워서는 그 배를 폭파시켰는가 하면, 동굴로 피신시킨 후 그곳에 폭탄을 던지기도 했음이 증언을 통해 드러났다.[180] 전쟁이 끝나가자 수많은 위안부들이 이러한 방식으로 '처리' 되었다.

병주머니, 아이를 못 가지게 되다.

전쟁은 끝났어도 위안부들의 고통은 끝이 없었다. 이들이 겪었던 시련의 세월은 전쟁이 끝난 후에도 계속되었다. 몸과 마음의 병은 심화되어 갔다. 이들의 육신은 치유되지 않았다. 성병, 자궁내막염, 질염, 요도염, 자궁 탈출(prolapse of the uterus), 고혈압, 결핵, 위장병, 심장병 등에 끊임없이 시달려야 했다. 1996년 옛 위안부들에 대한 건강 검진의 결과에 따르면, 이들 중에는 여전히 위안소에서 얻은 매독을 가지고 있는 이도 있었다.[181] 병든 것은 육신만이 아니어서 그들은 정신 이상, 자살 시도, 불안, 남성과 성에 대한 혐오, 알코올이나 마약 중독 등에 시달렸다.[182]

어린 나이에 당한 지속적인 성폭력은 이들의 재생산 능력을 손상시켰다. 많은 옛 위안부들은 아이를 가질 수 없었다. 또한 이들 가운데는 자궁 절제술을 받아야 했던 이도 있다.[183] 가부장제 사회에서 여성의 가치는 여성의 몸을 중심으로 구성되어 왔다. 이러한 한국의 사회적인 맥락에서 '아이를 낳지 못하는 여자'는 '여자로서 아무런 가치가 없는' 것으로 간주되곤 한다. 이러한 사회적 억압은 옛 위안부들 마음속에 또 다른 한을 형성했다. 이상옥 할머니는 "위안부 생활로 애를 못 낳게 된 것이 가장 깊은 한"이라고 말했다.[184]

'더럽혀진 몸'

전후 천신만고 끝에 고향으로 돌아온 위안부들에게 기다리고 있었던 한 것은 수치와 비난과 오명뿐이었다. 자신과 가족과 한국 사회는 이들을 '더럽혀진 몸'으로 여겼다. 김학순 할머니는 자신이 더 이상 '정상적인' 다른 여자들과 같을 수 없음에 대한 쓰라린 심정을 토로했다.[185] 위안부들이 자신의 과거를 주위에 밝히자 가족과 친척들은 심지어 이를 '가문의 수치'로 여겼다.[186] 이러한 가족들의 반응은 이들을 다시 가족 밖으로 내몰았다. 위안부 문제가 한국 사회에서 사회 운동화되기 시작한 1990년대 들어, 옛 위안부들이 자신의 과거를 신고하거나 공개적으로 밝히고자 할 때, 이들은 또다시 가족과 마찰을 빚었다. 이제는 위안부 자신만이 아니라 그녀의 가족 모두가 '더럽혀진 몸'에 대한 수치와 맞부딪치게 되었기 때문이다. 옛 위안부들에게는 자신이 위안부였다는 것을 운동단체나 정부에 신고하는 것 자체가 '가족의 수치'를 사방에 알리는 것으로 해석되었다. 김덕진(가명) 할머니는 자신의 상황을 이렇게 회상했다. "조카를 찾아가서 과거를 말하고 신고할까 의논했다. 이 조카는 '괜히 귀찮기만 하고 자식들이 충격받으니 신고하지 마세요'라고 했다. 대전에 사는 또 다른 조카에게 가서 의논했다. 이 조카도 울면서 '아들 가슴에 못박아요. 미국에 있는 애가 알면 어쩌게요' 하면서 말렸다. 그래도 마음이 께름칙하고 통 잠을 잘 수가 없어서…… 정대협에 신고했다. 할말을 하고 나니 한이 반은 풀린 것 같다. 신고하고 큰아들에게 말하니 아들은 '그렇게 힘한 과거를 가지고 어머니 열심히 잘 사셨우. 장하우'라고 말하며 막 울었다.…… 그러나 작은며느리는 이 사실을 알고 비관에 빠져 있다. 작은아들도 맥이 하나도 없다. 나는 이 아이들 모습을 보면 가슴이 메어진다."[187]

위안부 자신뿐 아니라 그의 가족에게 드리워지는 이러한 사회적인 수치감은 그들 스스로를 '더럽혀진 몸'으로 규정하게 만든다. 윤순만 할머니 역시 자신이 다른 여자들처럼 현모양처가 될 수 없다는 것에 대해 자기 혐오를 느낀다고 말했다.[188] 이러한 수치감과 불명예는 이들의 결혼에 커다란 걸림돌이 되었다. 문필기 할머니는 여전히 그녀를 얽매고 있는 위안부로서의 과거를 생각할 때, 한 남자의 아내가 된다는 것은 상상조차 할 수 없다고 말했다.[189] 즉 스스로 결혼을 위한 '자격'을 갖추고 있지 못하다고 여겼다.[190] 결혼을 한 경우 자신의 과거에 대해 굳게 침묵해야 했고 그런데도 내면화된 수치감이 그들을 계속 따라다녔다. 뿐만 아니라 부부 관계에서 배우자의 부정도 참아야 했다. 최정순(가명) 할머니가 남편의 외도에 대해 느낀 것은 다음과 같다. "영감이 젊을 때 바람을 피워서 속도 많이 썩었지만 내 꼴에 뭐라 할 수도 없었다."[191] 어떤 여성들은 오래도록 지속된 성폭력의 트라우마 때문에 남성과 성에 대한 혐오감을 갖게 되어 결혼을 하지 않은 경우도 있다. 윤두리 할머니는 남자와 한 방에 있으면 '남자 냄새'가 나서 싫다고 했다.[192] 이 사회가 그들에게 부과하는 이러한 사회적인 수치감이나 오명을 대처하는 하나의 전략으로 옛 위안부들은 자기 고립(self-isolation)의 방법을 택했다. "(전쟁 후 위안소에서) 같이 나온 옥희는 애기도 못 낳고 시집도 못 가니 우리끼리 살자고 했다."[193] 여성의 가치가 재생산 능력, 특히 '대를 물릴' 아들을 생산하는 능력으로 평가받는 사회에서 그들을 '묻어줄' 아들을 낳지 못한다는 것은 큰 불행으로 여겨졌다.[194] '결혼하지 못한다'는 것은 단지 정서적인 '외로움'을 의미할 뿐만이 아니라, 그들을 '부양'할 남편이나 자식이 없는 데서 비롯되는 경제적으로 가난한 삶을 뜻하기도 한다. 그들 세대의 여성에게 결혼을 한다는 것은 어떤 의미에서는 하나의 생존 수단을 의미하기도 했기 때문이다.

'더럽혀진 여성'에게 부과되는 수치와 굴욕은 그들이 묻어두었던 과거를 공개했을 때 더욱 표면적으로 드러났다. 김순덕 할머니는 그녀 자신을 포함한 (위안부) 생존자들은 굴욕감과 자기 혐오감 때문에 부모 형제에게도 자기 마음을 열지 못하고 혼자 삭히면서 반세기를 살아왔다고 털어놓았다.[195] 한국 사회 내에서 그들에게 부과될 이러한 사회적인 오명이 두려워 전쟁이 끝난 후에도 귀향하지 못한 여성들도 많았다. 상당수의 여성들이 귀향하기를 포기하고 전후에 그들이 버려졌던 장소에 그대로 남았다.[196] 노수복 할머니는 오랜 번뇌 끝에 한국에 돌아가지 않기로 결정하고 수용소를 도망 나와 그후 타이에 정착했다.[197] 옛 위안부들이 자신들에게 들씐 사회적인 오명에 맞서 존엄성 회복을 주장한 것도 다 이런 이유에서이다. 송신도 할머니의 이야기는 그 상처의 깊이를 짐작케 해준다. "비록 많은 돈을 보상해 준다 하더라도 내 가슴속 깊이 새겨진 상처는 치유될 수 없어. 내가 원하는 것은 사과를 받고 존엄성을 회복하는 거야."[198]

반일 감정

생존자들은 위안소의 기억들을 지워버리려고, 북받쳐오르는 감정들을 억누르려고 애써왔다. 이옥분 할머니는 위안부 시절 찍은 사진 속의 일본 군인을 가위로 잘라내면서 과거의 기억도 마음속에서 도려내려 했다. "내가 열아홉 살에 찍은 사진이 있는데, 군복 입고 삽을 들고 일하는 사진이다.…… 원래 그 사진에는 우리 둘 레에 일본인 병사들이 많았는데 내가 꼴보기 싫어서 다 잘라낸 것이다."[199]

성폭력 피해자 연구를 한 리즈 켈리(Liz Kelly)는 많은 성폭력 생존자들이 피해의 기억을 묻어버리고 자꾸 떠오르는 이에 대한 감정을 억누르려 시도한다고 했다.[200] 옛 위안부들도 이와 같은 대처 전략을 사용해 왔다. 그러나 묻어두었던 과거의 기억이 되살아나는 계기가 종종 있다. 특히 일본을 상징하는 것이나 폭력과 접하게 될 때—예를 들면 일장기, 군복을 입은 군인, 텔레비전에서 폭력적인 구타 장면 등을 보게 될 때—그들의 내면 속에 억압되어 있던 과거의 기억들이 감정의 표면으로 떠오르게 된다. 엘레인 스캐리가 지적했듯이 몸을 통해 몸 속에 기억된 것은 잘 잊혀지지 않게 마련이다.[201]

위안부들의 과거에 대한 기억은 그들의 몸 안팎에 각인되어 있다. 그들의 몸에 남은 폭행의 흔적, 즉 상처는 고통스러웠던 생애의 시간들을 떠오르게 한다. 위안소 시절에 얻은 몸과 마음의 상처들은 너무나 깊어 치유되기 힘들어 보인다. 윤두리 할머니는 그녀의 육신과 마음속에 새겨진 상처를 죽은 후에도 잊을 수 없을 것이라고 한다.[202] 이처럼 기억하는 것과 잊으려 하는 것의 구조 사이에는 복합성이 있다.

위안부로서의 체험은 그들의 정치적인 의식을 고조시키기도 한다. 미루어 짐작할 수 있듯이, 이들은 일본에 대한 강한 반감을 가지고 있다. 옛 위안부들은 여전히 "지울 수 없는 원한과 분노"를 지니고 있다고 말했다.203 옛 위안부들이 자신의 과거를 공개한 이유 가운데 하나는 일본 정부의 태도에 대한 반작용에서였다. 이옥분 할머니는 일본 군·정부가 위안소 제도에 관여한 것을 부인하는 신문 기사를 읽은 후 자신의 이야기를 세상에 알려 증언하기로 결심했다고 한다. "일본 사람들이 오리발을 내미는데 '이 놈들아 이 옥분이가 두 눈 시퍼렇게 뜨고 살아 있다!' 하며 역사의 증인이 되고 싶었다."204 이들 생존자들은 일본 정부에게 사과와 보상을 요구해 왔다. 이들 가운데는 위안부 문제가 일본에 의한 전쟁 범죄의 문제와 궤를 함께한다고 보는 사람도 있다. 김순덕 할머니는 해결되지 않은 위안부 문제가 한일 관계의 걸림돌이 되고 있다고 본다. 더 나아가 송신도 할머니는 천황제와 전쟁 범죄가 연관되어 있다고 지적했다. "천황이 나빴어. 그에게 모든 전쟁 범죄의 책임이 있어."205

위안부 생존자들은 일본 정부뿐 아니라 한국 정부가 가진 가부장적인 태도에 대해서도 실망한 듯했다. 일본 정부뿐 아니라 과거 한국 정부가 이 문제를 취급해 온 방식도 피해자들을 만족시키기에는 부족했던 것이다. 1990년 초, 위안부 문제가 민간 단체에 의해 사회 문제화되기 이전에 한국 정부는 이에 대해 아무런 목소리도 내지 않았다. 그래서 옛 위안부들은 일본 정부뿐 아니라 한국 정부에 대해서도 항의해 왔으며, 자신들의 권리를 주장해 왔다. 일본과 한국 양쪽 국가 모두에 진상 규명과 보상과 존엄성 회복을 요구하고 있는 것이다. 이제 위안부들의 목소리가 들려오고 있다.

일본 군인들의 이야기  4

전쟁 체험을 이야기하는 옛 일본 군인들의 목소리는 결코 하나가 아니었다. 그야말로 서로 다른 여러 가지 이야기를 들려준다. 나는 그들과 인터뷰하는 동안 그들이 이야기하는 방식이 서로 다르다는 것을 알아차릴 수 있었다. 그들이 들려주는 이야기 형식은 크게 두 가지로 나누어볼 수 있다. 하나는 위안소에서 그들 자신의 경험을 이야기하는 자기 고백적인 방식이다. 예를 들어서 1996년 여름 도쿄에서 인터뷰한 옛 일본 군인 도코다 마사노리(德田雅則)는 다음과 같이 회상했다. "나는 재미를 보려고 위안소에 갔습니다. 나도 역시 남자이기 때문이지요."[1] 이러한 자기 고백적 1인칭 서술을 하는 군인들은 그리 많지 않았다. 또 다른 이야기 방식은 전쟁 당시 다른 일본 군인이나 자신의 동료가 위안소에서 어떻게 행동했는가를 보고하는 간접적인 형식이다. 이들은 3인칭 화법을 사용했다. 예를 들어 옛 일본 군인 미끼는 위안소에서 자신의 동료들의 행동을 다음과 같이 전했다. "그 여자들 방 앞에는 언제나 줄이 길었지요. 그들은 (위안부들의) 인권이나 뭐 그런 것에 대해서는 전혀 아랑곳하지 않았습니다."[2]

대부분의 한국인 옛 위안부들은 위안소에서 있었던 일들을 이야기하기까지 시간은 걸려도 일단 이야기를 시작하면 자신의 경험을 직접 서술해 내는 1인칭 화법을 썼다. 그런데 옛 일본 군인들의 이야기 방식은 대개 다른 이의 경험을 보고하는 간접적인 3인칭 화법을 썼다. 옛 일본 군인들 입장에서는 민감한 주제에 대해 자기 자신의 직접 체험을 말하기보다는 제삼자의 이야기를 들려주는 편이 아무래도 수월했을 것이다. 그들이 개인적인 위안소 경험을 이야기하기를 꺼려했던 것은, 아마 한국인 여자인 내게 그런 것을 말하기가 좀 껄끄럽다고 생각했기 때문일 것이다. 1996년 여름 일본에서 만난 옛 군인들 가운데는 좀 특별한 그룹의 사람들이 있었다. 그들은 일본이 전쟁에서 패망한 후 중국에 억류되어 중국공산당에서 이른바 '재활 교육'을 받은 중국귀환자연락회 회원들이었다. 이 그룹의 한 사람인 유아사 켄은 아시아태평양전쟁 당시 중국에서 일본군 군의관으로 재직하면서 포로로 잡혀온 중국 게릴라들을 대상으로 생체 실험을 했다고 한다. 그와 인터뷰한 내용은 정말로 몸이 오싹해질 정도로 충격적이었으며 오랫동안 머릿속을 떠나지 않았다. 그는 자신의 전쟁 체험을 다음과 같이 회상하였다. "나를 포함해서 전쟁 후 중국에 억류되어 중국공산당에 의해 교육을 받은 대부분의 일본군 전쟁 포로들은 우리가 속았다는 것을 깨달았어요. 그러니까 우리가 전쟁터에 나가 싸우도록 당시 일본 국가 권력에 의해 이용당했다는 것을 깨닫게 되었지요. 나는 중국 사람들이 우리의 적이었으니까 그들을 죽여야 한다는 명령을 받았고, 나는 이를 믿고 명령에 따랐지."

이들 '재활' 그룹의 구성원들은 중국에서 겪었던 자신들의 전쟁 체험을 이야기하는 것을 전혀 꺼려하지 않았다. 중국공산당에게서 받은 '재활 교육' 프로그램의 영향 때문에 이들은 자신들의 과거를 '고백'할 수 있게 된 것이다. 왜냐하면 그들은 마치 "과거를 청산하고 새로이 태어나서" 증언을 하는 현재의 자아와, 오류를 범했던 과거의 자아를 분리해서 생각할 수 있기 때문인 것 같았다. 전쟁중에 존재했던 자아에서 벗어나 '재활'을 통해 '새 사람'이

된 현재의 자아는 다르니까. 그들은 자신의 전쟁 체험을 '과거지사'로 여겨 이야기할 수 있었던 것이라 생각한다. 여전히 많은 옛 위안부들이 과거의 멍에에서 벗어나지 못한 채 침묵을 지키고 있는데 반해, 이들 '재활' 그룹의 옛 일본 군인들은 현재와 과거의 자아 사이의 연결고리를 끊고 대중 앞에 나와 자신의 '치욕스런' 과거를 '고백' 할 수 있었던 것이다. 옛 위안부들과 인터뷰를 하면서 나온 많은 이야기의 내용들이 이들 '재활' 그룹 군인들의 증언과 잘 맞아 들어갔다.

반면에 또 다른 부류의 옛 일본 군인이나 장교들도 있었다. 이들은 일본의 침략 전쟁과 위안소 제도를 정당화하려고 했을 뿐만 아니라, 그들의 관점으로 나를 설득·교육시키려 하기도 했다. 또 그들 가운데는 자신은 위안소에 간 적이 없음을 힘주어 강조한 사람도 있었으며, 전쟁중에 자신이 이루어낸 영웅담을 끊임없이 들려주던 사람도 있었다. 때로는 내게 인내가 필요한 시간들이었다.

그것은 연애 관계였다

많은 옛 일본 군인들은 꽤 많은 부분에서 이야기하는 각도가 옛 위안부들과는 달랐다. 이들 군인들 중 상당수가 위안부들과는 연애 관계와 같은 것이었음을 힘주어 말했다. 1992년 일본 교토의 위안부 신고 전화에 전화를 건 옛 일본 군인도 다음과 같이 위안부와의 관계를 떠올렸다. "그때 생각을 하면 지금도 짜릿하다. 그것은 참 달콤한 추억이었다. 그들(위안부들)은 우리들의 연인들이었다."[3] 이는 위안부와 일본 군인과의 관계가 상호적인 연애 관계였다는 것을 강조하는 것이다. 내가 인터뷰한 도코다 마사노리도 비슷한 이야기를 했다. "카오루(조선인 위안부)와 나는 참 친했고 서로 좋아했지요. 나는 한번도 다른 여자에게 가본 적이 없어요. 그녀와 결혼을 하려고도 생각했었지요. 그런데도 나는 언제나 돈을 지불했습니다. 왜냐하면 그녀에게는 그것이 하나의 비즈니스이니까…… 내가 관동으로 이동되어 갔을 때 그녀가 나를 만나러 찾아왔어요. 나는 그녀 역시 나를 사랑했다는 걸 확신합니다."

몇몇 옛 위안부들 역시 일본 군인들에게 청혼받은 적이 있었음을 이야기했다. 김덕진 할머니에게는 두세 명 정도의 '단골'이 있었는데, 그들은 사랑을 고백했고 청혼도 해왔다.[4] 그러나 앞 장에서 살펴본 옛 위안부들의 이야기에서 나타나듯이 일본 군인과 위안부의 관계는 상호적인 육체적 교류가 아니었다. 위안부와의 관계를 연애 관계라고 주장하는 것은 위안부 여성들이 성폭력의 피해자였다는 사실을 부인할 우려가 있다.

옛 일본 군인들 가운데는 위안부와 나눈 연애 관계 때문에 전쟁터에서 상실된 자아를 회복할 수 있었다는 사람도 있었다. 일본인 작가 니시노 루미코가 만난 한 군인은 위안부와의 만남이 "진정한 인간적 만남"이었다고 회상했다.[5] 이는 위안부와 군인의 경험 사이에 커다란 차이점을 보이는 것 중에 하나이다. 위안부들의 구술과는 많이 다른데, 옛 일본 군인들은 위안부 여성들이 자신들의 동반자였고, 연인이었고, 어머니와 같은 존재였다고 말했다. 옛 일본 군인들은 그들이 그리던 어머니, 아내, 연인상을 투영시킨 이상적인 여성상의 대용품으로 이들 위안부들을 대상화했던 것이다.

한 가지 흥미로운 사실은 이러한 인간적인 연애 관계에 대한 감정이 위안부를 경멸하는 감정과 함께 공존했다는 것이다. 옛 일본 군인들은 위안부들은 성적 쾌락을 얻기 위한 대상이라든가, '더러운 여자'라는 이야기를 자주 했다. 군인들이 가지고 있던 위안부에 대한 상반된 이미지들, 즉 위안부들이 이상적인 여성임과 동시에 '더러운 여자'라는 상반된 아이러니는 어떻게 설명될 수 있을까? 이 아이러니는 전쟁 당시 군인들의 뇌리를 떠나지 않았던 죽음에 대한 두려움으로 설명할 수 있을 것이다. 전장에서의 위험·두려움·혼란의 감정들을 해소하기 위해, 군인들은 이성 관계에 매달렸을 것이다. 왜냐하면 내일도 여전히 살아 있을지 모르는 불확실한 미래를 살아가는 그들에게 연애 감정은 일시적인 안도감을 줬기 때문일 것이다. 옛 일본 군인 이와사키는 "위안부와 군인의 관계는 전쟁터에서 죽음을 앞둔 사람들 사이의 비정상적인 관계였다"고 이야기했다.[6] 이러한 해석은 다른 군인들에 의해서도 뒷받침된다. 특히 전쟁이 막바지로 치달아가면서 죽음을 더 가까이 느끼게 되자, 일본 군인들은 이러한 일시적인 위안에 더욱더 집착했다. 이 즈음 일본 군인들은 아무런 희망도 찾을 수 없게 됨에 따라 더욱 필사적으로 위안소를 방문하려고 했으며, 위안부들에게 매달렸다고 옛 일본 군인이었던 스즈키 요시오는 회상했다.[7] 옛 위안부였던 이용수 할머니도 전장에 나가기 전의 군인들과의 만남을 이렇게 묘사했다. "어느 날 저녁, 한 군인이 내게 왔다. 그는 자기가 오늘 가면 죽는다고 했다.…… 그는 전에 두어 번 나에게 온 적이 있는데 그때 내게서 성병을 옮았다고 했다. 그 병을 내가 주는 선물로 가져간다고 했다."[8]

전쟁의 막바지에 이르렀을 때와 관련한 서술에서 옛 군인과 위안부 들의 이야기는 크게 차이가 난다. 옛 군인들은 전쟁 말기로 들어서자 위안부들과 더 친밀한 연애 관계가 이루어졌다고 말하는 반면, 대부분의 옛 위안부들은 성폭력과 구타의 정도가 더 심해졌다고 기억했다. 이득남 할머니는 그때의 상황을 다음과 같이 들려주었다. "시간이 지날수록 폭격이 심해졌다.…… 위안소를 찾는 군인들은 날로 포악해지고 위안부 생활은 진저리가 났다."[9] 군인들 가운데는 물론 다가올 죽음을 다른 방식으로 대처한 사람도 있었을 것이다. 그러나 여기서 지적하고 싶은 것은 전쟁의 막바지에 선 군인과 위안부 들의 경험이 차이가 난다는 점이다. 위안부들은 전쟁 말기에 가중되는 폭력에 대한 기억으로 분노한 반면, 군인들은 더욱더 인간적으로 만났다고 강조했다.

많은 군인들이 위안부와의 사이를 연애 관계로 여겼던 만큼 한 여성을 둘러싼 라이벌 의식과 소유의 감정도 이들 사이에 흔히 있었음이 드러났다. 군인들 가운데는 그들이 좋아하는 위안부를 놓고 서로 다투기도 했다고 한다. 이러한 싸움은 때로는 살인에 이르기도 했다. 옛 군의관이었던 유아사 켄은 이러한 경쟁 관계에서 일어난 살인을 전사로 적어 보고한 적이 있음을 시인했다. 군당국이 정한 규정에 의하면 위안부와의 개인적인 관계는 금지되어 있었다. 오키나와에 주둔했던 야마 3475부대에서 1944년 12월에 발표된 규정에 따르면 이들 '여성 부원'들에 대한 공동 소유 의식을 강조하였고, 개인적 소유의 감정을 엄격하게 금하였다. 당시 일본 군 당국이 우려했던 것은, 군인들이 개인적인 관계에 있는 위안부들에게 군사 이동 등과 같은 군사 기밀을 누출시킬지도 모른다는 것이었다. 아울러 군인들이 연애하는 위안부와 함께 탈영하거나, 연애 관계에 있는 위안부가 상대 군인의 군에 대한 충성심을 저하시킬지도 모른다고 우려했다. 그래서 어느 군인이 계속해서 한 여성에게 '단골'로 가면, 그들의 방문 횟수가 군에 보고되었으며 통제되었다고 유엔 법률 위원 돌고폴(Dolgopol)은 보고한 바 있다.

군인들은 왜 위안소에 갔을까

위안소에 가게 된 동기

군인들과 인터뷰를 하는 동안 그들이 왜 위안소에 가게 되었는지, 그 다양한 이유들이 드러났다. 첫째는 생물학적인 욕구 때문이라고 했다. 오가와라 고이찌는 위안소에 자주 간 이유로 성적인 욕구를 들었다.[10] 옛 위안부였던 한 여성은 위안소에 온 군인들은 여자들만 보면 무엇에 굶주린 양 미쳐버렸다고 말했다.[11] 여기서 남성의 성은 생물학적인 욕구에 의해 직접적인 지배를 받으므로 자신의 성욕을 자제하거나 통제할 수 없다는 신화를 고스란히 보여준다. 많은 옛 일본 군인들은 이 가정에 동조하는 이야기들을 한다. 옛 일본군 장교였던 나카노 타카시(中野卓)는 다음과 같이 이야기했다. "군대가 있는 곳이면 어디나 위안소와 같은 시설이 필요하다. 그렇지 않으면 그 지역의 일반 여자들이 강간당하게 된다."[12] 남성은 억제할 수 없는 성욕을 가지고 있다는 가정은 '재활' 그룹의 군인들을 포함해서 내가 인터뷰한 모든 옛 일본 군인들이 동의하는 부분이었다. 이러한 전제에서 보면 위안소의 여성은 '필요악'으로 여겨진다. 즉 '악'이지만 전쟁 수행을 위해서는 필요한 존재로 여겨지는 것이다.

이러한 생물학적인 동기 외에도 사회적·심리적 동기 때문에 위안소에 가게 되었다는 설명도 있다. 내가 인터뷰한 옛 일본 군인 가운데 이름 밝히기를 꺼려한 한 사람은 동료와 상사의 '압력' 때문에 위안소에 갔었노라고 고백했다. "하사관이 된 이후에도 위안소에 가지 않으면, 나는 따돌림당할 것이고 여자를 모르는 남자라는 소문이 붙어 다닐 거니까. 나는 군대 내에서 동료나 고참에게 따돌림을 받고 싶지 않아서 여자를 만나러 위안소에 갔어요."

1992년 도쿄의 위안부 신고 전화에 한 옛 군인이 신고한 내용에 따르면, 때로는 고참들이 그들의 부하, 특히 젊은 '총각'들에게 전장에서 죽기 전에 '동정을 떼라'면서 거의 강제로 위안소에 데리고 가기도 했다고 말했다. 전쟁이 지속되다 보면 언젠가는 전사하게 될 것이라는 생각을 했기 때문이었을 것이다.[13] 어떤 경우는 부하를 위안부 방에 밀어넣고 밖에 지켜서서 '체크'했다는 사례도 있다. 도쿄대 재학 중에 징병되어 학사 장교로 전쟁터에 나온 나카노 타카시는 다음과 같이 자신의 경험을 털어놓았다. "고참은 내가 갔던 위안부의 방 밖에서 기다리면서 내가 그 여자와 잘해 나가

고 있는가를 체크했어요."¹⁴

이렇게 군대 내 동기와 고참이 '함께 행동할 것'을 강조했던 배경에는 위안소에서의 성경험을 공유하는 것을 통해서 같은 남성으로서의 연대감을 증진시키려는 의도를 엿볼 수 있다.

군인들이 위안소를 드나든 또 다른 이유로 성경험을 하기 위해, 특히 전쟁터에서 죽음에 임박한 상황에서 전사하기 전에 한 번이라도 성관계를 더 갖기 위해서라는 것이 자주 언급된다. 이는 남성성이 성경험을 통해 성취될 수 있다는 믿음에 근거하고 있으며, 또한 성(sexuality)은 남성성의 정수라는 가정이 밑바탕에 깔려 있다. 즉 성은 남성으로서의 정체성을 확인해 주는 수단인 것처럼 여겨진다. 옛 일본 군인 와다는 이렇게 말하고 있다. "나를 포함해서 대부분의 군인들은 전사하기 전에 여자와 함께 한 번도 자보지 못했다는 것은 정말로 유감스런 일로 여겼습니다. 여자와 자보지도 못하고 죽으면 진짜 사나이가 될 수 없다고들 생각했으니까."¹⁵

그런데 군인들 중에 성관계를 통해 남성성을 스스로 확인할 수 없었던 경우에는, 위안부들에게 폭력을 더 심하게 가했다. 옛 위안부였던 필리핀인 마리아 로사 핸슨은 다음처럼 회상했다. "한번은 내 방에 들어오자마자 이미 거의 막 사정을 하려는 군인이 있었다. 그는 시작하기도 전에 쏴버리고 말았다. 그러자 그는 매우 화가 나서 나에게 자기 성기를 애무하라고 시켰다. 그러나 이것도 소용이 없었다. 그의 성기는 다시 서지 않았다. 그러자 다음 차례를 기다리고 있던 동료는 이미 밖에서 문을 두드리며 재촉하기 시작했다. 이제 그만 끝내고 나가야 할 상황이었다. 그는 나가기 전에 내 가슴을 주먹으로 치고 내 머리카락을 쥐고 흔들었다. 성관계에서 만족을 느끼지 못했을 때, 군인들은 언제나 나에게 화풀이를 해댔다."[16]

군인들이 위안소를 들른 이유 가운데는 심리적인 것도 있다. 사회와 분리된 군대 생활에서 느끼는 외로움, 좌절감, 절망감 등을 그 예로 들 수 있을 것이다. 일본인 작가 니시노 루미꼬에 따르면, 어떤 옛 군인은 위안소만이 유일하게 긴장을 풀고 쉴 수 있는 공간이었다고 고백했다고 한다.[17] 여기에는 성적인 접촉을 통해 절망적인 상황에서 상실된 남성성을 회복해 보고자 하는 심리가 내포되어 있다. 일본 군의관이었던 유아사 켄은 다음처럼 회상했다. "전쟁의 최전선에서 죽음의 위험에 처한 적이 있는 그들(군인들)에게는 아무런 희망이 없었어요. 그들은 군영 내에서 거의 매일 고참들에게 혼나고 얻어맞았지만, 반면 위안소에 가면 해방된 기분이나 일종의 카타르시스를 느꼈겠지."[18]

한편 최전방이나 그 가까이에 주둔하던 군인들에게는 위안소 말고는 딱히 갈 만한 다른 곳이 없기도 했다. 군인이었던 미키도 휴가날이 되면 거의 모든 부대원들이 위안소에 갔다고 했다.[19] 즉 성행위는 군인들이 여가를 보내는 하나의 수단으로 여겨졌던 것이다.

한편 성은 하나의 보상으로서 군인들에게 제공되기도 했다. 전장의 군인들에게 주어지는 특권 가운데 하나로 '조센삐'라고 불리는 조선인 위안부들과 마음대로 성관계를 할 수 있다는 것을 입대하기 전부터 들었다는 군인들도 있을 정도였다. 심지어는 주둔 지역의 여성들을 강간하는 것도 가능했다는 진술도 있다. 중국에 주둔하면서 전쟁을 치렀던 와다는 다음과 같이 구술했다. "일단 전투가 시작되면 우리는 중국인 처녀들을 맘대로 강간할 수 있다고, 그러니까 평소에 일본 사회에서 허락되지 않았던 것들을 전쟁터에서는 맘대로 할 수 있다고 들었거든요."[20]

군인들이 위안소에 갔던 동기를 정리해 보면, 생물학적·사회적·심리적·정치적인 이유에서 비롯되었음을 알 수 있다. 이러한 이유들은 종종 그들의 행위를 정당화하거나 변명하는 근거로 제시되기도 한다. 정당화에 대해서는 나중에 더 실타래를 풀어보도록 하겠다. 대부분 내가 인터뷰한 옛 일본 군인들은 위안부들의 '서비스'는 그들의 전시 군복무에 대한 대가로 주어진 것으로 보고, 그래서 당연한 것으로 받아들였으며 지금까지도 상당수가 여전히 그렇게 믿고 있었다.

나는 안 갔습니다! ─ 위안소에 가지 않은 이유

한편 몇몇 군인들은 위안부들에게 가지 않은 이유를 다음과 같이 밝혔다. 이렇게 말하는 군인들은 언제나 1인칭 화법을 사용했다. 위안소에 가지 않은 군인들 가운데는 애정 없는 성행위는 수치라고 여겼기 때문이라고 이야기하는 사람도 있었다. 요시오카 다다오(吉岡忠雄)는 다음과 같이 말했다. "나는 어려서부터 성은 더럽고 수치스러운 것이라고 듣고 자랐기 때문에 위안소에 가지 않았습니다. 더구나 애정도 없는 사람과 성관계를 하는 것은 수치라고 교육받았거든요."[21] 옛 일본군 장교 나카노 타카시는 육체적 욕구 때문에 그의 정신력이 '항복' 당하는 것이 싫어서 위안소에 가지 않았다고 말했다. "나는 도쿄대학 2학년 재학 때 학도병으로 군에 징집되었어. 나는 고등 교육을 받은 사람인데 본능적 욕구 정도는 통제할 줄 알아야 되지 않겠어요?"[22]

군인들 가운데는 오직 나라를 위해 싸우는 데만 전력을 기울였기 때문에, 여자나 성 같은 것은 생각할 겨를도 없었다는 사람도 있었다. 군의관이었던 유아사 켄은 그 가운데 한 사람이다. "처음 군에 간 지 너댓 달 동안은 중국을 서구 제국주의자에게서 해방시키기 위한, 정의를 위한 전쟁에 참여한다는 데 내 모든 전심 전력을 쏟았지요. 나는 이와 같이 정의를 위한 싸움에 사기가 고조되어 있었기 때문에, 위안소에 간다는 생각조차 해본 적이 없어요."[23]

위안부들이 더럽고 지저분하다는 생각 때문에, 그래서 그들과 성관계하고 싶지 않아서 위안소를 가지 않았다는 군인들도 있었다. "나는 위안소에 있는 여자들이 개나 고양이 같은 그런 동물이나 마찬가지라고 생각했어요. 그러니 이런 동물들과 성관계를 한다는 것은 상상할 수조차 없는 일이지 않겠어요?"[24]

군대 내 규율과 통제

아시아태평양전쟁 당시 일본 군대 내에는 고참과 신참 사이에 엄격한 위계 구조가 확립되어 있었다. 군대에서의 계급은 대개 그들의 사회적 신분을 반영하는 것이었다. 장교인 학도병과 농촌 출신의 일반병이 그러한 예이다. 일본인 사회학자 쯔루미 가즈코(鶴見和子)가 지적했듯이, 갓 징집되어 온 신참병은 '전우'나 '대선배'라고 불리는 고참과 짝이 되었다. 신참병은 이 '대선배'의 총기 청소, 군화 닦기, 그리고 선배가 요구하는 모든 심부름을 해야 했다. 심지어 등을 주무르고 마사지하는 일도 해야 했다.[25] 이러한 군대 내 위계 질서는 위안소에서도 그대로 유지되었다. 장교와 일반병이 상대하는 위안부는 서로 달랐다. 즉 일반병을 상대하는 위안부는 대개 조선인·중국인과 일본군 점령 지역의 주민 여성들이었고, 장교를 상대하는 위안부는 대개 일본인 위안부였다. 큰 도시에 있는 위안소는 대개 장교와 일반병의 방이 분리되어 있었지만, 이렇게 따로 위안소를 둘 수 없을 때는 하나의 위안소를 장교와 일반병이 시간대를 나누어 이용했다.[26] 그리고 더 흥미로운 사실은 이들이 같은 위안소를 사용하면서도 서로 출입구가 달랐다는 것이다.[27] 군대의 위계적인 계급에 따른 차등화가 위안소에서도 구체화되어 나타난 것이다.

이 외에도 오직 장교들만이 '처녀'들을 차지할 수 있었다.[28] 1992년 교토 위안부 신고 전화에 신고된 옛 일본 군인들의 증언도 이를 뒷받침한다. 위안소에 새로운 '처녀'가 도착하면 장교들이 먼저 "맛을 보았다"는 것이다.[29] 장교들이 위안소에 가기 위해 사용하는 군표는 일반병 것보다 가격도 더 비쌌다고 옛 위안부 문필기 할머니는 증언했다.[30] 오키나와에 주둔해 있던 야마 3475부대에서 1942년 12월 발표된 위안소 규칙에 따르면, 위안소를 이용하는 대가로 장교들은 40분당 3엔을 지불해야 했고, 하사관과 군속은 2.5엔, 그리고 일반병들은 2엔을 지불했다. 이 규칙에 의하면 위안부와 개인적인 연애 관계는 금지되어 있었지만, 상당수 장교들에게는 마음에 들어하는 '단골' 위안부가 하나씩 있었고, 그들은 마치 '첩'과 같았다.

군대 내 위계 제도는 위안부들 사이의 위계 질서를 낳았다. 그런데 위안부들 사이의 위계 질서는 곧 서로 다른 민족간의 위계 질서이기도 했다. 인도네시아에서 전후 처리를 담당했던 옛 일본군 고위급 장교 미야모토 시즈오(宮元靜雄)는 이러한 위계 질서를 더 자세히 설명해 주었다. "위안부들 사이에는 일본인, 조선인, 중국인 그리고 인도네시아 여성들이 있었어요. 일본인 위안부가 있는 위안소가 가장 비쌌고, 그 다음이 조선인 위안부, 중국인 위안부, 중국인과 인도네시아인 사이의 혼혈 여자들 순으로 가격이 싸졌습니다. 그리고 인도네시아 원주민 출신 위안부들이 가장 쌌어요. 그러나 중국인과 네덜란드인 사이의 혼혈 여성이나 인도네시아 원주민과 네덜란드인 사이의 혼혈 여성처럼 백인의 피가 섞인 위안부들은 중국인 위안부나 원주민 위안부보다 조금 더 비쌌구요. 일본 군인들이 혼혈 여성들을 선호했으니까."[31]

계급에 따라 위안소를 이용하는 대가가 달랐던 것은 장교와 일반병 들이 국적이 다른 위안부들을 사용한 것에서 비롯된 것이기도 하다. 어떤 위안부들을 어디에 배치할 것인가 하는 문제는 지역에 따라 달랐지만, 대개 일본인 위안부와 조선인 위안부는 분리되어 서로 다른 지역에 배치되었다. 옛 일본 군인 고야마는 조선인 위안부들이 더 위험한 지역에 배치되었다고 증언했다. "일본인 위안부와 조선인 위안부 사이에는 엄밀한 차이가 있었어요. 조선인 위안부들은 최전방과 같은 더 위험한 지역에 배치되었지. 이들 최전방에 배치된 여성들은 군인들과 마찬가지로 언제 죽을지 모르는 위험에 처해 있었어요. 이런 식으로 배치한 것은 바로 일본 군당국이랍니다."[32]

위안부의 대부분이 조선인 여성들이었던 것은 보안상의 이유 때문이기도 했다. 일본 군당국은 조선인 여성과 중국인 '창녀'들 중에 선택해서 위안부로 쓸 수 있었는데, 중국 여성들은 중국 게릴라들과 내통할 우려가 있었기 때문에 조선에서 온 위안부들을 선호했던 것이다. 전 일본군 장교 나카노 타카시는 당시 중국인은 조선인처럼 일본인으로 보이지 않았고, 그래서 조선인을 위안부로 선택하는 편이 보안상의 문제를 덜 수 있었다 말했다. 그러나 조선인 위안부들이 일본인처럼 보였다고 해서 그들이 경멸과 차별을 받지 않았다는 것은 아니다. 옛 군의관 유아사 켄은 그가 어렸을 때부터 얼마나 깊이 아시아의 다른 나라 사람들을 경시하도록 길들여져 왔는지에 대해 이야기했다. "조선인을 포함한 다른 아시아인들에 대한 경시, 그리고 일본 천황제 이데올로기는 어린 시절부터 교육을 통해 내게 주입되었죠."[33] 그러니 위안부에 대한 대우는 더 심해서 아예 인간 취급을 하지 않았다고 군인 스즈키 요시오는 전했다. 조선인 위안부는 인권을 지닌 인간으로 여겨지지 않았던 것이다.

위안부뿐만 아니라, 일본 군인도 엄격한 규제와 통제를 받았다. 그들은 일본제국 군대의 군인으로서 뛰어난 자질을 증명해야 했다. 그러나 장교는 일반병들만큼 규제를 받지는 않았다. 장교였던 유아사 켄은 일반병들의 병영 생활에 대해 다음과 같이 묘사했다. "전쟁 당시에 일반병들은 상관의 명령을 거부할 수 있는 권리나,

자기 스스로 무엇을 결정할 수 있는 아무런 기회도 주어지지 않았습니다. 그들은 마치 감옥에 사는 죄수와 같았어요. 고참이나 장교들이 졸병들에게 자주 다음과 같은 말을 하며 명령을 내렸지요. '내가 명령하는 것은 천황의 명령과 마찬가지이고, 이 전쟁은 정의를 위한 거야. 그러니까 전쟁 수행을 위해 너는 최선을 다해야 해!' 그런데 장교들은 위안부들과 놀아나며 시간을 보냈어. 다시 말해 졸병들은 아무런 자유도 주어지지 않았고, 언제나 감시당하고 통제를 받았지요."[34] 이처럼 일반병들은 고참들의 가혹한 대우와 혹독한 군사 훈련을 견뎌야 했다. 특히 막 입대해 들어온 신참들은 '지옥 훈련'이라는 것을 거쳐야 했다. 이때 신참들은 매일 맞았다. 군복에 조금이라도 흙이 묻었다거나, 군화가 제대로 광이 나지 않는다거나, 대답이나 태도가 고참의 맘에 들지 않을 때는 신참들은 고참들에게 가차없이 구타를 당했다.[35] 그러나 군인들을 통제된 군생활과 전쟁이라는 극단적인 상황에 길들이기 위해서는 낭근과 채찍이 필요했다. 혹독한 군생활을 보상하기 위한 일종의 위로·오락으로서(그러니까 당근으로서) 제공된 것은 바로 '성'이었다. 전쟁을 수행하는 군인들을 효율적으로 다스리기 위해 처벌과 보상 체계가 공존했던 것이다. 옛 군의관 유아사 켄은 이를 다음과 같이 비유했다. "군인에게 성적 쾌락은 차의 휘발유나 마찬가지였어요."[36] 또 다른 옛 일본군 장교 요시오카 다다오 역시 일본 군당국이 군인들을 통제하기 위해 위안부 제도에 의존했음을 시인했다. "사실 군대 내에서 가장 중요한 사람은 위안부들이었어요. 군인들은 모두 미친 동물이나 마찬가지니까... 이런 군인들을 훈련시켜 전쟁을 수행하기 위해서는 이러한 '여성 부원'들이 가장 필수적인 존재였지요."[37]

일본이 전쟁에 패망했을 때 자살한 군인들이 꽤 있었던 것은 이러한 강도 높은 통제의 결과였을 것이다. 일본인 작가 니시노 루미코가 인터뷰한 옛 일본 군인은 패망 직후 일본 군인들이 집단 자살하던 순간을 아직도 생생하게 기억하고 있었다. "여럿이 만세 삼창하는 소리가 들린 후 귀가 찢어지는 듯한 총소리가 연이어 들렸으며, 폭탄 터지는 소리가 들렸다."[38] 남성주의적인 일본의 군사주의에서는 승리 아니면 죽음 외에 선택할 것이 없었던 것이다. 일본 군인들은 선택이 오직 둘 중 하나라고 주입받아 왔던 것이다. 1941년 1월 15일에 도조 히데키가 발표한 '군인칙유'도 이 점을 잘 나타내준다. "살아남아 전쟁 포로가 되는 불명예를 겪지 말라. 죽을 때 너의 이름을 수치스럽게 하지 말라."[39] 패전 후 일본 군인들이 집단 자살했다는 것에 대해서는 많은 증언이 있다. 옛 위안부였던 강순애 할머니나, 군인이었던 야마이찌 타케오의 증언 등이 그렇다.[40] 당시 일본 군인들은 나라를 위해 목숨을 바칠 준비가 되어 있어야 했다. 옛 군장교 요시오카 다다오의 증언도 이러한 사실을 뒷받침한다. "일본 남자라면 누구든지 당시 전쟁에 나가서 나라를 위해 목숨을 바칠 각오를 해야 했습니다. 내가 징집 영장을 받았을 때도 죽을 각오를 단단히 했죠. 당시의 일본 남자라면 누구에게나 다른 선택의 여지가 없었으니까."[41]

군인들의 사생활 역시 군당국의 통제를 받았다. 군인들의 성 문제는 더 엄격하게 통제되었다. 일본군이 주둔해 있던 여러 지역에서 군인들을 상대로 정기 검진을 벌였는데, 성병에 걸린 것으로 판정된 군인에 대해서는 당사자뿐 아니라 그의 상관까지도 처벌을 받았다. 성병에 걸린다는 것은 황군의 일원으로서 대단한 불명예로 여겨졌다.[42] 이러한 정기 검진과 더불어 군인들의 사생활도 감시당했다. 옛 군인 이찌카와 이찌로는 다음과 같이 증언했다. "그 조선인 부부(위안소 운영자)는 어떤 군인이 어떤 위안부를 만나고 갔다는 명단을 매일 작성해서 헌병에게 보고했다. 헌병 당국에서는 이 명단을 가지고 한 군인이 특정한 위안부를 지속해서 자주 방문하는지 조사했다."[43]

어떤 지역에서는 군당국이 새로운 위안부를 모집해 오는 업자를 직접 선정하거나, 업자가 새로운 위안소를 개업하려 할 때 허가를 내주었으며, 더 나아가 군당국이 위안소를 직접 운영하거나 감독하는 일을 담당하기도 했다. 이찌카와 이찌로는 중국 만주의 헌병대에 배치받았을 당시 상관에게서 위안소에 관한 업무를 맡으라는 명령을 받았다고 고백했다.[44] 한 일본군 문서에 따르면 군당국은 위안소 개업을 허가해 주고 세금을 거두어들였다.[45] 또한 군당국은 위안소 업자와 군인들에게 위안소 사용 규칙과 경영 규칙을 만들어 배부했다. 군인들을 위한 위안소 사용 규칙에는 사용 시간, 가격, 콘돔의 사용, 군사 기밀 누설 금지, 음주와 싸움 금지 등의 사항들이 명시되어 있었다.[46] 업자를 위한 위안소 운영 규칙에는 위안부들의 위생, 근무 시간과 근무 조건 따위가 명시되어 있었다. 위안소에 가기 전에 군인들은 군본부에서 군표를 사야 했다.[47] 만주에 주둔했던 일본 관동군 부대에는 '여성 특수 군속'의 복무 규정이라는 것이 있었는데, 여기에는 위안부들의 임금과 생활 필수품 공급에 대한 사항들을 명시해 놓았다.[48]

군인들은 외출을 나가기 전에 '돌격 1호'라고 불리던 콘돔을 지급받았다. 성병의 전염을 방지하기 위해 콘돔을 사용하도록 한 것이다. 옛 일본군 장교였던 나카노 타카시는 부하들을 외출 보내기 전에 콘돔 지참 여부를 검사하는 것이 자신의 주된 임무 가운데 하나였다고 말했다. 군인과 위안부의 만남에 대해서도 군사주의적인 비유가 자주 사용되었다. 옛 장교 요시오카 다다오는 그의 부하들을 위안소에 보내기 전에 다음과 같은 주의를 주었다고 한다. "콘돔을 사용하지 않는 것은 방독면을 쓰지 않고 가스실에 들어가는 것과 같다. 공격 전에 반드시 헬멧을 써라! 그리고 발사 후에는 반드시 총기를 소제하라!" 여기서 헬멧을 쓴다는 것은 콘돔을 사용하는 것을 의미하고, 총기를 소제한다는 것은 사정 후 성기를 소독하는 것을 의미한다. 말하자면 성행위는 공격적이고 군사적인 행동에 비유되었던 것이다. 콘돔 사용에 대한 규정이 있었는데도 군인들 가운데는 콘돔을 사용하지 않는 사람이 있었다고, 옛 위안부 김덕진 할머니는 말했다. 이들은 "내가 언제 전사할지도 모르는데 성병 같은 것 상관 안 한다"고 말했다는 것이다.[49] 성병이 걸리면 본국으로 후송될 것을 기대하여 일부러 콘돔을 사용하지 않은 군인도 있었다고 한다. 상대 위안부를 사랑하기 때문에 콘돔을 사용하지 않았다고 특이한 이유를 대는 군인들도 있었다.[50] 하야오 타라오가 작성한 성병에 관한 보고서에 따르면 군 장교들은 일반병들보다 성병에 더 많이 걸렸다. 왜냐하면 군 장교들은 여러 위

안소에 다니며 많은 위안부들과 접촉했기 때문이었다.[51]

　군인들만이 사생활을 통제받았던 것은 아니다. 위안부들이 받았던 통제와 규제에 대해서는 더 말할 것도 없다. 헌병 당국에는 위안부들의 개인적인 인적 사항이 적힌 자료가 배치되어 있었다. 중국의 한 해군 위안소에서는 위안부들에게 군속 신분증을 발급하기도 했다.[52] 위안부들의 행동거지는 늘 감시되었으며 행동 하나하나가 헌병 당국에 보고되었다. 위안소 경영 규칙과 위생 상태 검사는 군당국에 의해 행해졌다. 옛 군의관 유아사 켄은 자신이 위안부 여성들의 정기 성병 검진을 담당했으며, 군 본부 정기 회의에 참석해서 위안소의 '서비스' 가격과 각 부대가 위안소를 이용하는 요일 배정 등을 의논하여 결정했다고 증언하였다. 그리고 어떤 경우는 군의가 위안부의 임신 중절 수술을 담당하기도 했다면서, 조선인 위안부의 임신은 일본 황군의 위신 문제와 연관된 것이므로 자신도 낙태를 시술하라는 명령을 받은 적이 있다고 털어놓았다.[53]

　군당국이 실시한 위생 검사는 위안부를 위해서가 아니라 근본적으로는 성병 감염으로 인한 병력 감소를 방지하기 위한, 즉 일본 군인들을 위한 것이었다고 이찌카와 이찌로는 증언했다.[54] 여기에서 군인들의 성을 통제하기 위한 성 정치학이 군인들의 건강 문제로 위장되어 있음을 엿볼 수 있다. 위안부들의 정기 성병 검진 결과는 군에 보고되었고, 어떤 위안부에게 가는 것이 성병 전염의 우려가 없고 안전한지가 발표되었다. 옛 군인 스즈키는 상관에게서 "이거 하고는 놀아도 되고, 저거는 성병에 걸렸으니 놀면 안 돼"라는 주의를 들었다고 말했다.[55] 이러한 진술들은 위안부들 역시 군에 고용된 군속과 마찬가지의 규제와 통제를 받았다는 사실을 보여주는 것이다.

폭력

위안소 내에서 일본 군인들이 폭력적인 행위를 했음은 널리 보고된 바 있다. 옛 위안부와 전쟁 포로 들의 증언에 따르면, 옷을 갈기갈기 찢고 발가벗기기, 채찍질하기, 가슴 도려내기, 담뱃불로 지지기, 자궁에 총을 겨누어 발사하기, 복부 가르기 같은 상상하기도 힘든 행위들을 일본 군인들이 했음이 보고된 바 있다.[56] 이러한 행위는 비정상적인 수준에까지 이르는데, 증언에 따르면 일본 군인들이 인육이나 인간의 뇌를 먹었다는 소문도 있다. 먹을 식량이 없었기 때문이라는 이유에서부터 매독을 치료하기 위해서라는 식으로 그 이유도 다양하다.[57] 옛 위안부였던 정학수 할머니는, 일본 군인들은 때로 다른 사람의 고통을 쳐다보는 것을 '즐겼다'고 말했다. "하얼빈에서 여러 군인들이 한 중국 여성을 윤간하고 고문했는데, 그들은 우리에게 와서 그 장면을 함께 보도록 강요했다. 그들은 그 중국 여성이 괴로워하는 것을 '즐겼다'. 그것을 본 후로는 저항할 생각은 감히 하지도 못했다."[58]

폭력은 마치 화폐처럼 군인들이 위안부들한테 원하는 '서비스'를 얻기 위한 수단으로 널리 사용되었다. 폭력은 위안부들뿐만 아니라 부하 군인들, 그리고 일본군이 주둔하고 있던 지역의 주민들에게도 널리 사용되었다. '불굴의 전사'를 만들어내기 위해서, 전투를 위한 사기를 고조시키기 위해서 군대 내 폭력은 국가 권력에 의해 허용되었을 뿐만 아니라 제도화되었다. 시간이 지남에 따라 군인들은 일상에서 계속되는 구타에 길들여지고 익숙해져 갔다. 말하자면 위안부를 구타하는 것을 포함해 군대 내에서 구타는 하루 일과 가운데 하나로 일상화되었고, 가차없이 냉혹해져 갔다.

일본 군당국이 군인들에게 성관계를 할 수 있는 기회를 체계적으로 지원한 사실은, 이름을 밝히기를 원하지 않은 한 일본 군인과의 인터뷰에서도 잘 드러났다. 이동 위안소라는 것이 있었는데, 위안부들을 트럭에 싣고서 위안소가 없는 외딴 지역으로 이동하면서 정기적으로 군인들에게 '서비스'를 제공하도록 했다는 것이다.[59] 옛 위안부 이옥분·윤순만 할머니는 심지어 폭격 중에도 동굴(여우굴) 속에서 성관계를 계속하도록 위안부들을 강요했다고 털어놓았다.[60] 이용수 할머니는 폭격이 잠잠해지면 밭이고 논이고 아무 데나 포장을 쳐놓고 군인들을 '받아야' 했으며, 군인들은 그런 상황에서도 아랑곳 없이 '일을 다 마쳐야' 돌아갔다고 말했다.[61] 이처럼 외딴 지역의 임시 이동 위안소에 있었던 위안부들은 짧은 시간 동안 강도 높은 성폭행을 당했다. 한 옛 위안부는 이렇게 계속 군인들에게 시달림을 받은 후엔 제대로 일어설 수도 없었다고 회상했다. 그렇게 몸이 만신창이가 되어서도 위안부들은 또다시 다른 부대를 향해 이동했다고 한다.[62] 부대가 다른 지역으로 이동할 때면 위안부들도 함께 이동했다. 군당국은 몸을 가릴 만한 방 한 칸만이라도 마련되면 위안부들의 몸 상태와는 상관없이 군인들을 받게 한 것이다.

합리화

일본군은 위안소 설치를 여러 가지 이유를 들어 합리화시켜 왔다. 첫 번째는 위안소 제도가 기존의 다른 매춘 제도와 별반 다를 것이 없다는 주장이다. 상당수의 옛 일본 군인들은 여전히 위안부 제도가 매춘 제도와 같은 것이었다고 주장한다. 이렇게 가정하면, 위안부들에 대한 성폭력의 행위는 매음 행위로 해석된다. 위안부들을 매춘부로 보는 시각은 위안소를 찾는 군인들의 행위를 성적인 '서비스'를 얻기 위한 것으로 합리화한다. 옛 일본 군인 도코다 마사노리 역시 위안소는 전쟁중에 볼 수 있는 홍등가와 같은 것이었다고 말했다.[63] 또 다른 군인 역시 위안소는 여성들이 돈을 벌기 위한 하나의 비즈니스였다고 말했다. "그 여자들의 태도는 '저를 가지세요' 나 '저를 사가세요' 하는 태도였다. 그들은 어떻게 해서든 많은 남자들을 꼬시려고 했다."[64] 특히 현재 일본 내 보수파들은 전시의 위안부 제도가 합법적이었으며, 군인들은 성적 '서비스'에 대한 대가로 돈을 지불했다고 강하게 주장하고 있다.[65] 이러한 시각에서 보면 위안부들에게 죄책감 같은 걸 느낄 이유가 하나도 없게 된다. 또 다른 옛 일본 군인은 위안부들이 일본 정부에 보상을 요구하는 것을 보고 "그 여자들은 그때나 지금이나 돈만 생각한다"면서 비난했다.[66] 일본에는 전쟁 전에 이미 공창 제도가 성행해 있었고, 이러한 문화에서 군인들은 위안소 제도가 일본에 있는 공창제도와 같은 것이라고 이해했다. 옛 일본 군인 하라(가명)는 이렇게 말했다. "내가 중국에 주둔하고 있을 때 나 역시 이 여자들은 돈을 벌러 중국으로 건너왔다고 생각했다. 그러므로 '서비스'를 받는 것에 대한 죄책감 같은 것은 전혀 느끼지 않았다. 우리는 위안소를 마치 일본에 있을 때 홍등가에 여자를 찾아가는 것과 똑같은 것으로 생각했다."[67] 위안소 내 분위기나 시설도 군인들이 마치 고향에 온 것처럼 느낄 수 있도록 꾸미려고 노력했다.[68] 어떤 위안부들은 일본 군인들이 오면 기모노를 입고 '이랏샤이마세'('어서오세요') 하고 일본말로 인사를 했다고 한다.

두 번째는 위안소 설치는 전시 상황에서 벌어진 일이라고 합리화하는 주장이다. 즉 모든 전쟁 상황에서 매춘이나 강간이 발생하는 것은 당연한 것이고, 거기서 여성은 당연히 희생양이 되기 마련이라는 것이다. 옛 일본군 장교 나카노 타카시도 역시 일본군의 경우뿐 아니라 전쟁이 일어나는 곳이면 어디에서든지 그런 여성(매춘부)들이 뒤따르게 마련이라고 강조했다. 많은 옛 일본 군인들이 위안소에 대해 말할 때 그것은 전시 상황이었음을 강조하면서 합리화했다. 이 이야기를 뒤집어보면 일본 군대가 위안소 제도를 두었다는 것에 특별히 잘못된 점이 없음을 역설하는 것이다. 이런 시각은 때로 일본 군인들이 위안부나 일본군 주둔 지역 여성들에게 저지른 성폭력에 대해서 전시 상황이었다는 점을 두드러지게 강조하게 된다. 그렇지만 이러한 시각은 군인 개개인의 책임이나 비난을 피하기 위한 논리일 뿐이다. 일본인 작가 니시노 루미코가 인터뷰한 옛 일본 군인은 다음과 같이 말했다. "전쟁터에 나가기 전에 우리는 좋은 남편, 좋은 아버지, 착한 오빠나 동생들이었다. 그런데 무엇이 우리를 전쟁터에서 그렇게 변하게 만들었는가? 황군의 군대는 감옥이었다."⁶⁹ 내가 인터뷰했던 군인들도 이와 비슷한 증언을 했다. 나카노 타카시는 "전쟁중에는 도덕 관념이 무디어지고, 억압받기 마련입니다. 전쟁중에 이런 문제들을 해결하기 위해 필요한 건 여성이지요."⁷⁰ 옛 군의관 유아사 켄 역시 다음과 같이 말하며 군인들의 입장을 지켰다. "몇몇 페미니스트들은 일본 군인들을 비난해요. 그러나 전쟁 상황이었다는 것을 고려해야 합니다. 그 당시 상황으로는 이것이 남성 대 여성의 문제라기보다는 전쟁터에서 사느냐 죽느냐 하는 문제였어요."⁷¹ 이러한 시각은 전시 일본군에 의한 성폭력의 문제를 그 당시 사회 구조 자체의 문제로 환원시키며, 사실상 그 행위를 저지른 개인과는 무관한 것으로 합리화시킨다. "당시 군인이 자신의 의지대로 행동할 아무런 권리가 없었고, 전쟁중에는 명령에 불복종할 수 없었어요"라고 유아사 켄은 말했다. 그는 계속해서 군인들 역시 전쟁의 희생자들이고, 그들은 그저 명령에 복종했을 따름이며 아무런 책임이 없다는 것을 다음과 같이 강조했다. "일본 정부는 일본 군인이 주둔 지역의 여성들을 강간하는 것을 방지하기 위해 위안소를 설치했다고 주장합니다. 그러나 이는 위안소 설치의 책임과 비난을 군인들에게 전가하기 위한 거지요. 이 주장은 사실과 전혀 달라요. 군인들에게는 아무런 자유가 주어지지 않았죠. 잔인한 전쟁 범죄는 애국심이라는 이름으로 또는 용맹이라는 이름으로 미화되었습니다. 전시에 나를 포함한 일본 군인들의 포악한 행동은 천황제 권력에 의해 강제되었고 거기에 속아 넘어갔기 때문이지요."⁷²

또 다른 옛 일본군 장교 요시오카 다다오는 "살인은 당시 군인들의 하루 일과 가운데 하나였다"고 말했다. "전장에서 인간은 마수처럼 변해요. 왜냐하면 그들은 매일 사람을 죽이기 때문이지요. 전쟁터에서는 죽이는 일, 먹는 일, 성(sex) 외에는 아무것도 없어요."[73] 이러한 설명은 때때로 군인 개개인의 잔인한 행동을 합리화하는 데 이용될 수도 있다.

세 번째 합리화는, 위안소가 설치된 것은 남성의 통제할 수 없는 생물학적인 성욕 때문이라는 주장이다. 이러한 생물학적인 설명은 대부분 옛 일본 군인들과 전시 군당국이 공통적으로 가지고 있던 입장이다. 통제할 수 없는 남성 성욕이라는 명제는 위안소 설치를 정당화하기 위해 늘 등장한다. 제11 신호 부대에서 발행된 군 문서에 따르면, 남성의 성욕은 식욕이나 배설의 욕구와 같다고 보았다.[74] 정신과 군의였던 하야오 토라오는 1939년에「전장에서의 특수 현상과 그 대책」이라는 보고서를 작성했는데, 여기에서 억제할 수 없는 남성의 성욕에 대해 다음과 같은 한 군인의 말을 인용하면서 보고하고 있다. "나는 군 작전을 하는 50일 동안 여사를 한 명도 보지 못했다. 그 결과 심리적으로 비정상적인 상태에 이르게 되었고 위안소의 필요성을 절감하게 되었다."[75]

네 번째 합리화는 강간 방지를 위해서 위안소를 설치했다는 주장이다. 요시오카 다다오는 "만약 위안소가 없었으면 많은 중국 여자들이 강간당했을 것"이라고 말했다. '무고한 여자'들을 강간의 위험에서 보호하기 위해 '창녀'가 필요하다는 명제는 시대와 문화권을 초월해서 널리 주장되어 온 것이다. 위안부 제도가 지역 여성들에 대한 성폭력을 방지하기 위해 설치되었다고는 하지만,

위안소 자체는 사실상 성폭력을 제도화한 것이다. 거듭 말하자면 위안부 제도는 일본군이 새로 주둔한 지역, 예를 들면 중국·인도네시아·필리핀 등에서 여성에 대한 강간을 막기 위해서 이미 권력의 체계적인 통제를 받고 있던 식민지 조선의 여성들을 강간한 제도라는 것이다. 위의 성폭력 방지설은 이 제도 자체가 성폭력을 재현해 내고 있다는 사실을 묵인하고 있다. 게다가 이들의 주장처럼 위안부 제도가 있음으로 해서 주둔 지역의 여성에 대한 강간이 줄어들었는지는 정확히 확인되지 않고 있다.[76] 중국의 우한(武漢) 지역에서 1938년 작성된 군문서에 의하면, 위안소가 있었는데도 강간이 발생했다는 기록이 남아 있다.[77] 몇몇 군인들은 전쟁중에 일본군 내에서 강간은 어느 정도 묵인되었다고 증언했다. 중국에서는 한 달에 한두 번씩 약탈을 나갈 때 콘돔을 나누어주었다는 증언도 있다.[78]

위안부들이 상대해야 했던 군인들은 이처럼 통제할 수 없는 거친 일반병들만은 아니었다. 한 군인은 전시 군대 내 부패에 대해 다음과 같이 말했다. "장교들은 여자 없이는 전쟁을 치를 수 없었다. 심지어 공중 폭격이 있는 동안에도 방공호 속에서 여자들을 끼고 있었으니까."[79]

다섯 번째, 위안소 설치는 주둔 지역의 치안 유지라는 이름으로 정당화되었다. 전쟁 당시 인도네시아에서 고위 장교로 있었던 미야모토는 위안부들의 '공적'(功績)에 대해 다음과 같이 평가했다. "위안소 제도는 두 가지 면에서 매우 훌륭한 발상이었어요. 하나는 군인들이 강간을 저질러 감옥에 가는 것을 방지해 주었고, 또 다른 하나는 주둔 지역 주민들이 자기네 여자들이 강간당함으로써 품게 될 반일 감정을 유발시키지 않았다는 점에서이지요. 만약 위안소가 없었더라면 많은 군인들이 감옥에 가게 되었을 것이고, 주둔지 지역민들은 일본 군정에 크게 저항했겠지. 그러니까 위안부들은 일본군 내에서 가장 중요한 사람들이었어요. 그들 덕택에 주둔 지역 주민에 대한 군정이 무리 없이 이루어질 수 있었으니까. 그런 의미에서 나는 이들 여성들에게 지금도 감사하다고 생각해요."[80]

여섯 번째, 위안부들을 보호하기 위해서 군당국이 위안소 제도에 개입했다는 주장도 있다. 미야모토는 군당국이 위안소 제도에 개입한 것을 다음과 같이 합리화했다. "일본군은 불량배들에게서 위안부들의 신변을 보호해 주었고, 주둔 지역 경찰한테 착취당하는 것을 보호해 주었습니다."[81] 이처럼 위안소 제도에 대한 군당국의 체계적인 개입은 여러 가지 이유에서 정당화되었다. 위안부들을 위안소 운영자의 착취로부터 보호하기 위해, 또 군인들의 위안부 학대를 방지하기 위해, 그리고 성병이나 영양 실조 같은 질병에서 그들의 건강을 보호하기 위해서 군당국이 위안소 제도에 관여했다는 것이다. 심지어 당시 한국에서 굶주리고 있는 소녀들을 군당국이 잘 먹이고 많은 월급을 주며 보살펴주었다고 주장하는 옛 군인들도 있었다. "만약 그들이 한국에 있었다면 거의 매일 굶었을 것이다. 그러나 그들은 하얀 쌀밥에 맛있는 음식들을 거기서(위안소에서) 먹었다."[82]

일본이 패망한 후 위안부의 존재를 숨기기 위해서 위안부들을 간호부로 위장시킬 때, 일본군들은 위안부들이 연합군들에게 강간당하는 것을 막기 위해서라는 표면적인 이유를 댔다는 사실이 전 고위급 장교 미야모토의 진술에서 드러났다. "(인도네시아에서) 전쟁이 끝났을 때 위안소도 닫았어요. 그리고 일본인 위안부와 조선인 위안부들은 모두 병원의 간호부로 배치되었습니다. 이는 위안부들을 연합군들이 강간하는 것을 막기 위해서였지. 이렇게 보호한 덕분에 조선 여성 가운데 한 명도 연합군 군인에게 강간당한 사람이 없었어요."[83]

시각의 차이가 나는 이유는 뭘까

옛 위안부 윤순만 할머니는 위안소 내에서 성적인 폭력과 강제는 천황과 나라를 위해 싸운다는 명목으로 정당화되었다고 진술했다. 그녀가 왜 조선 처녀들을 이렇게 혹사시키느냐고 물었을 때, 상대 군인은 우리는 천황을 위해 싸우고 있다고 대답했다는 것이다.[84] 여전히 상당수의 옛 일본 군인들은 아시아태평양전쟁은 정의와 해방을 위한 전쟁―다른 아시아 국가들, 예를 들면 인도네시아·베트남·버마 등을 서구 제국주의에서 해방시키기 위한 전쟁―이었다고 믿고 있다.[85] 옛 일본군 고위 장교 미야모토도 이러한 생각을 가지고 있었고, 그와 인터뷰하는 동안 나는 그가 '제국주의에 대한 향수'를 가지고 있음을 감지할 수 있었다. 그는 "우리(일본과 한국)는 서로 잘 지냈고 또 함께 협력했었어요. 우리는 하나였지 않습니까? 우리(일본 사람)는 한국 사람을 같은 일본 사람

으로 여겨왔어요. 일본은 한국 사람들을 위해서 그 동안 많은 일을 해왔지요"라고 강조했다.[86]

옛 조선인 위안부와 옛 일본 군인 들과의 인터뷰를 마친 뒤, 예상했던 바대로 나는 그들이 들려주는 이야기 사이에서 많은 차이를 발견할 수 있었다. 옛 일본 군인들은 위안소 제도의 긍정적인 기여를 강조했다. 더불어서 위안부 제도가 기존의 매춘 제도와 다를 것이 없다는 점, 즉 위안부들은 돈을 벌기 위해 자유 의사로 매춘부가 된 것이라는 점을 주장했다. 위안부 제도를 유일하게 다른 시각에서 바라보는 옛 일본 군인들은 전후 중국에 억류되었다가 '재활 교육'을 받아 전쟁 당시의 자아와 현재의 자아를 분리해서 볼 수 있게 된 중국귀환자연락회 회원들뿐이었다. 이 특정 그룹의 군인들을 제외하고, 위안부들이 겪었던 성폭력을 인식하고 인정하는 옛 군인들은 없었다. 옛 군인들은 위안부들의 인권 침해 행위가 다른 동료 군인들에 의해 저질러졌다고 말함으로써 그들 자신은 이와 무관한 듯 행동했다.

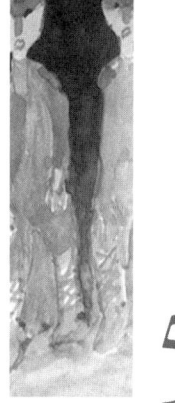

병사 만들기

"병영 생활은 고된 훈련이었고 또 우리는 구타당했다. 그러나 되돌아보면 군대는 나를 남자로 만들었다."[1]

"전쟁터에서는 죽이는 일, 먹는 일, 성(sex) 외에는 아무것도 없다."[2]

이 책의 5~7장에서는 위안소 제도가 일본 군인들의 군사적 남성성(military masculinity)과, 한국인 위안부들의 '노예화되고 성적 대상화된 여성성'(enslaved sexualised femininity)과 민족 정체성 형성에 어떻게 영향을 미쳤는가를 살펴보려고 한다. 이를 통해 성별, 민족 정체성, 그리고 성(sexuality)이 식민주의적 관계 형성에 어떻게 사용되었는가가 드러날 것이다. 한 집안의 아들이고, 한 가정의 가장이던 일본 남성들이 전쟁터에서, 점령지에서, 위안소에서 어떻게 무자비하고 난폭한 군인으로 변화될 수 있었는가 하는 점에 대해 이번 장에서 생각해 보려고 한다. 구체적으로 검토할 문제점들은 우선 일본 군인들에게 부과된 남성성은 어떤 것이었는가, 그리고 이 남성성이 어떻게 위안소 제도를 통해 확립될 수 있었는가 하는 것이다. 군사적 남성성은 모순된 면을 가지고 있다. 한편으로는 폭력, 파괴성, 성(sexuality), 위계 질서 등의 측면을 지니고 있으며, 다른 한편으로는 자기 희생과 복종의 측면을 가지고 있다. 이렇게 서로 상반된 측면을 가진 군사적 남성성을 군인들 안에 내재화시키기 위한 재사회화 과정이 일본 군대 내에 존재했었다. 이 재사회화 과정은 군인들 속에 공격적이면서도 복종적인 남성성을 형성하기 위해, 남성화와 여성화의 과정이 역설적이지만 동시에 진행되었다. 이를 위한 가장 중요한 수단으로 사용한 것은 한편으로 남성의 성을 부추기고, 또 다른 한편으로는 규제하는 것이었다. 그러므로 이 장에서는 군인들에 대한 이러한 성별화 과정이 일본이 전쟁을 수행해 나가는 데 어떻게 기여했는가를 살펴보려고 한다. 전쟁 당시 일본 군대에서 이러한 특정한 형태의 군사적 남성성을 창출해 낸 배후에는 위안소 제도의 도입이 있다는 것을 기억해야 한다. 위안부 제도는 일본 군인들 내에 군사적인 남성성을 재강화시키는 데 빼놓을 수 없는 주요 도구로 사용되었다.

그 동안 여성 운동과 페미니즘의 성장과 더불어 나타난 '남성 운동', '남성학'과 함께 남성성에 대한 관심도 고조되어 왔다. 페미니즘 내부의 강조점이 'Women's Studies'에서 'Gender Studies'로 전환된 것도 '남성학'의 발전에 한몫을 더했다.[3] 그 동안 대부분의 남성학 연구에서는 지배 계층의 남성성에 초점을 맞추었다. 그 뒤에 지배적인 남성성과 서구 제국주의 팽창 정책과의 관계를 분석하는 것으로 이어졌고,[4] 남성성에 대한 연구는 피지배 계층 남성 또는 타자로서의 식민지 남성의 '탈남성화'(emasculation)에 대한 연구로 수렴되었다.[5] 군대 조직 역시 관심의 영역이 되었고, 서구 명문 사립 학교 내의 훈련과 지배 계층의 스포츠 교육 기관에서 '장교와 신사'를 만들기 위한 과정도 검토되었다.[6] 남성성에 대한 연구에서는 군대 조직과 전쟁을 위한 군사 훈련을 고려할 필요가 있다. 전쟁은 많은 사회에서 지배적인 형태의 남성성을 창출해 내는 데 영향을 미쳐왔고, 서구 사회 군대 내 남성성에 대한 흥미 있는 연구가 나오기도 했다.[7] 이 연구들은 일반 병사들보다는 장교들의 남성성에 많은 관심을 보였으나, 캐롤린 스티드만(Carolyn Steedman)은 예외적으로 19세기 후반 노동자 계급 출신 영국 병사들과 경찰들에 대해서 연구했다. 스티드만은 전형적으로 남성적인 직업으로 여겨지는 분야에서 오히려 노동자 계급을 획일적으로 '여성화' 하기 위한 훈련이 있어왔음을 역설했다.

  이번 장은 아시아태평양전쟁 당시 일본 군대 내에 형성된 남성성에 초점을 맞추었다. 이는 일본 군대 내 남성성의 기원에 대한 연구와 더불어, 일본 군인과 식민지에서 건너온 조선인 위안부와의 만남의 맥락 속에서 검토될 것이다. 이를 위해 우선 아시아태평양전쟁 당시 일본이라는 사회적 맥락에서 남성적인 정체성과 군사주의 사이의 관계를 살펴보려고 한다. 일본의 남성성은 역사적으로 군사주의와 밀접한 관련이 있어왔다. 예를 들면 토마스 클레리(Thomas Cleary)가 언급한 '사무라이의 남성성' 은 그러한 관련성을 잘 보여준다.[8] 1868년 이전까지는 일본의 지배 계급 남성들에게만 적용되었던 사무라이 전통은, 서구의 압력에 의해 개방된 이후 일본의 소수 위정자들이 국력과 군사력 향상에 매진하기로 결정하면서 대부분의 남성들에게도 도입되었다. 군사화는 일본의 봉건주의 사회 관계가 몰락한 후, 사회 통제 수단의 하나로 사용되었다. 이러한 사무라이 전통과 함께 군사적 가치와 필요성을 떠받드는 군사주의적 남성성이 전쟁에 의해 조장되었다. 일본제국 군대와 해군에서의 복무 경험은 특별한 형태의 성 정체성(gender identity)을 형성시켰다. 여기서 군인이 된다는 것은 '진짜 사나이' 가 된다는 것을 의미한다. 한 시골 마을에서 상점을 운영하던 집안의 아들로서 자동차 수리 견습공을 하다가 전쟁중 만주로 징병되어 간 한 병사는 그의 군대 생활을 다음과 같이 평가하였다. "사람들은 대개 군대 생활이 견디기 힘들다고 한다. 그러나 내 생각으로 군대 생활은 나에게 좋은 영향을 미쳤다. 병영 생활은 고된 훈련이었고 또 우리는 맞았다. 그러나 되돌아보면 군대는 나를 남자로 만들었다. 군대 생활을 통해 나는 인간 삶의 내면을 경험하였다."[9]

쯔루미 가즈코는 아시아태평양전쟁 당시 일본 군인들의 군대 내 사회화에 대한 연구에서, 당시 일본 군인들이 군대 생활에 대해서 다양한 반응을 보였음을 주장했다. 그가 인터뷰한 몇몇 군인들 가운데에서 지식인층이었던 학도병들은 군대 생활이 잔인했다고 말한 반면에, 농민 출신 병사들은 자신들이 해오던 농사일의 어려움에 비하면 군대 훈련은 오히려 쉬웠다고 반응했다. 이처럼 군대 생활에 대한 반응이 신병들의 사회 계층에 따라 다양하기는 했겠지만, 그들 모두 남성성의 지배적인 모델 형성을 향해 수렴되었다.

오늘날 남성은 대개 군대 생활을 통해서, 특히 전투에 참여함으로써 남성성을 획득·성취할 수 있다는 것이 사회적 고정 관념으로 굳어져 있다. 아시아태평양전쟁 당시 일본에서도 이러한 고정 관념이 널리 퍼져 있었다. 약탈, 강간, 방화 등은 일본군의 힘과 용맹을 드러내 보이기 위한 것이기도 했다.[10] 그러나 앞에서 지적했듯이 군사주의적 형태의 남성성의 특성 내에는 상당히 모순적인 측면이 있다. 왜냐하면 그 속에는 남성화(masculinisation)와 여성화(feminisation)의 과정이 동시에 존재하기 때문이다. 진 엘쉬타인(Jean Elshtain), 쯔루미 가즈코, 스티드만은 군대 내 여성화와 유아화(infantilisation)를 언급하거나 이러한 사실에 대해 조금 암시를 주었을 뿐,[11] 이 남성화와 여성화 사이의 패러독스와 군대라는 조직 사회 내에서 이 패러독스를 해결해 나가는 방법 등에 대해 깊이 있게 검토하지는 않았다. 그러므로 나는 군대 내 재사회화 과정에서 보이는, 상호 모순적이면서도 상호 의존적인 개념인 남성화와 여성화를 개발·분석하려고 한다.

일본에서 사무라이 계층의 강한 군사적 전통과 함께, 전쟁 전 일본 경제의 발전 단계는 그 당시 형성된 군사주의적 남성성과 깊은 연관이 있다. 일본은 당시 자본주의의 발달 정도가 낮았기 때문에, 아시아태평양전쟁기에 일본 군대 내에서 발전된 군사적 남성성은 공격성과 잔인성의 정도가 더 심화되었다. 서구 제국주의 국가들과 비교해 볼 때, 일본은 상대적으로 전쟁을 치르기에 충분한 산업적·기술적 자원이나 확고한 산업적 기반도 갖추고 있지를 못했다. 피터 듀스(Peter Duus)는 이처럼 전쟁을 치르기에 부족한 점이 많았던 당시 일본의 상황을 이렇게 서술하고 있다. "일본 산업은 곳곳에 널리 퍼져 주둔해 있는 군대를 지원할 생산 능력이 부족했다. 처음 전쟁을 시작할 때는 경제적으로 우세했으나, 전쟁이 지속될수록 점점 그 기반을 잃어갔다. 미국이 새로운 무기를 발전시켜 나아감에 따라 일본의 군사 기술은 뒤쳐지기 시작했다."[12]

서구의 권력과 비교해서 일본은 전쟁을 치르기 위한 자원과 기반이 부족했으므로, 인력 자원에 지나치게 의존할 수밖에 없었을 것이다. 다시 말하면 전쟁 수행을 위한 산업적 기반의 결여를 보충하기 위해 '사무라이 정신', 즉 전투를 위한 '사기'나 정신력이 지나치게 강조되었다는 뜻이다. 그래서 정신 교육을 통해 '죽을 준비와 각오'를 모든 군인들에게 내재화시켰는데, 이러한 정신은 '전사(戰士, warrior)의 길'이라고 하는 '부시도'(武士道) 전통에 뿌리를 두고 있는 것이다. 이 '전사(戰士)의 길'이라는 것은 '죽을 각오와 결심'을 뜻하는 것으로 1868년 이전에 사무라이 계층에서 지켜오던 전통이었다.[13] 개정된「보병 훈련서」에 의하면 일본 군인들은 적(敵)의 '물질적인 우세'를 '정신력'으로 극복할 것을 강조하고 있다.[14] 정신 교육은 일본의 당시 상황에서 전사를 길러내기 위한 가장 중요한 과정 가운데 하나였다.「보병 훈련서」에는 다음처럼 적혀 있다. "무기와 군사력이 적보다 열세하지만, 전선에서 영광된 승리를 얻기 위해서는 우리 자신을 강하게 만들어야 한다. 우리는 이런 상황에 대비해야 하기에 정신 교육이 더 필요하다는 것은 당연하다."[15] 이처럼 정신 교육을 강조한 결과 군대 생활과 전쟁은 혹독하고 잔인해져 갔다. 한편 전쟁에서 적을 물리치고 승리한다는 것은 남성적 명예의 핵심으로 여겨졌다. 일본 군인은 바로 이러한 이상적인 남성다움의 본보기였다. 위안부 제도와 이러한 남성성이 어떤 관계가 있는지를 살펴보면서, 위안소 제도가 일본군 안에서 일상 생활을 통해 어떻게 군사주의적인 남성성을 일깨우고 재확립하는 데 '중요한' 역할을 했는가를 검토해 보겠다.

군사주의적 남성성의 특성

남성적인 공격성, 파괴성, 성애화(sexualisation)뿐만 아니라 여성적인 특성인 순종과 희생 같은 면을 동시에 지니고 있는 것이 일본 군사주의적 남성성의 특성이다. 물론 남성성과 여성성의 특성 가운데 중복된 면들이 있다. 더불어서 고정 관념화된 성의 정형화가 특정한 사회 문화에서 형성되는 남성성과 여성성의 복합성을 포괄하기에는 너무나 단순하다는 사실도 잘 알고 있다. 그럼에도 나는 고정 관념적인 여성성과 남성성의 대조를 내 분석의 틀에 끌어들이고자 한다. 여기에는 두 가지 이유가 있다. 첫째는 고정 관념적인 남성성과 여성성의 상호 의존성을 견주어 보이기 위해서이고, 둘째는 성별이라는 개념이 위안소 제도에 의해 어떻게 한 개인 속에서 구체화되었는가를 보이기 위해서이다. 이와 함께 군사주의적 형태의 남성화 과정에서 남성화와 여성화가 동시에 실행되어 형성되는 모순적인 면을 보이고자 한다. 이 모순적인 특성은 서로 매우 긴밀하게 연관되어 있다.

이제 아시아태평양전쟁 당시 일본 군대 내에서 형성되었던 군사주의적 남성성의 특성들을 살펴보기로 하자.

첫째, 군사주의적 남성성은 자기 자신에게 뿐 아니라 다른 사람들에게도 파괴적이다. 이는 전쟁의 파괴성과도 연관이 있다. 클레아 틸레(Claire Tylee) 역시 전쟁에서 남성의 신체와 정신에 손상을 입게 됨을 지적했다.[16] 용맹한 전사가 된다는 것은 곧 위험에 처하거나 부상을 당하거나 심지어 정신적·심리적 장애를 의미할 수도 있다. 그러므로 이는 자기 파괴적인 남성성을 뜻한다. 자기 파괴적 남성성은 자신뿐만 아니라 다른 사람들에게도 파괴적이다. 이는 군사주의적 남성성을 위안부 여성들에게 실천·재현하는 과정에서 잘 드러난다. 위안부 여성들의 육체는 망가졌으며, 더 나아가서는 인간의 존엄성까지도 파괴되었고 정체성도 빼앗겨버렸기 때문이다.

전사(戰士)가 특정 형태의 남성성의 본보기라면, 이것은 대개 성(sexuality)을 통해 확인된다. 미국의 군사주의와 성(gender)에 대한 연구를 해온 신시아 인로(Cynthia Enloe) 역시 "진짜 남성이 되기 위해 군인은 그들의 성욕을 만족시켜야 한다"고 보았다.[17] 그리고 적에 항복하는 것은 남성성의 손상으로 해석된다. 아시아태평양 전쟁 당시 일본 군인들은 연합군의 승리를 일본 남성의 거세를 의미하는 것으로 가정했다고 이부세 마스지(井伏鱒二)는 지적했다.[18]

둘째, 군사주의적 남성 정체성은 성의 행동 양식에서도 폭력적으로 나타나는 것이 특징이다. 전쟁 당시 일본군이 이를 여실히 보여주고 있다. 폭력의 성애화(sexualisation of violence) 그리고 폭력적인 성(violent sexuality)이 일본군에서만 유일한 현상은 아니었지만, 이는 그들에게 매우 중요한 것이었다. 위안부들은 강제로 성관계를 강요당했을 뿐 아니라, 성행위는 언제나 폭력을 수반했다. 이와 같이 성행위가 '폭행'이나 '공격'으로 개념화되었음은 그때 사용했던 '돌격 1호'라는 콘돔의 이름에도 잘 드러나 있다. 즉 전쟁터의 '공격'은 위안소 내 성행위에도 그대로 적용되었다. 위안소의 일본 군인들은 때로 마치 전쟁터에서 적군을 맞닥뜨린 것처럼 위안부들을 무기로 위협했다.

전쟁 당시 일본 군사주의적 형태의 남성성 개념 안에서 성(sex)이 하나의 권리 또는 '진짜 사나이'가 누릴 자격이 있는 것으로 여겨졌다면, 여기서 여성은 단지 성적인 대상물이 될 뿐이다. 군인들은 위안부 여성들을 '사용할' 권리가 있었고, 이는 '진짜 사나이'로서 그들의 지위를 확인해 주는 증거물과 같은 것이었다. 성적인 관계는 지배의 한 형태였다. 전쟁 당시 일본군 종군 간호부로 종사했던 한 일본 여성은, 군인들은 길거리에서 간호부들을 만나도 위안부처럼 취급했다고 보고했다.[19] 성애화(sexualised)된 군사주의적 남성성은 여성 혐오와 연관되어 있기 때문에, 여성스러운 것을 거부하고 여성을 경멸한다. 남성으로서의 정체성은 여성을 가학적으로 대우함으로써, 즉 여성을 고통스럽게 함으로써 확인된다고 보는 것이다. 이러한 남성성은 여성을 '타자화'하고, 이 타자성을 지속시킨다.

셋째, 군사주의적 남성성은 위의 두 가지와는 상반되는, 복종·순종·자기 희생·규율 같은 여성적인 특징을 보여준다. 군인이 된다는 것은 복종적으로 추종하는 것을 의미하는 것이다. 스티드만은 19세기 후반 영국 노동자 계급 출신 군인들에 대한 연구에서 많은 사병들이 무기력함과 복종을 자신의 직분으로 여겼다고 했다.[20] 군인들은 군대 조직의 위계 질서 속에서 상급자에게 절대적으로 복종해야 했다. 대부분의 일본 사회 내 엘리트나 교육받은 사람들은 전쟁시 일본군 장교로 복무한 반면, 농민층 출신을 비롯해 상대적으로 사회 권력에서 소외된 계층은 사병으로 복무했다. 소위 고위층 장교들은 예비 사관학교나 사관학교 출신들로 구성되어 있었다.[21] 그러므로 군대 내 위계 질서는 대개 계급이나 계층 구조의 반영이라 할 수 있었다.

군사주의적 남성성이 가진 또 하나의 여성적인 특성 가운데 하나가 바로 희생이다. 일본 군인들은 그들의 이해 관계·편리함·개인적인 소망 그리고 심지어 그들의 생명까지도 국가를 위해 희생해야 한다고 가르침을 받았다. 전쟁 당시 군인이었던 요코다는 '부시도(武士道)'처럼 조국을 위해 죽을 자리를 찾는 것이 그의 오랜 꿈이자 열망이었다고 말했다.[22] "군대는 반농노 제도 아래 있는 농민층 출신으로 구성되었고, 혹심한 훈련과 처벌을 통해 꾸려졌다. 이 과정에서 군인들의 인권이나 생명은 전적으로 무시되었다. 이것이 일본제국 군대의 특성 가운데 하나이다. 그러므로 일본이 저지른 전쟁은 그 군인들의 희생을 바탕으로 했다."[23] 군인 개개인의 희생은 일본군을 지탱하는 중요 요소였다.

일본 군인들의 정체성은 상당히 남성 지배적인 조직에서, 그리고 전쟁과 식민지 확장이라는 상황 속에서 형성되었다. 남성성에 대한 기존 서구 이론들에서는 남성성이 갖는 복합성을 인식해서 '남성성들'(masculinities)이라고 복수형을 사용하고 있다. 반면에 아시아태평양전쟁기 일본군 내 남성성은 좀더 단순하고 매우 공격적인 형태의 남성성이 지배적이었다. 그러나 이러한 극단적인 형태의 남성다움은 위에서 이미 살펴본 것처럼 고정 관념적으로 여성성이라고 일컬어지는 특성들을 함께 지니고 있다.

'진짜 사나이'를 만들어라―
군사주의적 남성성 형성을 위한 실천

심리학적 관점에서 보면, 파괴적이고 폭력적인 형태의 군사주의

적 남성성은 프로이트의 파괴 본능 개념으로 설명할 수도 있다.[24]
잔나 톰슨(Janna Thompson)은 프로이트의 파괴 본능 개념을 사용해서 원래는 이성적인 사람들이 왜 지도자에게 기꺼이 복종하고 또 왜 전쟁이라는 집단 활동에 참여하는가를 설명하고자 했다.[25] 이것이 본능의 한 형태로 존재한다면, 이는 모든 남성들이 지니고 있어야 할 것이다. 그러나 모든 남성들이 적을 죽이거나 전사하기 위해 전쟁에 기꺼이 나가려고 하지는 않는다. 군인들이 전쟁에 참여하는 동기에는 사회적·정치적인 배경들이 있다. 남성성과 군사주의 사이에 밀접한 연관이 있긴 하지만, 인로는 남성성이 본래 군사주의적인 것은 아니라고 주장한다. "만약 사회적으로 구성된 남성성이 군사주의와 동일시될 수 있다면, 어떤 국가도 혹독한 법을 만들어 징병을 합리화할 필요가 없고, 또 군사 조직은 군인들에게 '기본 훈련'을 확대해 나아갈 필요도 없을 것이다. 만약 남성성이 본질적으로 군사주의적이라면, 이와 같은 법이나 훈련은 불필요한 군더더기일 것이다."[26]

인로가 주장하듯 남성성과 군사주의가 동일한 개념이 아니라면, 즉 군사주의적 형태의 남성성이 생래적으로 주어진 것이 아니라면, 이제 우리는 이러한 형태의 남성성을 군인들에게 내면화하도록 하기 위해 군대 내에서 이루어지는 재사회화 과정을 찬찬히 살펴볼 필요가 있다. 린 시걸(Lynn Segal) 역시 전쟁은 남성이 기꺼이 전투에 참여하고자 해서 일어나는 것이 아니라고 봄으로써, 전쟁을 일으키고자 하는 성향이 남성성 내에 본질적으로 내재해 있다는 것을 반박했다. 이와는 반대로 군사적인 공격은 항상 긴밀한 통제와 체계적인 정치적 선전(propaganda)을 필요로 한다고 주장했다.[27] 일본군 내에서도 군사주의적인 특성을 지닌 남성성을 형성하고 유지·강화하기 위해 끊임없는 공식·비공식의 훈련 과정이 있었다. 다음으로 일본 군인들의 일상 생활 속에서 어떻게 군사주의적 남성성이 형성되고 재생산되었는지를 살펴보자.

군인들 사이에 서열 만들기

군사 훈련을 통해 '군기'를 잡는 것은 군인들의 재사회화 과정에서 매우 중요한 역할을 했다. 이 훈련은 한편으로 강하고 용감한 전사를 만들기 위한 것이었고, 또 다른 한편으로는 추종적이고 자기 희생적인 덕목을 주입시키기 위한 것이었다. '군기'를 잡기 위한 첫 번째 단계는 확고한 위계 질서를 세우는 것이다. 이것은 사회 계층 사이의 위계 질서, 즉 농촌 출신들과 학도병들 사이의 위계 질서와, 군대 계급 구조 내의 위계 질서를 겹쳐놓은 것이다. 농촌 출신 남성들은 사병으로 징병되었고, 대학생들이나 사관학교 출신들은 장교로 차출되었는데, 이 둘 사이에는 많은 차별이 있었다. 학생 신분이 '계급'을 구성하는 요소는 아니지만, 사실 1945년 이전 일본에서 학생은 계급의 표상이었다. 왜냐하면 고등 교육을 받을 수 있는 사람은 거의 다 중산층 출신이었기 때문이다. 고등 교육은 당시 일본에서 계급을 재생산해 내는 수단 가운데 하나였다. 다시 말하면 학생이라는 신분은 그들의 계급적 신분과 밀접히 연관되어 있었다. 그러나 군대 내에서는 좀더 복합적인 변수들이 있다. '장군급'(General)까지는 경쟁에 의해 진급할 기회가 열려 있었으므로 엄격히 말해 계급에 기반한 것은 아니다. 그러나 그 이상의 진급은 자유 경쟁이 아니라, 사관학교 출신 엘리트들에게만 기회가 열려 있었는데, 이는 계급에 기반한 것이라 할 수 있다.[28] 군대 조직에서 고참은 천황의 대리인으로 여겨졌다. 군인들은 마치 고참의 명령을 천황의 명령으로 받아들여 절대적인 복종을 해야 했다.[29]

의사 가족 관계는 군대 내 위계 질서에도 적용되었다. 이 위계 질서는 가족 이데올로기와 연관되어 있다. 병영 내에서 사령관은 가족 내 아버지의 위치에 비유되었고, 그 밑에 하사관은 어머니, 그리고 신병은 그들의 자식으로 비유되었다. 후쿠타케 다다시(福武直), 이이즈카 코지(飯塚浩二)가 그들의 연구에서 일본 사회 조직 원리에 반영된 가족 이데올로기를 지적했듯이[30] 군대 내 위계 질서도 당시 일본 사회 조직의 원리였던 가족 제도 즉 '이에'(家)의 부모 자식 관계를 모델로 했다. 이러한 의사 가족 이데올로기 속에서 군대 내 고참과 졸병 사이의 불평등한 위계적인 관계는 모호해졌고, 군인들은 이를 자연스럽게 받아들일 수 있게 되었다. 군대 내 지배 복종의 관계는 자발적인 '효도'의 형태로 위장되었기 때문이다.

가족 국가 구조의 또 다른 이데올로기적인 기능은 나라를 위한 봉사라는 사회 기풍을 조성하는 것이었다. 가족 국가 이념은 국가의 초석으로서, 그리고 국가 지배 질서의 기본 단위로서 가족을 특별히 강조했다. 국가는 하나의 대가족으로 상징되었다. 그리하여 천황에 충성하는 것은 부모에게 효도하는 것과 동일시되었고, 천

황은 가족 국가 내 모든 일본 신민의 아버지로 칭송되었다.[31]

실제로는 강제에 의한 행동이었지만 자발적인 것으로 느끼게 할 정도로, 위계 질서 구조와 가족주의라는 두 가지 사상을 군인들에게 반복적으로 주입하여 내면화하도록 만들었다고 이이즈카는 지적했다.[32] 군사 위계 질서 내 불평등한 관계는 이러한 두 가지 이데올로기에 의해 정당화되었다. 병영 내에서 고참이 졸병에게 가하는 잦은 폭행은 부모로서 자식을 다스려 잘되게 하려는 '사랑의 매'인 양 정당화되었다. 따라서 위계 질서와 가족주의 이데올로기는 군인들의 복종적이고 희생적인 면을 지닌 남성성을 형성시키는 데 일조했다. 복종이나 희생처럼 여성적인 특성들은 의사 가족 이데올로기를 강화했고, 또한 반대로 이러한 가족 사상이 군사주의적 남성성의 여성적 특성을 강화했다. 이 두 가지 이데올로기는 개인의 이해 관계보다는 위계 질서 구조 속에서 복종하는 것을 더 중시하게 하는 수단이 되었다. 겉으로는 엄하지만 내심으로는 자식을 사랑하는 아버지와 사식이라는 상징적인 관계 속에 군인들은 자리매김된 것이다. 이러한 가족 구성원의 역할 구조를 통해서 군인들의 여성화와 유아화(infantilisation)가 조장되었다. 군대 서열에서 지위가 높은 장교들은 의사 가족 내 가장으로서 남성적인 지위를 취하는 반면, 일반 사병들은 자식으로서 의존적이고 열등한 지위에 놓여졌다. 이처럼 위계 질서와 가족주의 이데올로기를 통해서 군사주의적 남성성이 지닌 여성적인 특성들이 강화되었다.

의사 가족주의 위계 질서는 위안소 제도를 구조적으로 이해하는 실마리를 제공해 준다. 위안소 역시 의사 가족주의의 위계적인 관계가 유지된 또 하나의 장이다. 가부장제 가족 내에서 딸과 부인의 위치처럼, 위안부들은 절대적인 복종을 강요당하는 위치에 놓여졌다. 위안부들이 당한 폭력과 억압은 가족주의 이데올로기를 통해서 합리화된다. 위안부들을 폭행한 일본 군인들은 부인과 딸을 '버릇 들이기' 위해서 훈육시키는 엄한 아버지의 역할, 그리고 부인과 딸이 순종하지 않으면 '혼쭐내는' 가부장의 역할을 한 것이니까 말이다. 한편으로 가족 내 여성의 또 다른 역할은 어머니로서 아들에게 사랑을 베푸는 것이다. 군인들도 위안부들에게 모성의 안온함을 얻으려고 했다. 이처럼 가족 내 성별 분업은 위안부 제도에서도 잘 드러난다.

  병영 내 계급에 의한 위계적인 관계는 위안소 내에서도 유지되었다. 예를 들면 군인들의 계급에 따라 위안소를 사용할 수 있는 시간을 차별화한다든가, '처녀'나 젊은 위안부 또는 일본인 위안부를 차지할 수 있는 권한은 일정 계급 이상자에게만 허용되었던 것 등 위안소에 관한 공식·비공식적인 규율은 병영 내 위계 질서를 그대로 반영하고 있다. 성관계 기회의 범위는 군대 계급의 위계 구조 내에서 점하는 지위에 따라 결정되었고, 이는 계급에 따른 우월감과 거리감을 재생산해 내는 하나의 수단이었다. 이처럼 위안소 내의 공식적·비공식적인 실천 관행을 통해 위계적 관계가 확립·강화되어 갔다. 같은 방식으로 군인들 사이의 위계 구조는 다시 위안소 내에서 군인과 위안부 들 사이의 관계로 재생산되었다.

맞아야 정신을 차려! ─ 폭력의 사용

폭력의 사용은 남성적 정체성 내에 복종과 추종 그리고 공격성을 부추기는 주요 실천 관행이었다. 아시아태평양전쟁 당시 일본 군대는 군복무와 폭력을 체계적으로 연결시켰으며, 군인들에게 '군기'를 심도 있게 주입시켰다. 당시 일본 군대의 특이한 점은 구타가 심했다는 것이다. 군인들은 사소한 일에서조차 자주 구타를 당했다. 복종을 확립하고 강화하기 위해 군대는 실제 군사 훈련 과정에서 군인들에게 심한 구타를 가했다. 예를 들면 소위 '지옥 훈련'이라는 이름으로 아무런 이유도 없이 구타당하는 경우가 잦았다. 이는 군인들을 폭력적이고 공격적으로 만들기 위한 것이었다. 군사 훈련에서 '군기' 강화를 위해 사용된 전략들, 즉 가혹한 대우와 굴욕과 강제와 처벌 등에는 늘 폭력이 동반되었다. 굴욕감을 주는 것은 훈련 과정에서 빠뜨릴 수 없는 것이었다. "신병은 그들이 개나 말보다도 가치가 없다고 느낄 정도로 굴욕을 당했다."[33] 군인들을 이렇게 혹독하게 대우한 그 자체가 폭력의 한 형태였다.

옛 일본 군인들은 군대 내 재사회화 과정이 군인들에게서 인간성을 앗아 가기 위해 고안된 것이었으며, 그래서 자신들은 "인간의 탈을 쓴 악마"가 되었다고 증언했다.[34] 전사(戰士)라는 목표 지향적이고 공동체적 정체성을 형성하기 위해서, 전체주의적인 훈육의 관행들이 제도화되었으며 그 속에서 개인의 존엄성과 프라이버시와 인간성은 부정되었다. 예를 들어 군인들이 나누는 대화는 도청되어 보고되었고, 군인들의 일기장과 메모와 편지 등 개인적으로 적어놓은 글은 엄격하게 검열되었다. 뿐만 아니라 정치에 대해 토론하는 것은 금기였다.[35] 쯔루미 역시 이 과정을 유아화로 보았다. "프라이버시의 결여, 굴욕, 테러, 그리고 두려움을 자아내게 함으로써 의존하고 복종하는 어린아이와 같은 행동을 불러일으키게 했다."[36] 그러나 유아화된 군인들은 일단 위안소에 오면 위안부들과의 관계에서 다시 지배적인 남성의 위치로 되돌아갈 수 있었다. 군대 내 재사회화 과정을 통해 동시에 나타나는 남성화와 여성화의 패러독스는 위안소 내에서 해결될 수 있었던 것이다.

상급자에게 무자비하게 구타당한 군인들은 이제 그들의 적이나 혹은 군대 계급 구조에서 자신보다 낮은 계급에 있는 '졸병'들을 더욱 폭력적이고 잔인하게 대했다. 이 과정에서 개인의 자기 통제의 권한과 자기 결정권은 부정되고 점차 취약해졌기 때문에, 군인들 마음속에는 분노가 일어날 수밖에 없었다. 폭력은 단지 도구적일 뿐 아니라 그 자체가 목적이었다. 위안부들은 군인들이 처했던 이러한 극단적인 조직의 효과를 위한 하나의 안전핀으로 제공되었다. 한편으로 구타를 가한 반면, 또 다른 한편으로 위안부를 제공해 주는 것은 당시 일본군이 군인들을 통제하는 두 가지 주축이었다. 외부(적)에 대해서는 폭력을 그리고 내부(군대 서열 내의 상급자)에 대해서는 절대적인 복종을 요구함으로써, 군사주의적인 남성성이 가지는 고정 관념적인 남성성과 여성성이라는 두 가지 대조적인 측면이 동시적으로 형성·강화되었다.

남성다움을 증명하라!

남성성을 부추기기 위한 또 다른 실천 가운데 하나는 여러 명이 함께 위안소에 가서 성관계를 하는 것이었는데, 이는 마치 하나의 '의식'(ritual)과 같다. 이때는 대개 장교나 고참이 부하들을 이끌고 갔다. 옛 위안부 하군자 할머니는 군가를 부르며 그녀의 방 안으로 행진해 들어오는 군인들도 있었다고 털어놓았다.[37] 성행위는 그룹의 구성원 모두가 참여해야만 하는 하나의 통과 의례와도 같았다. 남성다움을 증명하라는 또래 집단의 압력이 군인들 개개인에게 가해졌다. 전쟁 당시, 코노에다이(近衛隊) 부대 병원의 신경정신과 의사였던 하야오 토라오는 위안소에 가지 않는 군인들은 비정상으로 취급받고 따돌림받았다고 했다.[38] 풀(Poole)이 지적했듯이 또래 집단과 행동을 같이해야 하는 '또래 문화' 또는 '동지애'는 군생활에서 매우 중요한 요소였다.[39] 군대 내에서 군인들은 남성들 사이의 연대를 통해 전쟁에서의 위험과 혼란에 대처하며, 그렇기 때문에 '동료·동지'의 필요성을 느낀다고, 인로는 주장했다.[40] 위안부와의 성경험을 공유하는 것은 일본 군인들에게 공동연대감을 제공해 주었고, 이를 통해 남성성을 강화해 갔다. 그리고 이는 일본제국 군대의 강화를 의미했다. 군인들이 성적인 필요를 느끼는지, 또는 상대 여성에게 어떤 감정을 느끼는지와는 상관없이 위안부와 성관계를 하는 것은 이들 군인들에게 주어진 권리였을 뿐 아니라 성을 통해 남성성을 증명해야 하는 하나의 과제였다. 성행위를 통해서 남성다운 행동의 기준에 들었음을 증명해 보여야 했다. 그러므로 성은 군대 내에서 일상 생활을 통해 남성성을 강화시키고 재확인하기 위한 주요 실천 관행 가운데 하나였다.

이 가운데 가장 일상화된 관행은 위안소에서 제공되는 위안부 여성에 대한 성적인 지배를 통해서 남성성을 강화하는 것이다. 여기서 남성의 성은 성적 대상으로 여겨지는 여성을 경멸하고 통제하는 하나의 수단이었다. 여성 혐오적인 남성성의 성적인 특성은 성적인 지배를 통해 형성·강화되었다. 즉 황군의 일원으로서 남성적 정체성은 위안부에 대한 성적인 지배를 통해 구체화되었다. 성적인 강제와 지배는 남성으로서 권력의 행사를 의미하며 그 권력을 재확인하는 것이었다. 이러한 성적인 강제는 상대적으로 많은 권력을 지닌 이들이 약자층을 억압하는 정치적인 수단이다. 군 병영 내 재사회화 과정 가운데 여성화를 통해 손상된 군인들의 남성적인 정체성을 재복구하기 위해 마련된, 허가된 장이 바로 위안소였다는 사실을 나는 무엇보다 강조하고 싶다. 다이안 스컬리 (Diane Scully)는 강간이 그 범행자에게 권력의 행사를 의미할 뿐 아니라 동시에 성적인 만족감을 준다고 보았다.[41] 이와는 대조적으로 폴네고빅-스말크(Folnegovic-Smalc)와 자이페아트(Seifert)는 옛 유고슬라비아에서 일어난 집단 강간에 대한 연구에서, 특히 집단 강간은 여성에 대한 권력·분노·지배를 보이기 위한 것일 뿐이지, 성적인 동기는 없다고 보았다.[42] 즉 강간이 지니는 성적인 측면을 부인했다. 그러나 강간을 포함한 성폭력이 범행자에게는 무기력함에서 오는 심리적 좌절감뿐 아니라 성적인 좌절감에 대한 하나의 탈출구를 제공해 주는 측면이 있는 한, 성적인 측면을 지니고 있다고 할 수밖에 없다. 군사주의적인 남성성의 개념에서 강간이란 성행위를 의미하며, 성행위는 곧 강간을 의미한다.

  군복무에서 남성 우월주의적이고 여성 혐오적인 측면이 부각될

수록 이를 통한 남성들 사이의 연대 의식은 강화되는 경향을 보인다. 위안부들을 경멸하는 일본 군인들의 태도 또한 이런 측면에서 바라볼 수 있다. 성을 통해 남성성을 확인하는 것은 그들의 남성성을 증명해 보이고, 강화하기 위한 하나의 방법이었다. 일본 군인들이 성행위를 통해 자신들의 남성성을 확인하지 못했다고 느꼈을 때, 남성적인 정체성은 다른 방법으로 확인되었다. 그것은 바로 폭력의 사용이었다. 위안소에서 끊임없이 폭력이 사용되었던 것도 이러한 이유와 관련이 있다. 폭력은 군대 내 위계 구조에서 계급이 낮은 '졸병'에 대한 우월감의 표현일 뿐만 아니라, 성행위를 통해서 남성성을 재확인하고자 하는 바람과 맞물려 있다. 그러므로 위안소 내 폭력이 성적인 형태를 띠는 것, 그리고 여성이 그 폭력의 대상이 되었다는 것은 위안소 제도의 생리를 이해하는 데 중요한 시사점을 준다. 즉 군인들은 성행위나 성을 도구로 한 폭력을 통해서 그들의 남성성을 확인하고 싶었던 것이다.

일본군 내에서는 일본군에 의한 성범죄 시역 미상, 특히 중국 여성에 대한 강간 행위가 묵인되고 관용된 경우도 있었다. 그 이유는 첫째로 그들의 전투 사기를 높이기 위해서였고, 둘째로 군인들에게 성행위를 하나의 보상으로 제공했기 때문이다. 점령지 지역민에 대한 폭력은 원칙적으로는 금지되어 있었지만, 자주 발생했다. 중국 여성에 대한 일본 군인의 강간은 중국 북쪽 지역 토벌을 위해 보내진 제9보병 연대의 1938년 6월 27일자 일지에서도 보고되고 있다.[43] 이미 이 책의 4장에서 살펴본 것처럼 중국에서 강간과 약탈은 심지어 장교들에 의해 주도되기도 했다. 신경정신과 의사 하야오 토라오 또한 전장의 강간이 군당국에 의해 묵인되었음을 다음처럼 보고했다. "몇몇 장교들은 군인들의 전투 사기를 높이기 위해 필요하다고 보고 지역 여성에 대한 강간을 묵인했다."[44] 성폭력은 군인들의 사기를 이유로 편의대로 묵인되었고, 심지어 위안부 제도를 통해 허가되었다. 군생활에 대한 하나의 보상으로 성을 제공하는 것은 군사주의 형태의 남성성을 재확립하는 데 기여했다.

또 다른 한편, 성과 전쟁과의 관계에 대해 연구한 존 코스텔로(John Costello)는 성애화된 남성성을 지나치게 편협하게 평가한다. 그는 전쟁이 남녀 모두의 성해방에 대단한 기여를 했다고 주장한다. 예를 들어서 전시의 위급성과 긴장 탓에 평소 억압적이던 성도덕이 느슨해짐으로써 성해방이 가능했다고 보았다. 그는 성이 즐거움이나 쾌락을 찾기 힘든 전시 상황에서 자유롭게 누릴 수 있는 하나의 즐거움을 제공한다고 보았다.[45] 그러나 "자유롭게 누릴 수 있는" 성이라는 그의 시각은 많은 질문을 던지게 한다. 예를 들어 '누구를 위해 자유롭게 누릴 수 있는 성인가?' '성이란 무엇인가?' 그리고 '강간이란 무엇인가?' 같은 의문이 남는다. 말하자면 존 코스텔로의 전쟁기 성에 대한 분석은 성을 낭만화시키고 있는 것으로 보인다. 때문에 그의 분석에는 강간을 포함해서 전쟁기에 나타나는 성의 폭력적인 측면이 간과되었다.

다음으로 위안소 내 군인들의 성적인 관행을 합리화시켰던 '통제할 수 없는 남성의 성'이라는 신화에 대해 살펴보고자 한다. 신경정신과 의사 하야오 토라오에 의해 1939년 작성된 일급 비밀 문서는 이러한 남성의 성에 대한 신화를 잘 보여준다. "군당국은 중국 중부에 위안소를 설립했는데, 그 이유는 군인들의 성욕을 억제하는 것이 불가능하다고 보았기 때문이다. 위안소 설치의 주목적은 군인들에게 성적인 만족을 줌으로써 일상 생활에서의 스트레스를 풀게 하고, 일본 군인이 지역민을 강간해서 황군의 명예를 실추시키는 일을 방지하기 위해서였다."[46] 전시 상황에서 성과 강간에 대한 도덕적·법적인 제약을 느슨하게 만들고, 전투 참여에서 비롯되는 극도의 긴장과 스트레스를 이유로 들어 강간과 같은 성폭력을 본능적인 현상으로 편리하게 해석한 것이다.

가부장 제도 내에 깊이 뿌리내리고 있는, 통제할 수 없는 남성성에 대한 신화 그리고 성적인 욕구 충족을 위한 여성의 필요성은 당시 일본 군대 내에서도 널리 받아들여지고 있었다. 이와 똑같은 가정을 위안소 설립 배경에서도 발견할 수 있다. 즉 일본 군인이 점령 지역 또는 식민지 지역의 여성과 일본 여성을 강간하는 것을 방지하기 위해서는 위안소를 세워야 한다는 것이다. 그러나 1938년 중국의 우한에 주둔했던 일본군의 자료에 의하면 일본군 내 위안부가 존재했지만 강간은 여전히 발생했다.[47] 군사주의적인 형태의 남성성은 통제할 수 없는 남성의 성욕이라는 신화를 내포하고 있다.

남성의 성에 대한 이러한 이해는 사회적인 현상을 생리학적인 현상으로 환원시키며 마치 불가피하고 부득이한 것으로 보는 치명적인 문제점이 있다. 이러한 논리는 종종 성적인 억압을 합리화시키는 도구로 사용되어 왔다. 자연은 늘 정당화의 강력한 무기이다. 왜냐하면 자연은 인간 통제 밖의 영역으로 여겨지기 때문이다. 남성은 성욕을 자제할 수 없다는 신화는 여성을 피해자로 만들고 종속시키는 역할을 해왔다. 웬디 홀웨이(Wendy Hollway)가 지적한 것처럼, 본능적으로 억제할 수 없는 남성의 성이라는 신화를 받아들이는 것은 남성에게 권력을 부여하고 순환적으로 남성에게 성적인 지배자의 지위를 차지하도록 만드는 것이다.[48] 그러므로 군사주의 형태의 남성성에 대한 신화와 실천은 서로를 강화시키는 작용을 하며 '담론적인 실천'(discursive practices)을 이루게 된다.

억제할 수 없는 남성의 성욕을 충족시키기 위한 성적인 존재로서의 여성이라는 신화에 덧붙여서, 남성의 모성애에 대한 갈망을 충족시켜 주기 위한 어머니로서의 여성이라는 신화가 존재한다. 이는 가족 내 성별 분업의 또 다른 측면으로, 여기서 여성은 성적인 존재로 그려질 뿐 아니라 보살핌의 역할을 하는 모성적인 존재로 그려진다. 가족의 위계 구조는 남성에게 엄격한 훈육자의 역할을 부여한다. 아들에게는 준엄하고 강한 아버지, 부인 또는 여성의 몸과 성에 대한 소유자로서 가족 내 남성의 역할이 자리매김된다. 또 다른 한편으로 남성은 가족의 위계 질서 내 가장의 위치, 또는 아버지와의 관계에서 자녀의 위치에 자리매김된다. 이와 같은 가족 모델은 군사주의적 형태의 남성성을 형성하는 데 깊이 관여하고 있다. 이 책의 3장에서 살펴본 것처럼 위안부와 군인들과의 관계에서 발생한 모델은 '창녀'나 성적인 대상으로서의 여성상과 모성적인 여성상이 함께 존재한다. 남성은 여성에게서 모성애를 갈망한다는 신화는 남성의 이미지 가운데 모성적인 보살핌을 필요로 하는 아이, 즉 고생을 하고 있거나 앓고 있는 아이와 같은 이미지를 창출해 낸다. 이런 점을 생각해 볼 때 일본군 내에서 이들 여성들을 '위안부'라고 부른 것은 결코 우연이 아니었다.

군인들의 은어, 성적인 욕설

군대 내에서 널리 퍼져 있던 또 다른 실천 관행 가운데 하나는 군대 은어를 사용하는 것이었다. 이 용어들은 거칠고 성적이고 남성다움의 정수인 것처럼 여겨졌다. 특히 여성 폄하적인 은어들은 여성 혐오적인 남성 정체성을 강화하는 면을 보인다. 이 과정에서 인간을 비인간화시키는 '물건'으로서의 여성의 이미지가 고착된다.[49] 이러한 언어적 실천 관행의 한 예는 성행위라는 말 대신에 '맛본다'는 비유를 사용하는 것이다. 여성은 '먹혀질 수 있는 음식'으로 상징된다. 군대 내에서 널리 유행했던 군인들의 은어에 나타나는 성적인 비유들은 여성의 인간적 존엄성을 폄하시키고, 여성 혐오적인 형태의 남성성을 강화하는 경향을 보여준다.

마시자! 마셔버리자!

마지막으로 알코올은 군사적인 형태의 남성성에 용감성을 부추기거나 겁(소심함)을 감소시키기 위해 사용되었다. 이는 전쟁의 위험 상황, 두려움, 외로움에서 순간적으로 벗어날 수 있는 기회를 제공했다. 술을 마시고 취하는 것은 어느 정도까지는 남성의 공격성을 부추겨 그들을 폭력적으로 만든다. 술에 취한 군인들에 의해 저질러진 범죄에 대한 우려는 1944년 12월 28일에 일본군 62사단이 발행한 소식지에도 나타나며,[50] 위안부들의 증언에서도 자주 등장한다. 군인들의 전형적인 행동 가운데 하나는 술자리 끝에 공격적인 성을 분출하러 위안소를 방문하는 것이다.

  이제까지 살펴본 것처럼 군사주의적인 남성성의 형성과 강화에는 자연과 생리학에 호소하는 세 가지 신화가 개입되어 있다. 첫째 통제할 수 없는 남성 성욕의 신화이며, 둘째 전쟁 상황의 긴장과 두려움에 처한 남성이 갖는 모성적인 보살핌에 대한 욕구, 셋째 여성의 '생물학적'인 모성 본능이라는 신화이다. 군인들의 이 두 가지 욕구, 즉 억제할 수 없는 성욕과 모성애에 대한 욕구는 위안부 제도를 합리화시키는 데 사용된다. 이러한 합리화는 군대 내 군인들의 재사회화 과정에서 남성화와 여성화의 역설적이지만 동시적인 병행과 관련이 있다. 또 일본 가족 제도 내 노동의 성별 분업, 연령과 세대 간의 위계 질서와도 연관이 있다. 이러한 가치관들은 남성화와 여성화가 동시에 이루어지는 병영 내 일상 생활의 실천 관행 속에 젖어들어 감에 따라 사회적인 권력으로서 더욱 효력을 발휘하게 된다. 그러므로 이는 '담론적인 실천'으로 개념화될 수 있다. 즉 이들 실천 관행은 군사주의적 형태의 남성성을 확립할 뿐만 아니라 특정한 가치관을 정립시키는 것과 관련된다. 그래서 이러한 가치관들을 더욱 진실인 것처럼 보이게 만든다.

전쟁에의 기여

  이번에는 위안소 제도가 전쟁을 수행하는 데 필요한 군사주의적 남성성의 형성에 어떠한 기여를 했는가를 살펴보고자 한다. 이 질문은 위안소 제도가 어떻게 가부장적 가족 제도와의 복합적인 접합을 통해 전쟁 수행에 기여했는가 하는 질문과 연관된다. 또한 일본 군대 내 극단적인 여성화와 남성화의 동시적 사회화 과정에서 나타나는 패러독스를 해결하기 위해 위안부 제도가 어떻게 이용되었는가 하는 점도 함께 검토할 것이다. 사회학자 쯔루미 가즈코는 아시아태평양전쟁 당시 일본 군대 내 사회화에 대해 의미 있는 연구를 했다. 그는 이 연구에서 당시 일본 군인의 사회화는 죽음을 향한 전쟁 지향적인 것이었다고 지적했다.[51] 그러나 그의 연구에서 전쟁 당시 일본 군대 내 사회화 과정과 매우 깊이 관여되어 있었던 위안부 제도는 검토되지 않았다. 나는 이 글에서 이 점을 고려하여 일본 군인의 사회화 과정을 재구성해 보려 한다.

한마디로 말해 위안부 제도는 남성적 정체성(용맹스럽고 공격적이고 그리고 성적화된 전사로서의 정체성)을 재확립할 수 있는 환경을 군인들에게 제공해 주었다. 군인들은 군대 내무 생활 가운데 강요된 복종과 전쟁터에서의 두려움에 맞닥뜨려야 했는데, 이는 군인의 임무를 수행하는 과정에서 드러나는 '여성성'의 측면이었다. 군인들은 이때 자신의 남성성이 손상된다고 느끼는데, 위안소는 이들에게 자신들의 남성적인 권력을 다시 만회할 수 있는 환경을 제공해 주었다. 위안소의 이러한 환경은 전쟁터에서와는 전적으로 다른 것이었다. 군인들은 위안소에 있는 동안은 전장에서와 같이 죽음의 위험에 처하지 않았다. 더 나아가 군인들은 위안부들을 통제할 수 있었다. 예를 들어 여성의 의지와는 상관없이 성행위를 강요하는 것이, 자율성이 주어지지 않고 억압받는 군인들에게는 남을 통제할 수 있는 권력을 느끼게 해주었던 것이다. 군대 위계 구조에서 위안부들은 가장 취약한 위치에 놓여 있었다. 일본 군대의 위계 구조에서 일반 사병이나 갓 입대한 신병들이 가장 낮은 층을 구성하고 있었다. 그러나 일본 군대 내 위계 구조, 특히 체벌의 위계 구조에서 위안부들은 일반 사병들보다 더 낮은, 유일한 '부하'들이었다. 군인으로서의 남성적인 지배와 군사적인 권력을 행사할 수 있도록 구성된 '위안'을 위한 공간에 위안부들이 제공되었던 것이다.

사실 전쟁터에서 남성은 전투를 위한 하나의 군수품이나 '총알받이'로 전락했다. 그러나 위안소에서는 위안부에 대한 지배와 통제를 통해 전사로서의 정체성을 회복하고 그들의 주체성을 재확립할 수 있었다. 무엇보다도 여성의 성적 대상화를 통해서 남성적인 주체성을 회복했던 것이다. 이 과정에서 성행위는 남성성의 정수로 여겨진다. 위안부는 성적 대상으로서 뿐만 아니라 가상의 모성이라는 역할도 부여받았고, 이들은 안전한 환경에서 군인들에게 감정적인 배출구를 제공해 주기 위한 존재였다. 군인들은 전쟁에 직면해서 겪는 죽음에 대한 공포와 심리적인 불안정을 위안소에 와서 배출할 수 있었다. 즉 위안소는 억눌려 있던 이들 군인들의 욕구와 감정의 봇물을 받아내는 곳이었다.

사회학자 마루야마는 군대 조직과 같이 엄격한 위계 질서가 존재하는 곳에서 일어나는 '억압의 전이'를 설득력 있게 지적했다. 억압받는 군인은 그들의 하급자들에게 자신들이 받는 억압을 투영시켜 이전시키고, 이 전이된 억압은 위계 구조에서 더 하층에 있는 부하에게로 또다시 전가된다는 것이다.[52] 예를 들면 상사에게 체벌을 받은 군인은 다시 자신의 부하에게 체벌을 가함으로써 자신이 받은 억압을 전이시킨다는 것이다. 그러나 마루야마는 이 군대 내 위계 구조에서 나타나는 성별화를 간과하고 있다. 군대 내 위계 질서에서 가장 밑바닥을 점하고 있었던 것은 일반 사병이나 신병이 아니다. 이들보다 더 하층의 지위에는 위안부들이 존재하고 있었다. 마치 어린 자식들이 분노와 절망감을 느낄 때 어머니에게 하소연하거나 퍼붓거나 또는 기대거나 의지하면서 사랑과 관심을 받기를 원하는 것처럼, 이들 위안부들은 군인들을 위한 '위안'의 원천으로서 존재했다. 말하자면 위안부들은 군인들이 군생활에서 받는 억압을 안전하게 전이할 수 있는 '부하'로서의 역할을 부여받은 것이다. 군인들이 겪는 체벌이나 굴욕감은 군대 내 위계 구조에서 가장 낮은 지위에 할당된 위안부에게 공격성, 증오 등의 감정으로 굴곡되어 나타났다. 그리하여 이들 여성은 전쟁 당시 일본 군대 내에서 군인들에게 동시적으로 주입되었던 남성적인 공격성과 여성적인 복종 사이의 패러독스를 해결하기 위한 하나의 완충제로서의 기능을 해야 했다.

병사들이 스트레스를 해소할 수 있는 이런 전략은 군인들의 전투 사기를 높이는 데 중요한 것으로 여겨졌다. 당시 일본군 내 한 정신과 의사도 "전쟁터에서 남성들을 위안하기 위해서는 여성을 공급해 주는 것보다 더 좋은 방법은 없다"고 보고했다.[53] 또 다른 전쟁 시기를 연구한 존 코스텔로 역시 군인들이 정신병에 걸리는 가장 중요한 요인이 전투에서 오는 피로와 스트레스라는 것에 동의했다.[54] 한 옛 일본 군인은 "위안소에서의 성행위가 전쟁터에서의 임박한 죽음을 잊게 해주었다"고 고백했다.[55] 이처럼 군인들을 돌보기 위해 여성들의 '서비스'가 제공되었고, 여기서 여성은 남성의 심리적 안정을 유지시켜 주기 위한 모성적인 존재임과 동시에 성적인 대상으로 여겨졌다.

이러한 과정에서 성은 규제됨과 동시에 또한 표출되었다. 성은 남성성의 공격적인 측면을 표현하는 하나의 방법으로 여겨졌다. 여기서 개인들 사이의 폭력(예를 들면 폭력의 형태를 띠는 성행위)과 전쟁터에서의 허가된 폭력이 비록 서로를 상승시키는 작용을 한다 하더라도, 이 두 가지 형태의 폭력은 구별해서 생각할 필요가 있다. 다시 말해 전쟁에 동원된 모든 일본 군인들이 다른 사람과의 인간 관계에서, 그리고 성관계에서 항상 폭력을 사용한다고 볼 수는 없다. 즉 전쟁터에서의 폭력이 당연히 위안소에서의 폭력 사용으로 곧바로 연장된 것이라 보기는 힘들다. 다만 군대 내 사회화 과정에서 이들 두 가지 차원의 폭력을 함께 연결시키려는 의도가 없지 않았을 것이다. 이 점을 염두에 둔다면 위안소 제도는 군인들의 공격성을 통제하기 위해 고안되었음을 짐작할 수 있다. 전투에 나가기 전에는 공격성을 강화시키고, 전투에서 돌아온 후에는 절정에 달한 그들의 공격성을 다시 누그러뜨리는 역할이 위안부들에게 맡겨진 것이다. 이 점에서 나는 위안소가 공격성과 잔인성의 경감과 강화라는 두 가지 전적으로 반대되는 기능을 동시에 하도록 고안되었다는 매우 흥미 있는 점을 지적하고 싶다. 앞의 3, 4장에서 본 것처럼 이러한 패턴은 옛 위안부와 옛 일본 군인들에 의해 밑받침되었다. 군인들은 위안부를 그들에게 '위안'을 제공해 주는 모성적인 존재임과 동시에 또 다른 한편으로는 인간 이하의 더러운 '창녀'로 여기면서, 자신들의 감정을 이들에게 투영시켜서 해소했던 것이다.

위안소는 군인들에게 군복무에 대한 하나의 보상으로 여성의 몸을 '사용'할 수 있는 권리를 제공해서 군인들의 불만을 누그러뜨리고 달래는 역할을 함으로써 전쟁에 기여하도록 고안되었다. 앞에서 살펴보았듯이 군대 내 사회화 과정의 핵심은 '여성화'와 '남성화'의 동시적인 과정으로 요약된다. 여성화와 유아화의 과정과 더불어 또 다른 한편에서 극단적인 형태의 남성성이 고조되었다. 군 사회화 과정에서 이러한 패러독스를 해결하기 위해 위안부를 '모성적인 위안을 제공하는 존재'와 '성적 대상'이라는 이중적인 여성적 위치에 자리매김할 필요가 있었다. 위안부들은 손상된 남성성을 회복하는 다양한 수단을 제공했다. 여성에게 성관계를 강요할 수 있는 권력을 지닌다는 것은 헤게모니적인 남성성의 특권 가운데 하나로 여겨졌다. 또한 위안부와 성관계를 할 수 있는 기회를 제공하는 것은 죽음을 무릅쓰고 전쟁터에 나가 싸우기 위한 하나의 준비 과정을 돕는 것이었다. 이런 점에서 위안부 제도는 일본의 전쟁 수행에 기여하도록 고안된 것이다.

다음으로 군인들과 위안부들의 경험을 살펴볼 때 이들 사이에는 뚜렷한 차이점과 동시에 유사성이 존재한다. 위안부들이 처했던 상황과 그들에게 부과되었던 정체성은 역설적이게도 일본군 일반 사병들과 유사한 점들이 있었다. 일반 사병들을 복종시키고 굴욕감을 주기 위한 언어들은 위안부들에게도 사용되었다. 전쟁에서 남성의 위치를 자리매김하는 몇몇 연구, 예를 들어 코넬(Connel)과 틸레의 연구에서는 남성 역시 전쟁의 피해자라고 지적하고 있다. 코넬은 남성이 전쟁을 일으키는 주인공임과 동시에 또한 주요 피해자라고 보고,[56] 틸레는 남녀 모두가 군사주의 사회에 의해 비인간화된다고 보았다.[57] 이들의 견해는 전쟁 중 남성 경험의 또 다른 측면을 지적해 준다는 점에서 의미가 있다. 그러나 남성이 전쟁으로 인해 피해자화될 뿐만 아니라 다른 한편으로는 가시적 또는 비가시적인 보상과 혜택의 수혜자라는 점을 간과하고 있다. 특히 전쟁에서 승리했을 경우에 수혜자로서의 측면은 더욱 부각된다. 여기서 물론 모든 남성을, 그리고 심지어 모든 군인들을 하나의 균일한 카테고리 속에서 분석할 수는 없다. 전쟁 승리의 혜택과 비용은 군대 내 또는 사회의 위계 질서 구조에 따라 불공평하게 분배된다. 전쟁의 피해자로서의 남성이라는 개념은 여성이 전쟁의 피해자라는 것과는 질적으로 다른 맥락에서 해석될 수 있다. 왜냐하면 남성은 전쟁의 피해자일 뿐만 아니라 전쟁의 수행자이며 수혜자이기 때문이다.

   전쟁에서 여성의 위치를 살펴보자면, 역사적으로도 여성이 전투자로서 전쟁에 직접 동원되거나 참여한 예는 남성보다 드물게 나타난다. 여성들은 주로 남성과는 다른 방식으로 전쟁에 동원되었다. 예를 들면 요리사, 간호사 또는 군인들의 성적 대상으로 동원되었다. 그러므로 여성이 전쟁에서 제외되었다고 결론 내리기는 힘들 것이다. 여성들 역시 강제로 또는 자발적으로 전쟁에 동원되거나 참여했다. 톰슨은 여성이 전쟁에서 배제된 것이 여성과 남성 전사들의 지위에 어떤 영향을 미쳤으며, 또한 반대로 이들의 지위에 의해 어떻게 영향을 받았는가에 대해서 연구했다. 그는 "여성도 역시 전쟁에 동원되어야 하고, 그러므로 여성도 직접적으로 전쟁 부담과 위험을 나누어 가져야 한다"고 주장했다.[58] 그러나 그의 주장에서 전쟁 수행이라는 개념 자체와 군사주의라는 개념은 구별하여 생각할 필요가 있다. 여성이 대부분 전쟁의 수행에서, 즉 격전지의 전투에서 제외되었다고는 할 수 있을지 모르나 여성이 군사주의에서 제외되었다고 보기는 힘들기 때문이다.

병사들과 그리고 병사들이 피해자화한 여성들을 모두 피해자라는 동일한 카테고리로 묶는 것은, 위안부 여성들이 이들 남성들과는 다르게 경험한 식민지 지배와 성의 지배를 모호하게 할 우려가 있다. 위에서 지적한 것처럼 일본군 당국과 국가가 위안부 여성과 군인들을 동제한 방식(예들 틀면 폭틱, 굴욕감, 정치적 선전 등을 사용했다는 점)에는 공통점이 있다. 그러나 이러한 통제 방식이 군인들의 삶에 미친 영향과 위안부들의 삶에 미친 영향은 그 강도와 질이 달랐다. 위안부 여성들은 성노예와 같은 상황에 처해 체계적인 성적 피해자가 된 반면, 일본 군인들은 이렇게 당하지는 않았다. 어떤 면에서 보면 군인들은 위안부와의 관계를 통해 혜택을 입었으나 위안부들에게는 그러한 보상이나 혜택이 주어지지 않았다.

군대 생활은 상호 모순적인 기대를 요구한다. 군대 내에 절대적이고 수직적인 위계 질서와 더불어 수평적인 남성들간의 연대가

병렬적으로 존재하는 것을 그 예로 들 수 있다. 남성성과 동지애는 위안소에서의 지배적인 이성 관계의 경험을 공유함으로써 확인되고 강화된다. 이렇게 같은 조직에 속해 있다는 소속감을 강화함으로써, 병영 내 절대적인 위계 구조와 수직적인 계급에 따라 철저히 분절되어 있는 관계에서 발생하는 갈등이나 긴장감을 완화시키고자 한 것이다. 이와 더불어 남성들 사이의 동지애는 전체주의적이고 집단적인 남성 정체성을 강화하는 작용을 했다. 그리고 이는 다시 전쟁을 수행하기 위해 필요한 협력과 결속을 증진시켰다. 군대 내 계급에 따라 서로 엄격히 수직적으로 구별되는 위계 질서 속에서, 또 남성들간의 연대라는 수평적인 개념 속에서, 모두가 같은 일본제국 군대의 일원이라는 의식 아래 구성원들을 하나로 결속시키는 기능을 했다. 서로 모순적이지만 이러한 수평적이고 수직적인 두 축은 위안소에서 만나 하나의 점을 형성했다. 위안소 제도는 이러한 모순점들을 해결하고 군인들을 다시 하나로 묶어주는 장으로 제공되었던 것이다.

위안소 제도가 일본의 전쟁에 기여하도록 고안되었다는 점은 이제 선명하게 드러났다. 이점은 일본 군대 문서에서도 나타난다. 성행위를 할 기회를 제공하는 것은 휴식과 위안을 주는 수단이며, 군대 내 기율을 통제하는 수단이며, 군인들의 잔인성과 불만을 다른 곳으로 전환시키는 수단이고, 군인들이 전쟁터에서 느끼는 긴장과 두려움의 배출구라는 의미를 지닌다고 보고되었다.[59] 전쟁 수행에서 위안부 제도의 필요성은 바꿔 말하면 군대의 여성에 대한 의존성을 나타낸다. 위안부 제도는 일본의 전쟁 준비와 수행의 중요한 요소 가운데 하나로 간주되었다. 이들 여성들은 군사 조직을 유지시키는 주요 버팀목 가운데 하나였다. 인로는 미국 군사주의에 대한 연구에서 군대가 남성에게 남성성을 제공하기 위해 성별화된 여성을 필요로 하고 이는 군복무의 난관들을 견디게 하는 동기를 제공한다고 지적했다.[60]

  다음 장에서 살펴볼 위안부들의 노예화된 여성성은 군사주의적 남성 정체성을 확립하고 강화하기 위한 보완적인 위치에 놓여 있다. 이 두 상호 보완적인 형태는 하나의 정치적인 과정으로 해석된다. 위안부 제도를 통해 일본군은 성을 통제할 수 있었다. 위안소 제도는 이른바 점령지나 식민지 주민의 '저항을 방지' 하기 위해 고안되었을 뿐만 아니라, 일본군 자신을 통제하기 위한 수단이기도 했다. 그리하여 결국에는 군인들을 다시 전쟁터로 내보낼 수 있었던 것이다. 군사주의적 형태의 남성성은 홀로 존재한 것이 아니라 노예화된 여성성이라는 담론적인 파트너에 의해 지지를 받았다. 다음 장에서는 위안부들에게 강요되었던 노예화된 여성 정체성에 대해 살펴보도록 하겠다.

'창녀' 만들기

노예화되고 성애화된 여성성

이 장에서는 위안부들의 성 정체성 (the gender identity)과 성(sexuality)이 일본 식민지 권력과 한국 민족주의의 권력에 의해 어떻게 구성되었는가를 조사해 보려고 한다. 이를 통해 위안부들에게 강요된 여성성 주체의 자리매김에 대해 살펴볼 것이다. 구체적인 질문은 위안소 제도를 통해 어떠한 종류의 여성 정체성이 구성되고 강화되었는가, 그리고 이러한 여성성이 어떻게 위안부들에게 확립되었는가 하는 것이다. 위안부들에게 부과되었던 여성성의 특성은 성적화되고, '음란' 하고, 오염되고, 그리고 순종적인 것이다. 나는 이러한 특정 형태의 여성성의 강요가 위안소 제도라는 맥락에서 어떻게 전개되고 활용되었는가 하는 것을 밝히려 한다. 이를 위한 주요 담론적인 실천은 '타락' 하고 성적화된 여성과 존경받는 여성 사이의 대조를 통해서 위안부를 '창녀' 로 재현하는 것이었다. 이 과정에서 성(sexuality)은 여성성과 남성성의 주요 요소이다. 일본 군인의 남성성과의 관계에서 조선인 위안부들에게는 '성 특정화된 정체성' 이 부여되고 강화되어 갔다. 거꾸로 군인들의 남성성은 반대의 과정을 통해 구성되고 강화되어 갔다. 위안부들에게 부과된 여성적인 정체성의 내용을 살펴보면 사실은 유교와 한국 민족주의 속에서 이미 한국 사회를 지배해 온 여성성과 연속선상에 있음을 알게 된다. 성적화되고, '음란' 하고 오염되고 복종적인 여성성은 위안소에서 매일 매일의 실천을 통해 형성되고 재생산되었다. 마지막으로 이 장에서는 이러한 여성성 주체 자리매김의 결과, 특히 특정한 형태의 여성성의 확립이 일본의 전쟁 수행에 어떤 영향을 미쳤는가에 대해 살펴볼 것이다.

강요된 여성 주체의 자리매김

위안소 제도를 통해 구성되고 재생산된 여성성은 어떠한 것인가? 조선인 위안부들이 강요받은 여성성을 나는 '노예화되고 성애화된 여성성'(enslaved sexualized femininity)이라고 이름 지었다. 이 여성성은 일본 군인들의 군사적인 남성성과의 관계에서 보완적인 형태였다. 즉 여성 혐오적이고 파괴적이며 위계적이고 성애화되고 폭력적이고 외국인 혐오적인[1] 특성을 가진 일본 군인들의 남성성과의 관계를 통해서 위안부들의 여성성이 구성되었다. 다시 말하자면 위안부들에게 강요된 여성성은 일본 군인의 군사적인 형태의 남성성을 강화시키는 역할을 했다. 이러한 이원론적인 여성성과 남성성은 서로 배타적이면서도 동시에 상호 의존적인 개념이다. 이러한 그들의 상호적인 위치는 각본화되어 배정되었다. 가그논(Gagnon)과 시몬(Simon)의 '성의 각본'(sexual scripts)이라는 개념은 이를 설명하는 데 유용하다.[2] 이들은 성행위를 각본화된 것으로 본다. 성의 각본은 마치 연극의 대사나 배역처럼 각본이 짜여 있다는 것이다. 웬디 홀웨이는 사람들이 서로의 성적인 상호 작용에서 사용하는 성의 각본에 대한 분석에서 이 개념을 푸코의 이론과 결합시켰다.[3] 성의 각본이라는 개념이 제시하는 것은 선택한 각본에 따라 자신의 역할을 하기 위해서는 알맞은 상대역을 해줄 파트너를 필요로 한다는 것이다. 이 개념은 또한 맡겨진 '상대역을 각본대로 수행하지 않음으로써 이 각본을 무능화시킬 수 있는 가능성'도 제시하고 있다. 샤론 마르쿠스(Sharon Marcus)는 강간이라는 맥락에 성의 각본 개념을 적용하여 강간 방지 전략을 제시했다.[4] 그녀는 강간의 각본을 붕괴하기 위한 전략으로서 구두적인 자기 방어, 신체적으로 맞받아 싸우기, 또는 강간자의 몸을 받아들이는 것을 거부하는 것 등을 제시하였다. 그러나 강간 피해자의 각본을 거부함으로써 강간을 방지할 수 있다는 마르쿠스의 제안은 상상을 초월한 지속적인 성폭력이 일상화되어버린 위안부의 경우에는 잘 들어맞지 않는다.[5] 위안부들은 감금 상태에서 그들에게 할당된 성의 각본에 따라 연기를 하는 것 외에는 실제적으로 아무런 대안도 없는 상황에 처해 있었다. 오직 위안부들이 할 수 있었던 것은 '노예화되고 성적화된 여성성'이라는 배역을 연기하는 것뿐이었다. 위안부들은 감금된 상태에서 그들에게 할당된 역을 하도록 강요받았고 이에 덧붙여서 '창녀'로 분류되었다.

위안부들에게 맡겨진 성의 각본은 '창녀'의 각본이었고, 이는 위안소라는 맥락에서 상대역인 군인의 각본과의 관계에서 구성된 것이다. 위안부들에게 부여된 여성성의 각본은, 첫째 성애화(sexualisation)라는 특성을 보인다. 이 여성들을 군인의 성적 대상 상태로 유지하기 위해 이들의 성(sexuality)을 대상화하고 상품화했다. 따라서 '창녀'에 대한 부정적인 이미지, 즉 경제적 대가를 위해 몸을 '팔고', 다른 사람을 위한 성적 도구로서만 가치를 지니는 '더러운' 존재라는 부정적인 이미지가 위안부들에게 부여되었다. 이러한 성의 정치학은 '난잡한 창녀'의 이미지를 위안부의 전형적인 이미지로 만든 것이다. 이러한 각본에 의해 위안부들은 경제적인 이유로 많은 남자를 성적으로 상대하는 '창녀'로 여겨졌다. 위안부들의 여성적 정체성은 바로 '창녀'의 이미지로 고정되었고, 군인을 성적으로 위안하는 그야말로 '위안부'로서의 정체성이 구성되었다. 이들 여성성의 주체성 자리매김은 원하기만 하면 누구나 '이용할 수 있는' 성적인 존재로서 재현되었다. 이와 동시에 '더러운 창녀'라는 각본에서 비롯된 오염된 여성성의 이미지가 이들에게 강요되었다. 즉 남성적 언어 체계에 의해 비롯된 '더러운 창녀'의 이미지가 이들에게 각인되었다.

이러한 '더러운' 이미지를 구성하는 또 하나의 원천은 여성의 몸에서 나오는 피, 즉 생리혈에 대한 부정적인 인식이다. 위안부의 생리혈이 노출되었을 때 일본 군인들은 분노와 폭력적인 반응을 보였는데, 이는 군인들이 여성의 몸 그 자체가 기본적으로 오염된 것이라는 인식을 갖고 있었음을 보여준다. 이러한 오염에 대한 담론은 노딩스(Noddings)가 이야기하는 생리중인 여성에 대한 함의에 기반한다. 노딩스는 생리중인 여성은 악마의 영혼에 의해 오염되어 있는 상태이고, 또한 여성에게 내재해 있는 악의 기운 때문에 여성이 생리를 한다는 것에 대해 논쟁을 벌였다.[6] 일본 군인들 사이에서 생리혈은 '재수 없는 것'으로 상징되었다. 예를 들어 위안부들이 생리대가 없어 군인들의 각반을 주어다 사용하는 일은 군인에게는 '재수 없는 징조'로 여겨졌다. 생리혈은 불행을 가져다주는 것, 즉 전쟁터에서 죽음의 전조로 여겨졌다.

끝으로 오염된 여성성의 이미지는 위안부들에게 전염된 성병과 연관되어 있다. 대부분의 위안부들은 애초에 군인들에게서 성병을 옮게 되었는데도 오히려 성병 전염의 주범으로 여겨졌다. 위안부들은 성병을 통해 군인들을 오염시킴으로써 군인들의 남성성을 위협한다고 여겨졌다. 그리하여 이 여성들은 오염의 원천으로 상징되었다.

　위안부들에게 강요되었던 여성성의 또 하나의 특징은 복종적인 것이다. 순종적인 여성성은 기본적으로 남녀의 관력 관계, 그리고 식민주의자와 피식민주의자 사이의 권력 관계에서 비롯된 것이다. 식민주의자와 피식민주의자 사이의 권력 관계는 다음 장에서 자세히 논의할 것이다. 위안부들에게 강요되었던 여성성 이미지의 특성은 성애화되고 '음란' 하고 순종적인 것으로 요약할 수 있다. 위안부들은 이러한 형태의 여성성을 할당받았고, 그들의 의사와 상관없이 이들은 주어진 여성성의 각본에 따라 행동하도록 강요당했다. 또 다른 한편으로 이들에게 부과된 노예화되고 성적인 여성성은 자신들의 품위를 떨어뜨리는 것이고 억압적인 것이었는데, 역설적이게도 이는 조선 사회 속에 이미 존재해 있던 유교적인 여성성과 합치되는 부분이었다. 이러한 밑바탕이 식민지 조선 사회에 이미 존재했으므로 식민지 권력에 의한 성 정치학이 더욱 순조롭게 펼쳐질 수 있었다. 아이러니컬하게도 조선 사회의 '전통' 속에 이미 존재해 있던 유교주의적 여성성은 노예화된 여성성의 각본이 싹트게 된 밑바탕이 되었던 것이다. 우선 조선과 일본 사회에 존재하던 여성성에 대해 살펴보도록 하자.

조선과 일본에 이미 확립되어 있던 여성성

여성의 몸에 초점을 맞추는 순결과 오염의 사고 방식은 메리 더글러스(Mary Douglas)가 지적하듯이 많은 문화권에서 공통적으로 가지고 있다.[7] '순결함'과 '더러움'의 대조는 한국과 일본 문화 속의 '정숙함'(respectability)을 구성하는 주요 개념이다. '정숙함', 성(sexuality), 인종·민족, 계급을 둘러싼 가치 체계들이 한국과 일본의 문화 담론들을 형성했다.

조선 유교주의의 여성성

위안부들이 자신을 취약하게 만드는 강요된 여성성을 어떻게 해서 스스로 내면화해 갔는지를 밝히기 위해, 이미 한국에 존재해 있던 유교주의 여성성에 대해 살펴보고자 한다. 유교주의와 한국 민족주의와 일본 식민주의 속에 존재하는 여성성의 자리매김은 서로 중첩되는 부분들이 있다. 여성성과 성(sexuality)에 대한 유교주의 이데올로기는 일본 식민주의와 한국 민족주의의 담론과 실천 속에 녹아 있다. 한국의 '전통적인' 여성성은 유교주의적인 여성성에 의해 구성되는데, 이 개념은 정조, 온순, 순종, 자기 희생, 헌신 등을 특징으로 한다. 조선 왕조는 국가 지배 이데올로기로서 유교주의를 구축하고 이전의 고려 왕조를 지배했던 불교의 전통과 단절하기 위해, 유교주의 이데올로기에 기반한 정치·경제·문화·사회의 가치 체계를 구성·확립하고자 했다.[8]

조선 왕조는 이러한 유교주의 문화의 실천을 강제함으로써, 특히 여성들에게 깊은 영향을 주었다. 여성성에 대한 유교주의적인 개념은 절대적인 것으로 여겨졌다. 유교주의 가치관 속에서 여성의 위치는 남성에 비해 열등한 것이고, 그리하여 모든 사회 활동의 분야에서 남성에 복종해야 했다. 여성과 남성은 유교의 덕목인 내외법에 따라 다르게 위치했다. 즉 안의 영역은 여성을 위한 것이고 밖의 영역은 남성을 위한 것으로 규정되었고 이 두 영역은 서로 배타적인 것으로 여겨졌다.[9] 공과 사를 둘러싼 성별 분업은 유교주의 덕목 속에 코드화되었다. 유교의 텍스트인 『주역』(周易)에는 여성은 악이고 미성숙하며, 남성은 하늘이고 여성은 땅으로 묘사하고 있다. 여기서 하늘은 높고 강하며, 땅은 낮고 부드러운 것으로 상징된다. 유교의 주요 텍스트 중의 하나인 『논어』에서도 여성의 위치와 역할을 규정하고 있다. 『논어』는 유교 사회의 도덕적인 덕목과 더불어 남녀의 기본적인 규율을 포함하고 있다. 『논어』는 다음과 같은 유교적인 덕목을 명시하고 있다. 첫째, 7세부터 남녀가 분리되어야 한다는 남녀 칠세 부동석. 둘째, 여성이 생애의 주기에 따라 그들이 소속되어야 할 남성을 명시하는 삼종지도. 셋째, 부인을 내쫓을 수 있는 일곱 가지 경우를 규정한 칠거지악.[10] 넷째, 과부의 재혼을 금지하는 조항.[11] 이처럼 전 생애 동안 여성의 공간과 시간은 유교주의적인 덕목에 의해 자리매김되어서 제한되고 규정되어 왔다.

 17세기 중엽 유교주의 가부장제는 여성의 정절에 대한 덕목을 확립했다.[12] 정절 이데올로기는 여성에게 정절을 목숨 그 자체보다 더 귀중하게 지켜야 할 것으로 요구했다.[13] '정숙한' 여성이라는 유교의 이데올로기는 여성들에게 자기 규제를 강요했다. 유교주의 조선에서 상위층 여성들은 만약 자신의 몸이 남편이 아닌 다른 남성에 의해 침해받았을 경우 기꺼이 스스로의 목숨을 끊겠다는 표시로서 옷 속에 늘 은장도를 지니고 다녔다.[14] 그러므로 유교 이데올로기는 여성의 성적인 '행동거지'에 대한 엄격한 규제를 통해 구체화되었다. 정절 이데올로기는 여성을, 특히 여성의 몸과 성을 한 남성(남편)의 소유물로 전용시켰으며, 이러한 이데올로기는 여성의 '정숙함'을 구성했다. 전 생애를 통해 한 남자에게 속해 헌신하는 것이 여성의 '도리'였으므로 과부의 재혼은 허락되지 않았다. 진정한 유교주의적인 덕목을 따르기 위해서 과부는 아무리 나이가 어리더라도 재혼해서는 안 되었다. 또한 목숨을 바쳐 정조를 지킨 여성에게는 특별한 표창이 주어졌다.

여성에 대한 유교주의적인 덕목은 조선 사회(1392~1910년) 후기에 이르러 여성의 정절을 제도화하기에 이른다. 예를 들어 여성의 정절은 가문의 명예를 유지하거나 기울어가는 가문을 재건하는 데 중요한 것으로 여겨졌다. 지배 계급뿐만 아니라 평민이나 노예 계급에게까지도 정절 이데올로기를 확대하기 위해 여러 가지 보상 체계가 주어졌다. 예를 들면 노동력을 제공해야 하는 부역을 면해 주거나, 천민의 신분을 면하게 해주는 면천의 혜택이 여성의 정절을 강화하는 하나의 유인 수단으로 제공되었다. 이와 같은 유인 수단 탓에 가족을 위해 희생하도록 딸을 내몰기도 했다. 이러한 보상과 처벌의 공식적인 통로를 통해서뿐 아니라 가족과 지역 공동체를 통해서도 정절 이데올로기의 내면화는 강화되었다.[15] 보상과 처벌의 메커니즘은 여성을 유교주의 성(sexuality) '전통'에 묶어놓는 기제가 된 것이다.

유교주의 도덕관에서 여성성의 가치와 덕목은 오직 정조에 의해 구성된다. 정조 이데올로기에 의해 여성은 두 부류, 즉 '정숙한' 여성과 '타락한' 여성으로 나뉘어진다. 이 가운데 '정숙한' 여성성에 사회적 가치를 부여하는 것은 여성의 성을 통제하기 위한 것이었다. 이러한 사회적 가치 체계에서 강요된 성애화된 여성성은 위안부들에게 '정숙함'을 잃어버리게 했으며, '타락한' 또는 '더러운 창녀'의 여성성을 각인시켰다. 조선인 위안부들은 이러한 유교주의 덕목을 내면화하고 있기 때문에 그들이 겪은 성폭력도 이러한 가치 체계 내에서 해석되었다. 그 결과 위안부들은 자신들이 당한 성적 강제를 '수치스런' 것으로, 또는 '정숙함'을 잃었다고 스스로 해석했다. '처녀'와 '창녀'의 여성성의 대조를 통해 여성의 성을 규제해 오던 기제는, 다시 말하면 여성이 '정숙함'을 증명하지 못하면 '타락한' 여성으로 인식되게 만들었다. 유교주의 가부장제 이데올로기는 부인과 어머니로서의 부수적·주변적인 존재로서의 정체성만을 허락한다. 즉 공식 담론에서 여성의 정체성은 남성 혈통을 잇기 위한 도구적인 존재로서만 의미가 있는 것이다.[16]

또한 '정숙한 아내'와 '창녀'는 단지 서로 대조되는 개념일 뿐만 아니라 서로에게 반하면서 규정된다. 다시 말해 '정숙함'을 구성하는 것은 다른 부류의 여성을 주변화시킨다. 그리고 남성에게는 이 두 부류의 여성이 모두 필요하다. 남성에게 '창녀'는 성적인 만족을 위한 존재이고, 부인은 가부장제의 혈통을 이을 자녀(아들) 생산을 위한 존재이다. 이러한 사실은 기생 제도에서 분명하게 보인다. 한국의 '전통' 사회에서는 가무와 시 짓기 그리고 성을 제공함으로써 남성을 즐겁게 해주는 기생이 존재했었다. 18세기에 이르러 기생들 사이에는 가무를 제공하는 부류와 성적 서비스를 제공하는 부류로 분화되었다.[17] 기생들은 오직 한 남성, 즉 법적인 남편에게 속하지 않았으므로 유교주의적인 개념의 '정숙한' 여성이 될 수 없었다. 여기에서 남녀에게 서로 다른 성윤리가 적용되었다는 사실이 뚜렷하게 보인다. '타락한' 여성의 지위는 '정숙한' 부인의 지위만큼이나 제도화되어 있으나, 성적으로 '방탕한' 남성과 '순결한' 남성이라는 분류는 존재하지 않았다.

한편 일본 식민지 시기 동안, 특히 1930년대 조선인의 빈곤화는 심화되었다. 여성 실업이 증가했으며 일자리를 찾지 못한 여성들은 매춘으로 빠져들었다. 공창 제도가 일본에 의해 조선에 도입되었는데, 그 수요를 채우기 위해 많은 가난한 농촌의 소녀들이 인신매매의 대상이 되었다.[18] 당시 공창 제도는 위안소 제도를 고안하는 데 하나의 원형이 되었을 것으로 보인다. 송연옥은 이 두 제도 사이에 연관성을 지적하였다.[19] 즉 공창 제도를 통해 널리 퍼진 여성 인신 매매의 연결망과 경험은 다수의 조선인 위안부를 모집하는 것을 가능케 했다고 보았다.[20]

전 일본군 군의관이었던 아소 테쯔오(麻生徹男)는 성병을 가진 위안부 가운데 조선인 위안부보다 일본인 위안부가 더 많았다고 보고했다.[21] 이것은 대부분의 일본인 위안부들은 위안소에 오기 이전에 직업적인 매춘부였던 반면, 대다수의 조선인 위안부들은 모집 당시 성적 경험이 없거나 성병에 감염되어 있지 않았다[22]는 사실을 말해 준다. 일본인 위안부와 조선인 위안부의 대우가 달랐다는 사실은 이미 기존 증언들을 통해 보고되었다.[23] 나는 여기서 조선인 위안부는 위안소에 오기 전 '정숙한 요조 숙녀'였고, 일본인 위안부는 '창녀'였다는 이원론을 주장하려는 것이 아니다. 이것은 내가 이 책을 통해 반박하고자 하는 고정 관념 가운데 하나이다. 내가 여기서 강조하고자 하는 것은 기존의 조선 내 존재하던 여성에 대한 유교주의적인 '엄한' 성규율은 일본 군인들에게 성병 없는 '처녀'들을 '공급'할 수 있는 밑거름을 제공했다는 사실이다. 그러므로 아이러니컬하게도 조선의 '깨끗한 처녀'의 몸은 위안부의 모집 대상으로서 특별히 가치 있게 여겨졌고 주요 타깃이 되었던 것이다.

순종, 그리고 '정숙한' 여성과 '타락한' 여성의 이분법에 기반한 조선의 이상적인 여성성은 위안소 제도를 통한 식민주의의 맥락에서도 그대로 유지·강화되었다. 일본 군대를 위해 '위생적인' 위안부를 둔다는 아이디어는 모든 여성을 현모양처 아니면 '창녀'로 분류하는 조선의 유교주의적 관습과 결합되었다. 조선의 어린 '처녀'들은 '위생적인' 위안부의 대상으로서 선호되어 위안부 모집의 주대상이 되었고, 또한 일단 위안부가 된 뒤에는 더 이상 '정숙하지' 않은 '창녀'로 분류되었다. 위안부 제도는 사실 '창녀'로 가장된 성노예 제도였다. '정숙한' 여성과 '타락한' 여성의 이분법은 전장에서 군인들의 성적인 욕구를 채워주기 위한 (조선인) 위안부와, 후방에서 2세대(즉 미래의 군인)를 재생산하는 역할을 많은 (일본인) 여성 사이의 분류에도 마찬가지로 적용된다. 다시 정리하자면 기존의 조선 내 가부장적인 여성성의 개념과 식민지 권력에 의해 부과된 '타락한' 여성성의 개념은 서로 중첩되어 있다. 당시 기존 사회 내 여성성의 가부장적 실천은 여성 억압의 밑거름이 되었으며, 식민지 권력이 조선 여성을 통제할 수 있는 밑바탕을 제공하였다. 가부장제 권력과 식민지 권력은 서로 연계성을 가지고 이해 관계를 공유하였다.

그러나 또 다른 맥락에서 보면 기존에 존재하는 가부장제적 권력과 식민지 권력은 서로 불편한 관계이기도 했다. 가부장제 국가는 자신의 이해 관계에 따라 기존의 성별과 민족 간 위계 질서를 강화하거나 혹은 변화시킨다. 예를 들어 일본 식민주의 정치는 기존의 여성성과 '전통적인' 여성의 역할을 강화시키려 한 반면, 동시에 전쟁 수행을 위해 기존의 성별 분업을 무너뜨리고 여성의 노동력과 성을 동원하였다. 전쟁은 여성을 그들이 '있어야 할' 장소인 가정으로부터 남성의 영역인 공적 영역(예를 들면 군수 공장 등)으로 끌어냈다. 그러므로 이러한 경우 식민주의와 가부장제 권력 사이에 긴장 관계가 생길 수 있다. 일본의 식민지 정책은 전쟁에 여성을 동원하기 위해 어느 정도 조선의 기존 성별 분업을 재구성하려 했다. 식민주의 구조는 기존의 성별 관계를 재구성하며, 또한 동시에 기존 성별 관계에 의해 재구성되기도 한다.

전시 일본의 여성성

'정숙한 아내'와 '창녀'라는 이분법이 존재한다는 점에서 식민지 시대 조선의 여성성과 일본의 여성성 사이에는 공통점이 있다. 전시 일본의 여성성에 존재하는 '요조숙녀'와 '창녀'의 이분법은 메이지 시대(1868~1912년) 일본에서 발달한 가부장제적 가족 제도인 이에 제도에서도 발견된다.[24] 메이지 시대 이전에 지배 계층이었던 사무라이 신분의 관료 제도화와 함께 유교주의적 가부장제의 확립은 여성이 남성보다 열등하다는 개념을 효율적으로 주입시켰다.[25] 메이지 시대 이전 지배 계급 사이에서 통용된 여성성은 복종·절약·겸손·순결로 요약되고, 여성의 역할은 결혼 관계 속에서 남편과 그의 가족인 시가를 섬기는 것을 가장 이상적으로 보았다. 그 이후 전쟁 수행과 관련해서 일본에서는 여성성 가운데 겸손·절약·근면이 강조되었고, 가정 내에서뿐만 아니라 공적 영역에서 생산적인 일에 참여하며 국가의 전쟁 정책에 기여할 것이 강조되었다.[26]

전시 일본의 여성성은 기본적으로 모성으로 대표된다. 즉 일본 여성들은 천황을 위해서 미래의 군인을 공급하기 위해 더 많은 자녀를 생산하도록 요구받았다.[27] 전시 모성 보호법은 국가를 위한 자녀 생산을 강조했으므로 유전학적으로 건강한 태아의 낙태를 금지시켰다.[28] 현모양처라는 여성 역할의 두 가지 측면이 더욱 정교화된 것은 메이지 시대에 이르러서였다. 전시에 이르러서는 일본 여성이 자녀를 많이 생산해서 일본의 제국주의적인 정책에 공헌할 것이 강조되었다.[29] 일본 여성사를 연구해 온 하야카와 노리코 역시 일본 제국주의에 의한 모성 동원을 지적했다. "일본 제국의 전통을 이어가고 강화하기 위한 여성의 역할은 1937년에서 1945년 사이 일본 남녀를 전쟁 속으로 통합시키는 하나의 이데올로기로 강조되었다."[30]

일본 여성을 전쟁 동원한 데는 여러 가지 의도가 있다. 첫째, 여성 모성의 가족 제도인 이에 제도를 보호하기 위해 여성의 모성이 동원되었다. 둘째, 식민지 확장을 위한 인력이나 전쟁에 내보낼 군인을 재생산하기 위해, 그리고 사회적 안정을 유지하기 위해 모성이 동원되었다. 그러므로 가족은 이제 단지 사적인 영역이 아니라 생산, 재생산, 전투, 국가를 위한 전사 등이 일어나는 공적 영역의 일부가 되었다.[31] '국가 프로파간다'는 여성이 열심히 일하고, 근검 절약하고, 노약자를 돌보고, 자녀를 책임감 있게 양육함으로써 국가에 공헌할 것을 촉구하였다.[32] 이러한 정치적 선전은 일본 여성이 그들의 몸과 여성성을 통해 전쟁을 지지하도록 촉구하였다. 이 과정에서 전통적인 성별 분업의 경계는 재구성되었다. "여성을 대량으로 보국 단체에 동원하기 위해 어머니로서의 역할을 강조하거나 또는 군수 공장에서 일할 노동력으로 여겼다." 이러한 두 가지 역할은 (그것이 공적인 영역에서든 또는 사적인 영역에서든) 여성이 있을 곳을 국가가 정의한다는 점에서 근본적으로 같은 기원을 두고 있다.[33] 이러한 모든 실천 관행들은 '성전(聖戰)'을 위한 애국적인 모성이 되라는 국가의 지침을 반영하고 있다. 모성 숭배와 모성의 신비화는 국가가 생산하는 공식 담론들에 의해 뒷받침되었던 것이다.

일본 여성은 남성과는 다른 의미로 국가가 벌이는 전쟁 계획에 개입되었다. 여성들은 '후방의 전사'로서 모성을 통해 그들의 국가에 헌신하도록 촉구받았다. 첫째, 자녀의 생산과 양육, 특히 미래 천황의 군인이 될 아들, 또는 남편이 전사하면 그 뒤를 이을 아들을 낳아 기르는 것이 그들의 역할이었다. 여성은 자녀 생산을 통해 일본의 '전통'과 문화를 계승하도록 촉구받았다. 여기서 여성은 '국가의 어머니'로 상징되었고 이는 그들의 재생산 능력을 애국의 중심에 두는 것이었다.[34] 둘째, 일본인으로서의 민족 정체성을 각 개인에게 심어주어서 민족의 경계를 유지하는 것이 일본 여성의 역할로 할당되었다. 모성의 이미지는 국가가 남녀를 전쟁으로 끌어들이기 위한 중요한 도구였다.[35] 여기서 여성은 민족의 상징으로 또는 민족 정체성의 상징으로 재현되었다.

'정숙한' 여성뿐 아니라 '타락한' 여성들도 전쟁에 참여해야 했다. 일본에는 메이지 유신 이래 공창 제도가 유지되어 왔다.[36] 천황제 아래에서 합법화된 매춘제도인 공창은 가부장제의 보조적인 제도로, 남성이나 군인들의 성적인 욕구를 채워주기 위한 기능을 했다. 국가에 의해 통제되는 공창 제도는 일본에 의해 식민지 조선에도 도입되었다.[37] 주로 1905년에서 1930년 사이에 일본의 군사적 팽창 정책과 더불어 부채를 안고 동남아시아와 중국 등의 사창가에 팔린 일본 여성들이 있었다.[38] 이들은 첫째로 농촌 빈곤화의 결과이고, 둘째로 여아를 처분 가능한 존재로 보고 천시한 결과였으며, 셋째로 가족수를 줄여 인구를 줄이려는 국가의 인구 정책과 조선·만주·중국·말레이시아·타이·싱가포르 등으로 교역을 확대하고 군사적 진출을 노린 일본 국가의 강력한 해외 정책의 결과였다.[39] 일본 식민주의 팽창 정책을 수행하기 위한 군대의 일원으로 또는 교역을 위해 해외에 보내진 일본 남성들에게 성적인 서비스를 제공하기 위해 공창제도하의 일본 매춘여성들 역시 해외로 보내졌다.⁴⁰ 그러므로 스즈키 유코는 근대 일본의 국가 권력이 아시아 다른 나라들을 침략하고 팽창할 목적으로 여성의 성을 억압하고 통제했다고 지적했다.⁴¹ 일본에서 널리 실행되었던 '카라유키'의 전통과 공창 제도가 위안부 제도를 형성하는 하나의 배경이 되었던 것은 분명하다.

이제까지 살펴본 일본의 전쟁기 여성성과 조선의 유교적 여성성을 비교해 보면 '정숙한' 여성과 '타락한' 여성이라는 이원론에 있어서 비슷한 점이 있다. 여성성에 대한 이러한 이분법적인 분류는 후방의 '정숙한' 모성과 전방의 '타락한' 위안부로 분리되는 식민주의판 여성성을 개념화하는 데 사용되었다. 일본 식민주의의 여성 정책은 성(sexuality)과 출산이라는 여성의 이분화된 역할을 민족에 따라 분리해서 적용했다. 이 두 가지 역할은 단지 일본 내의 '주부'와 '창녀'라는 서로 다른 범주에 의해서 뿐만 아니라, 민족이라는 변수에 의해서도 구분되었다. 조선의 여성성 모델은 일본 천황의 군대를 '위안'하기 위한 성적인 대상('창녀')으로 규정되는 반면, 모범적인 일본 여성의 역할은 재생산자로서 미래 천황의 군인을 생산하기 위한 모성으로 규정되었다. '국가의 어머니'(mother of the nation)로서 일본 여성의 성은 일차적으로 출산을 위해 비축된 반면, 조선 여성의 성은 군인들에게 성적 서비스를 제공하기 위한 것이었다. 예를 들어 오키나와에서는 그곳에 주둔하고 있던 군인들의 '약탈적인' 성폭행으로 인해 오키나와 지역 주민들과의 관계가 악화되는 것을 방지하기 위해 외부에서 위안부들을 수송해 와서 '공급' 했다. 조선의 소녀들이 오키나와 여성들을 대신해 군인들을 '위안' 하기 위해 오키나와로 보내졌던 것이다.[42]

조선 여성과 일본 여성 사이의 이분화된 이미지, 즉 성적인 도구와 '국가의 어머니' 로서의 이미지는 가부장적 국가 권력에 의해 뒷받침되었다. 여성에 대한 이분법적인 분류는 서로에 상반되어 개념화되기 때문에, 위안부들을 '더러운 창녀' 로 자리매김하는 것은 일본의 후방에 있는 일본 여성들에게 '정숙한' 부인·어머니·딸의 자리를 비축해 주는 것이었다. 이러한 이분화는 이들 둘 사이의 민족적인 위계 질서의 골을 깊게 하는 데 한몫 했다. 조선과 일본에 걸쳐 통용되었던 여성에 대한 '전통적인' 인식에 기반한 이러한 위계 질서는, 전쟁을 통한 제국주의적 팽창 정책에서 식민주의 지배를 당연시하기 위한 또 다른 정치적 함의를 지닌다. 제국주의적 성격을 띠었던 당시 일본 국가는 이와 같은 이데올로기의 공존에서 이득을 보았다. 모순이지만, 한국 민족주의는 일본 제국주의에 기여해 온 이러한 여성성을 둘러싼 이데올로기를 여태까지 지지해 왔다.

한국 민족주의 내의 여성성

일본 식민주의판 여성성은 여러 가지 측면에서 당시 성장하던 조선 민족주의가 강조하던 여성성 안에 수렴되어 있었다. 그때나 지금이나 한국 민족주의의 기본적인 아이디어는 여성성에 대한 유교주의적 도덕관을 그대로 반영한다. 이는 여성의 덕목, 여성성에 대한 유교주의적 이원론, 남성성과 여성성의 상호 배타적인 개념화에 기반하고 있다. 여성의 행동 반경은 민족주의의 맥락 안에서 제한된다고 본 데니즈 칸디요티(Deniz Kandiyoti)[43]의 시각은 이러한 한국 사회의 맥락에도 잘 적용된다. 유교주의 윤리관은 민족주의의 틀 속에 수용되어, 문화적으로 허용되는 '전통적인' 여성의 행동 반경을 재강화하고, 민족주의 이데올로기에 의해 세워진 개념 틀 내에서 여성들의 이해 관계를 재조정하게 했다. 민족주의 담론에 의해 한국의 여성성은 문화적으로 허용되는 여성의 이미지, 즉 정조를 지키며 효성 있는 딸과 어머니의 이미지로 굳어져 갔다.

한국 민족주의자들은 일본 식민지 치하에 조선으로 도입된 공창 제도를 '조선인을 파괴하기 위해 고안된 것'으로 여겼다.[44] 그들은 매음 제도가 식민주의 정책의 기본이라고 보았다.[45] 공창제가 일본 시민지 정부에 의해 조선에 도입된 것은 사실이고 이것이 식민지 정책의 일환인 것도 사실이다. 그러나 당시 조선에는 이미 매매음 제도가 존재해 있었고 이러한 바탕에서 공창 제도가 도입되어 번창할 수 있었다는 점을 한국 민족주의 시각에서는 받아들이고 싶어하지 않는 것처럼 보인다.

여성 정책의 측면에서 볼 때 한국 민족주의와 일본 식민주의의 인식론 사이에는 연속성과 단절성이 동시에 존재한다. 한국 민족주의의 이데올로기는 위안부의 정체성 형성 과정에 개입되어 왔다. 카스트로리아디스(Castroriadis)가 지적한 것처럼 민족주의는 역사적으로 식민주의에 저항하는 가장 강력한 무기 가운데 하나로 기능해 왔다.[46] 그러나 한국 민족주의의 인식론은 여성에 대한 자리매김에서 일본 식민주의의 인식론과 결별하지 못하였다.[47] 반식민주의 사회 재구성의 과정에서 '전통적인' 여성성의 이상은 오히려 재강화되는 경향이 있다. 집단적인 민족 정체성은 또한 여성을 성상(icon)화한다. 유발 데이비스(Yuval-Davis)는 여성이 종종 민족의 집단성, 민족의 뿌리, 그리고 민족의 사기를 위해 상징화된다고 보았다. 더 나아가서 여성은 민족의 '명예·위신'으로 상징된다.[48]

민족주의의 등장과 더불어 그들의 정책은 성별화되었다. 여성의 성은 가부장적인 민족의 재산으로 개념화되고 특히 여성의 정조는 많은 민족주의 인식론에서 계속적으로 등장하는 주제이다. 수잔나 깁슨(Suzanne Gibson)이 주장한 바와 같이 이러한 인식론 속에서 여성에 대한 폭행은 상대편 남성 그리고 민족적인 명예에 대한 공격으로 전이된다.[49] 파커(Parker)는 루소(Russo), 썸머(Sommer), 예거(Yaeger)와의 공동 연구를 통해 여성의 몸에 대한 이미지는 '조국'(homeland)으로 상징화된다고 보았다. 그러므로 타국인에 의한 강간은 단지 피해자 개인의 수치가 아니라 국가·민족의 수치로 비유된다.[50] 위안부 문제를 민족적인 또는 국가적인 수치라고 보는 한국 민족주의도 이러한 인식론과 동일선상에 있다.

여성을 외부에 대한 민족의 경계로 상징화하는 것은 민족에 '명예'가 되는 여성과 민족에 '수치'가 되는 여성이라는 이분법적인 담론을 생산한다. 여성을 민족의 상징으로 여기는 담론은 여성에 대한 특정 이미지, 즉 정조를 지키고 효성이 있는 딸이나 모성으로서의 이미지에 기반하고 있다.[51] 칸디요티가 지적하듯이, 민족주의자들의 이데올로기에 의하면 '전통적인' 여성성의 보존은 외부에 대항하여 공동체적인 정체성을 강화하는 것으로서 외부의 침략에 저항하는 유일한 길로 받아들여졌다.[52] 민족주의자의 담론은 민족 공동체의 경계를 뚜렷이 하기 위해 여성의 몸을 재현해서 사용한다. 여성의 몸은 계속해서 민족주의자들에 의해 민족 자원으로 또는 민족에 대한 위협으로 전유되어 왔다. 차치이(Chhachhi) 역시 여성성의 개념이 공동체의 정체성 형성과 아주 밀접하게 연관되어 있음을 지적하고 있다.[53]

한국 여성은 제도적으로 한국 민족주의 이데올로기의 가부장적인 수사학에서 남성의 소유물로서뿐 아니라 민족의 소유물로 자리매김되었다. '조국'을 여성의 몸에 비유하는 것은 한국 민족주의에서도 마찬가지로 나타난다. 민족주의 수사학에서 위안부 여성의 몸에 대한 폭행과 모독은 '민족의 자존심'[54]이나 '민족의 정조'를 '짓밟는 것'으로 읽혀졌다. 여성의 몸을 민족의 정조를 보증하는 것으로 보는 이러한 민족주의적 담론은 위안부의 몸을 일본인에 의한 '더럽혀진 몸'으로 읽는다.

미요시 제거(Miyoshi Jager)가 지적했듯이 이러한 맥락에서 여성의 정조와 덕은 부부 사이의 개인적인 문제가 아니라 민족의 안녕과 관련된 공적인 문제로 나타난다.[55] 민족주의 담론 내 여성 정조에 대한 제도적인 관심은 강간이 인권에 대한 침해라기보다는 정조에 대한 침해이거나 민족의 순결성에 대한 침해로 해석된다.

그러므로 강간은 한국 민족의 근본적인 정체성을 침해하는 행위로 여겨진다. 재미학자 최정무는 많은 옛 위안부들이 전쟁이 끝난 후 한국으로 돌아가는 과정에서 한국 사회에서 받을 수치와 '경멸'을 두려워한 나머지 자살을 시도했음을 지적했다.[56] 정조를 잃은 것에 대한 걱정, 그리고 한국 사회 내에서 그들에게 씌워질 수치감을 걱정했기 때문에 자살을 시도했던 것이다. 일본 군인들의 눈뿐만 아니라 그들 자신과 가족들의 눈에도 위안부들은 '정숙함'을 잃은 여성으로 비쳤다. 그들에게 부과되었던 '창녀'로서의 성의 각본은 강요된 것이었는데도 한국 사회에서조차 위안부의 이미지는 '더럽혀진' 이미지로 고정되었다. 오염되지 않은 순결한 민족적인 가치관에서는 타국인(일본)에 의해 강간당한 여성의 이미지는 오염되고 수치스럽고 굴욕적인 것으로 여겨진다. 이러한 시각은 생존 피해자들을 침묵하게 만들었다. 여성이 강간당한 체험은 민족적이고 공동체적이며 남성적인 수치와 연관되었다. 한국에서 이미 사망한 위안부들을 위한 기념비를 세우는 계획을 '전몰 용사'들의 모임에서 반대한 것도 역시 위안부 문제를 민족적인 수치로 보는 시각에서 비롯된 것이다.

  민족적인 수치라는 개념은 여성의 몸과 연관되어 있다. 위안부들의 몸은 일본 식민주의자들과 한국 민족주의자들이 전투를 벌이는 장이 되었다. 그러나 일본 식민주의자들이 위안부들을 '창녀'로 각인하려는 노력과 한국 민족주의자들이 여성의 몸을 민족적 정조를 담은 그릇으로 보는 것은 모순되게도 서로를 재강화한다. 여성의 몸은 성 정체성과 민족 정체성을 형성하는 본보기가 되는 장이다. 여기서 한국 민족주의와 일본 민족주의 그 둘에 의해 한국 여성은 남성의 소유물로 재현됨을 주목할 필요가 있다. 일본 남성의 성적 강제와 이를 위해 한국 여성을 사용한 것은, 일본 남성에 의해 한국 민족이 소유당한 것으로 그리고 한국 여성을 자신들의 '사용'을 위해 '지키지' 못한 한국 남성의 무능력으로 해석된다. 여기에 일본의 지배와 우월성과 그리고 한국의 피지배와 열등성이 다시 노정된다. 이는 일본 남성과 대조적으로 한국 남성의 나약함과 거세됨(emasculation)을 재현하는 것이다. 여성성을 재개념화하려는 시도는 한국 민족주의 권력과 일본 식민주의 권력의 규율적인 실천(a regulatory practice)이었다. 한국 민족주의자들은 '전통적인' 여성성, 즉 순결·순종·희생·헌신 등을 특징으로 하는 유교주의적 여성성을 재강화함으로써 식민주의자들에 의해 빼앗긴 그들의 남성적 권력을 되찾고자 하였다.

식민주의자들이 위안부들에게 '창녀'로서의 '타락한' 여성성을 각인시킨 것은 '정숙한' 여성으로서의 이들의 성 정체성을 파괴할 뿐만 아니라 한국인이라는 민족 정체성을 무너뜨리는 효과를 지녔다. 여성성에 대한 한국의 '전통적인' 구성은 식민주의자들이 적용했던 성의 이중 윤리, 그리고 한국 여성과 일본 여성의 여성성에 대한 이분화된 식민주의적 구성과도 궤를 같이하고 있었다. 한국 민족주의의 수사학은 여성의 성(sexuality)에 대한 가부장적 규범을 끌어안고 있었고, 이 점에서 식민주의자들의 인식론과 궤를 같이하고 있다. 더 나아가 한국 민족주의와 일본 식민주의에 의한 여성성의 구성은 여성의 성, 출산, 모성의 담론들을 민족 앞날의 형성 속으로 끌어들인다는 점에서 또 다른 공통점을 지닌다. 결과적으로 위안부의 여성성은 이중으로 식민화되었다.

재사회화— '전통적인' 여성성의 사용과 변형

위안부들을 노예되고 성애화된 여성 정체성으로 자리매김하는 것은 위안소에서 매일 매일의 실천을 통해 이루어졌다. 정체성 형성 과정은 첫째, 위안소에 도착한 어린 소녀들을 '창녀화'(prostitutionalisation)하는 과정에서부터 시작된다. '창녀화' 과정은 그들의 몸을 '조센삐' 또는 '공중 화장실' 등으로 지칭하는 것으로 부터 시작되었다.[57] 특히 '공중 화장실'에서 '공중'이라는 언어는 이들의 몸에 대한 공적인 사용을 재현한다. 모든 남성들이 '사용'할 수 있는 몸이라는 의미를 함유하고 있다. 위안부들의 몸은 '난잡함', 성적인 목적을 위한 대상화, 그리고 '더러움'이라는 언어로 은유되었다. 둘째, 이들 여성의 몸은 마치 화장실처럼 배설할 수 있는 곳이거나 지저분한 곳이라는 함의를 지닌다. 조선 여성의 성기라는 의미를 지닌 '조센삐'라는 용어는 성적 대상을 그들이 속한 민족과 연관지어 개념화한 것이다. 여성을 그들의 성적인 기관으로 부름으로써 위안부들은 오직 성행위를 위한 성기로 환원된다. 인간을 오직 성기에 의해 인지하는 관행은 이들 위안부들의 몸에 성애화된 여성 정체성을 각인시켰다. 셋째, 위안부들의 생식력과 성(sexuality)에 대한 통제는 성과 출산을 분리함으로써 이루어졌다. 위안부들의 몸은 오직 성행위를 위한 것이었으므로, 이들의 재생산 능력은 단지 장애물로 여겨졌다. 위안부들은 사용 가치가 없어질 때까지 쓰고 폐기해 버리는 성적인 대상으로만 여겨졌다.

다른 식민주의의 경우 여성성과 성(sexuality)의 이미지가 어떻게 이용되고 재구성되었는가에 대한 연구들이 있어왔다. 예를 들어 메디드(Malika Mehdid), 훅스(bell hooks), 발하체트(Kenneth Ballhatchet) 등의 연구는 여성의 성적인 이미지가 식민주의 성의 정치학을 구현하는 데 어떻게 이용되었는가를 보여준다.[58] 여성은 생산자와 재생산자로서 그리고 성적인 대상으로서 식민지 체제를 유지하기 위한 중요한 존재였다. 식민주의자들은 식민지 여성의 성에 대한 부정적인 담론을 유포함으로써 이들에 대한 성적인 통제와 착취를 합리화했다.[59] 위안부들의 몸 역시 '난잡함', 성적인 목적을 위한 대상화, 그리고 '더러움' 이라는 언어로 은유되었다.

앞에서 살펴본 것처럼 위안소의 여성들을 '창녀'로 분류한 것은 이들에게 '음란하고' '타락한' 여성 정체성을 부과하기 위한 것이었다. 여기서 가부장제 권력의 이름 짓기에 대해 살펴볼 필요가 있다. 포르노그라피에 대한 연구에서 안드레 드워킨(Andrea Dworkin)은 이름 짓고 규정하는 권력에 대해 다음과 같이 논하였다. 남성들이 가진 '이름을 짓는' 권력은 경험을 개념화하고, 가치와 경계를 규정하고, 그리고 각각의 영역과 질을 할당하고, 표현할수 있는 것과 표현될 수 없는 것을 결정하고, 그리하여 인식 자체의 재생산을 통제할 수 있게 한다.[60] 위안부의 맥락에서 이들의 몸, 경험, 정체성은 가부장적인 식민지 권력에 의해 '창녀'로 이름

지어지고 재구성되었다. 이러한 이미지 형성 과정에서 핵심이 되는 것은 그들이 지닌 '정숙함' 또는 자존심의 해체 과정이다. 여성성에 대한 가부장제적 규범에서 '정숙함'과 '타락'의 이분법적인 대조는 정체성 형성을 위한 실천 과정 속으로 융해되어 위안부들을 '행실이 바르지 못한' 여성으로 재분류하는 데 이용되었다.

 위안부들의 '창녀화' 과정은 그 안에 자기 모순을 가지고 있다. 만약 위안부로 데려온 그 소녀들이 이미 그 '거래'를 위해 자원한 '창녀'였다면 심한 폭력과 강제를 동반한 '창녀화' 과정은 불필요했을 것이다. 폭력과 위협이 개입되었다는 것 자체가 위안소에서 일어난 일이 상호적인 '성거래'였다는 주장을 의심하게 한다. 많은 옛 위안부들은 지속되는 심한 폭력 앞에 두려움으로 얼어붙어 저항할 수 없었다고 했다. 일본 군인, 위안부 모집자 그리고 위안소 경영자의 가학성, 즉 굴욕·위협·심리적인 지배 등의 통제 방식은 이 책의 3장에서 이미 살펴보았다. 이러한 가학적인 통제 방식은 위안부로 삼기 위해 강제로 데려온 소녀들을 성적인 대상물로 전환하여 '창녀화'하는 과정에서 필요한 것이다. 일상 생활 속에서 지속적으로 학대와 굴욕감을 가했으므로 위안부들은 언제 당할지 모를 폭행에 대해서 두려움을 가지고 살았다. 이러한 노예와 같은 환경 속에서 이들에게 강요된 성의 각본이 마치 자신들이 동의해서 선택한 것인 양 이 각본을 한줄 한줄 정확하게 따라 하도록 강요받았다. 이들은 노예와 같이 종속되고 '타락한' 여성 정체성의 틀 속에 맞추어졌고, 실제로는 강간인 것을 매음처럼 보이게 하는 각본에 따라 행동하도록 강요당하면서 이들의 주체성은 부인된 것이다.

성적인 폭력은 굴종과 굴욕감을 주기 위한 수단으로 사용되었으며, 당하는 입장에서는 차라리 죽는 편이 낫다고 생각하는 이도 있었다. 스캐리는 고문의 상황에서 폭력에 의한 통제 능력의 상실에 대해 지적했다.[61] 이는 위안소에서도 마찬가지였다. 위안부들의 세계, 자아 그리고 목소리는 부재했으나, 그들 몸에 가해진 고통은 압도적으로 실존해 있었다. 우월한 힘에 의한 지배의 도구로서 사용된 성폭력으로 인해 어떤 위안부들은 스스로를 마치 '살아 있는 송장'처럼 느끼기도 했다.[62] 육체에 가해지는 극도의 폭력 때문에 위안부들은 자신의 몸과 세계에 대한 통제력을 잃게 되었고, 자신들의 황폐된 몸이 마치 '살아 있으나 죽은 시체'처럼 느껴졌던 것이다.[63] 이러한 방식으로 위안부들의 인간으로서의 존엄성과 주체성은 부인되었다. 여성성에 대한 가부장적인 유교주의의 규율은 노예와 같은 굴욕적인 환경을 조성하는 위안소 내 일상 생활의 실천 관행 속에 도입되어 중요한 역할을 했다.

이와 같이 성 특정적인 전략은 '창녀'의 정체성을 위안부들에게 각인시켰다. 위안부들의 위안소 내 정체성 재형성 과정에서 이들의 몸은 오직 성(sexuality)에 의해서만 개념화되었다. 이들을 '창녀'의 카테고리로 분류하는 것은 그들의 정체성을 재구성하려는 의도였다. 여성의 가치를 오직 그들이 정조를 지켰느냐 여부에 따라 저울질하는 문화에서 자란 이들은, 사회 공동체의 눈뿐만 아니라 자신들의 눈으로도 스스로가 '화냥녀'로 보였던 것이다.

정체성 재구성의 효과

위안부를 노예화되고 성적화된 여성성에 자리매김하는 것은, 일본이 전쟁을 지속하는 데 어떤 효과를 가져왔을까? 고문의 논리에 대한 스캐리의 논의를 다시 한 번 살펴보자. 고문은 단지 적을 파괴하거나 중요한 정보를 '불도록' 강요하기 위한 것이 아니라 고문자의 권력과 우월성을 인정하도록 강요하는 것이다.[64] 위안부들의 몸과 마음이 지속적인 성폭행을 통해 고문당하고 파괴당하는 동안 '정복자'와 '피정복자'의 권력 관계는 확립되고 인정되었다. 이러한 권력 관계의 확립 과정은 주로 자신의 여성으로서의 가치를 순결 이데올로기에 의해 규정해 온 십대 소녀들에게 '난잡함'을 강요함으로써 이루어졌다. 그 목적은 그들이 사회화되어 온 유교주의적 성도덕을 사용하여 그들이 이미 지니고 있는 여성으로서의 정체성을 박탈하는 데 있었다. 위안부들이 예전에 지녔던 사회적인 지위를 박탈하고 사회적으로 버림받은 지위로 강등시켰다.

여성의 몸에 대한 침해는 한국 여성의 정체성을 지탱하는 사회 가치 체계의 가장 기본적인 토대를 와해시키는 것으로 해석되었다. 이러한 맥락에서 성적인 형태를 띤 폭력은 성적인 실행으로서 뿐만 아니라 효율적인 정치적 전략으로서 고안되었다. 지속적인 성폭행은 한 여성의 존엄성과 개인의 자아 정체성을 파괴하고 그녀가 속한 공동체의 정체성을 파괴하는 데 목적이 있었다. 왜냐하면 여성의 몸은 그녀가 속한 공동체의 소유로 간주되었기 때문이다. 스캐리는 전시 강간의 주목적은 적을 가장 빠르고 효율적으로 파괴하기 위한 것으로 보았다.[65] 아시아태평양전쟁 동안 조선은 일본의 적이 아니었지만, 위안부 문제의 맥락에 있어서 스캐리의 지적은 유용하다. 위안소 제도는 일본의 제국주의적 전쟁과 정책을 촉진하는 정치적인 수단의 하나였다. 그 결과 조선인 위안부는 그들 자신의 민족에 의해 또는 남성들에 의해 더 이상 받아들여질 수 없는 '국적 없는' 몸을 지닌 부랑자가 되었다. 그리고 양현아가 지적했듯이 여성의 성이 그들 자신에게서 소외되었다. "정조는 순결성을 의미하는 것이 아니라 여성의 성이 항상 올바른 장소에 속해 있어야 함을 의미한다. 한국 여성의 성은 한국 남성에게 속한다. 이러한 개념은 여성의 성이 이미 그녀 자신으로부터 소외되어 남성과 민족에 속함을 의미한다."[66]

여성을 '창녀', 즉 단지 성적인 대상으로 분류하는 것은 이들을 '행실 나쁜 매춘부'의 정체성에 고정시키는 결과를 낳았고, 그 결과 이들이 더 이상 그 자리에서 빠져나올 수 없게 했다. 이 과정은 '창녀'로서의 그들의 자리를 '사실로' 만들었다. 성적인 형태를 띤 폭력은 자신의 정체성 회복을 위한 저항의 힘을 약화시켰다. 위안부들은 이와 같이 자신의 자리를 떠날 수 없었기 때문에 일본 군인을 '위안'하는 역할을 담당한 위안부로서 일본이 일으키는 전쟁에 개입해 들어가게 되었다.

앞에서 이미 지적한 바와 같이 강간이 여성 자신에 대한 폭행일 뿐 아니라 그 여성이 속한 공동체에 대한 '능욕'으로 해석되고 기능함을 다시 한 번 상기할 필요가 있다. 여성의 몸을 민족의 고결

함으로 상징하는 담론은 여성에게는 위험한 것이다. 사실 상당수의 위안부들이 전후 고향으로 돌아가는 것을 포기했다. 또한 귀향을 한 경우도 자신들이 위안부였음을 공개하지 않았다. 왜냐하면 또다시 수치를 받아야 했기 때문이며, 또한 그들이 속한 공동체, 즉 '민족의 명예'를 훼손할 것이라는 두려움 때문이다. '전통적인' 규범, 특히 순결 이데올로기를 내면화하고 있는 이들이 스스로를 '망친' 인생이라고 느끼는 것은, 한국 사회에 내재한 토착적인 가치들에 대한 포기이면서 문화적 정체성의 상실을 의미한다. 그러므로 옛 위안부들은 50년 동안, 아니 지금까지도 침묵해 왔다. 한국도 일본도 위안부의 존재에 대해 듣기를 원하지 않았다. 여성성에 대한 한국 민족주의와 유교주의의 이데올로기와 이의 실천은 이러한 집단적인 '기억상실증'을 초래했다. '정숙한' 여성의 성과 '정조'는 민족의 순수성과 연관지어 개념화되므로 위안부들의 침묵이 지속되었던 것이다. 한국의 '민족적 자부심' 그리고 대부분의 위안부들에게 부과된 수치감들은 이들을 침묵하게 함으로써 역설적이게도 위안부 문제를 부인해 온 일본의 이해 관계에 공모해 온 셈이다.

위안부들을 '창녀'로 자리매김하는 것으로써, 강간 행위는 '매춘 행위'로 전이되며 위안부들에게 그 책임을 전가하는 것이 된다. 이러한 담론은 전후 일본 국가의 위안부 문제에 대한 헤게모니적인 담론 속에 나타난다. 즉 이들 여성들은 경제적 이득을 추구하여 자발적으로 '창녀'로 일했다고 보고 있다.[67] 위안소를 다녔던 옛 일본 군인들에게 이 여성들은 단지 '창녀'였고, 자신들은 이들과 성행위를 할 권리를 지녔었다고 믿는 것이 더 쉬운 결론일 것이다. 이러한 편리한 결론은 '정숙한' 여성과 '음란한' 여성의 이분법에 의해 더욱 합리화된다. 성애화된 여성성을 위안부들의 정체성 위에 강요함으로써 식민주의자들은 군인들에게 성행위를 치를 '정당한 권리'를 수여했다. 스케그(Beverley Skeggs)가 영국 노동자 계급 여성의 맥락에서 지적한 것처럼 '정숙하지 못함'은 사회적인 가치나 정당성을 거의 지니지 못한다.[68] '정숙함'을 지니지 못한 여성은 보호받을 가치가 없는 것으로 여겨진다. 그러므로 위안부를 '창녀'의 카테고리에 분류하는 것은 성적인 노예 제도의 관행을 합리화하는 것이다.

이제 군사주의적인 남성성과 노예화된 여성성과의 관계를 살펴보자. 노예화된 여성성은 군사주의적인 남성성과 관련하여 군인과 위안부 사이에 주인과 종 또는 식민자와 피식민자의 관계를 확립하는 데 이바지했다. 이들 여성의 몸은 군인들이 사용할 수 있도록 하기 위해 '보급'되었고 군인들을 '위안'하기 위해 제공되었다. 이는 군인들에게 무제한적인 약탈적 성행위의 '권리'를 수여하는 것이었고, 이를 위해 위안부들이 존재했다. 성적인 강제를 통해 복종적인 여성성을 강화하는 것은 동시에 여성에 대한 남성의 지배를 심화시켰다. 성적인 지배는 남성의 가부장적 권력을 확인하는 주요한 수단이므로 군인들은 위안부들을 '무력한' 존재로 인식하고 그렇게 취급함으로 해서 이들과의 관계를 통해 남성적인 권력을 강화해 갔다. 위안부들에게 강요된 '난잡함' 또는 '더러운' 여성 정체성은 군인들 내에 여성을 혐오하도록 하는 남성 정체성을 강화시켰고, 순종적인 여성성은 우월한 남성성을 형성했다. 결과적으로 위안부들을 노예화된 위치에 놓음으로써 일본 군인의 '주인됨'이 형성되고 강화되었다. 즉 조선인 위안부들의 몸은 일본 군인의 민족적 우월성과 남성성을 유지하는 데 사용되었던 것이다. 이와 동시에 위안부들의 '오염된' 여성성은 군인들의 남성성을 파괴하는 것으로 여겨졌다. 그러므로 위안부 제도를 통해 구성된 여성성에는 모순성이 드러난다. 노예화되고 성애화된 위안부의 여성성과의 관계에서 군인들의 남성성은 강화되는 반면, 다른 한편으로 '더러운' 위안부의 몸과 접촉함으로써 군인들 자신도 '오염되고' 성병에 걸려 남성성이 훼손될 위험에 처하게 된다. 이러한 딜레마는 위안부를 '필요악'의 위치에 자리매김하는 것으로 설명되었다. 여기서 주목을 끄는 점은 성애화된 여성성이 군인들의 남성다움을 확인하고 강화할 뿐만 아니라 위협하기도 한다는 것이다.

이 장에서는 위안부들의 몸과 성(sexuality)의 통제를 통해 위안소 제도가 어떻게 이들의 여성성을 재구성하는가를 살펴보았다. 위안소 제도는 전쟁을 위한 제국주의적이고 가부장적인 수단이었을 뿐만 아니라 여성으로서 그리고 피식민자인 위안부들의 정체성을 재구성하는 장이었다. 식민주의자들 그리고 한국과 일본의 민족주의자들은 여성성의 구성에서 여성의 몸과 성에 초점을 맞추었고, 이는 그들의 민족적·가부장적 이해 관계에 들어맞았다. 따라서 여성 정체성의 사회적 구성은 민족 정체성과 분리해서 볼 수 없다. 특히 위안부 문제에서 성 정체성과 민족 정체성 사이에는 끊을 수 없는 연계성이 있으므로 다음 장에서는 민족 정체성에 대해 살펴보겠다.

천황의 신하 만들기

민족 정체성

7

"나는 고향에 돌아가고 싶어 죽을 지경이다.
고향에만 돌아갈 수 있다면 죽어도 소원이 없겠다."[1]

　이번 장은 조선인 위안부와 일본 군인의 민족 정체성을 둘러싼 이슈들을 살펴보기 위해 마련되었다. 민족 정체성은 이것이 식민지 지배를 위한 통제와 공격의 주요 대상이 된다는 점에서 중요성을 지닌다. 조선인 위안부의 민족 정체성은 식민주의자에 의해 재구성되었다. 이는 열등하거나 또는 유사 일본인됨(pseudo-Japaneseness), 종속, '난잡함'을 특징으로 한다. 대조적으로 일본 군인들의 민족 정체성은 우월성, 광적인 애국주의, 외국인 혐오, 집단주의 등의 특성을 중심으로 재구성되었다. 서로 대조를 이루는 이들의 두 민족 정체성은 위안소 제도를 통해 형성되고 재생산되었다. 이번 장에서는 일본군 내에서 그리고 위안소 내에서 행해졌던 담론적인 실천들에 대해 살펴보겠다. 예를 들면 일본 군인들이 직면했던 군대 내 정신 훈련, 정치적 선전, 의식(rituals), 그리고 조선 위안부들에게 부과된 탈문화화·동화·성폭력 등의 관행들이다. 다음으로는 이러한 정체성의 형성이 일본의 전쟁 수행에 어떻게 기여했는가에 대해 살펴보겠다. 여기서 민족 정체성이 구성되고 유지되는 방식을 검토하려는 이유는 일본 제국주의 또는 식민주의의 맥락에서 위안소 제도의 중요성을 이해하는 데 도움이 되기 때문이다.

　안소니 스미스(Anthony Smith)는 한 집단의 인구가 역사적인 국토, 공통된 신화와 역사적 기억, 대중 문화, 공통된 경제와 법적인 권리, 의무 등을 공유할 때 '민족 정체성'에 대해 논의할 수 있다고 말했다.² 그러나 같은 공동체에 속한 인구라 하더라도 민족 정체성은 계급·인종·성에 따라 구조화되고, 여기에는 경계·위계 질서에 따른 층화 등이 존재한다. 다른 사회 계급에 속하는 남성과 여성 혹은 다른 인종의 집단은 비록 같은 공동체에 속해 있다 하더라도 서로 다른 방식으로 민족 정체성과 공통의 문화를 공유한다.

비록 일본 식민주의자들이 1910년에서 1945년까지 조선의 일본화를 시도했었지만, 역사·문화·경제, 그리고 공통의 정치적인 미래를 공유한다는 점에서 식민지 당시 조선인과 일본인은 서로 구별되는 민족 정체성을 가지고 있었다. 이번 장에서는 민족·인종과 성(gender)에 따라 구조화되는 민족 정체성에 대해 주목할 것이다.

'조선인됨'과 '일본인됨'—
일본 군인과 한국 위안부의 민족 정체성의 특징

일본 군인의 민족 정체성의 특징

첫째, 일본 군인의 민족 정체성은 식민지 지배라는 맥락에서 개념화된다. 그것은 '주인된 인종'(a master race) 또는 '우월한 인종'이라는 민족 정체성이었다. 인종적 우월성에 기반한 일본인의 민족 정체성은 일본 군인들의 정체성을 유지하는 기본 바탕이 되었다. 즉 일본인이 도덕적·생물학적으로 우월함을 교육받아 온 일본 군인들은 조국에 대한 자부심뿐 아니라 다른 아시아인보다 자신들이 우월하다는 것을 믿고 있었다. 미문명화된 아시아인을 문명화시키는 '과업'을 가진 식민자와 피식민자 사이의 지배 복종 관계를 통해 일본 민족의 우월감이 작동하였다.

둘째, 일본 군인의 민족 정체성은 광적인 애국심을 수반한다. 전시 일본의 '초민족주의'(ultra-nationalism)는 국가와 민족에 대한 애국심, 충성, 자기 희생을 요구했다. 이러한 민족 정체성에 전제된 것은 개개인은 나라를 위해 또는 천황을 위해 기꺼이 죽을 각오가 되어 있어야 한다는 것이다.[3] 즉 전쟁을 위한 준비와 전쟁터에서의 전사는 고귀한 희생으로 찬미되었다.[4] 전시 일본 사회에 깊숙이 자리잡고 있던 이 같은 군국주의적인 애국심은 전후 전범 처리 과정에서 사형을 앞두고 쓴 토조 히데키의 유서에도 표현되어 있다. "전쟁에 책임을 지닌 한 사람으로서 우리가 이 전쟁에 졌다는 것에 대해 나는 매우 유감으로 생각한다. 우리 국민에 대한 나의 책임감이 너무도 깊어서 나는 죽음으로조차도 그것을 채울 길이 없다.…… 나는 천황 폐하와 국민 모두에게 내가 한 일에 대해 깊이 사과드린다."[5]

토조 히데키의 경우에서 볼 수 있는 것처럼 애국자로서의 정체성은 천황에 대한 절대적인 충성과 밀접하게 연관이 있다.[6] 천황은 민족 통합의 상징이었고 제국주의 국가의 이데올로기적인 중심이 되었다.[7] 천황에 대한 이러한 개념은 일본의 민족 정체성을 구성하는 데 핵심이 되었다. 일본인으로서의 정체성은 또한 '근대 문명화의 대과업'에 참여한다는 자부심과[8] 일본인이 갖는 우월성의 근원이 되었다. 이러한 가치 체계는 위안소에서도 팽배했다. 예를 들면 조선 위안부를 함부로 대우하고 폭행하는 것 역시 그들의 민족적 우월성에 의해 합리화되었다. 일본 천황제와 그 이데올로기는 일본 민족 정체성을 구성하고 민족에 대한 충성을 강화하는 데 깊이 관여되어 있었다.[9]

또 다른 한편으로 후지와라 아키라(藤原彰)는 일본 군인의 애국심을 강제된 것으로 보았다. "군대는 명령, 힘, 강제에 기반한 곳이다. 이에 따라 군인들은 자신의 나라를 방어하기 위해 자발적으로 참여했다기보다는 그들은 명령에 복종해야 했고 노예가 되어야 했다"고 지적한다.[10] 후지와라 아키라의 논의는 옛 일본 군인들에 의해서도 뒷받침된다. 강제에 의해서든 자발적이었든 '광적'인 애국심은 일본 민족 정체성 내에 깊이 자리잡고 있으면서 다른 아시아인에 대한 침략을 정당화시켰다. 민족을 위해서라면 잔인한 전쟁 범죄도 애국의 이름으로 포장되어 용감한 공적으로 칭송되었다.

일본 민족 정체성에 녹아 있는 극단적인 '민족주의'의 측면은 애국자가 되는 것은 곧 타국인을 혐오하는 것과 거의 일치한다는 인식에서도 드러난다. 일본인에게 애국심의 발발을 촉구하는 것은 곧 다른 아시아인이나 서구인에 대한 경멸이나 증오와 궤를 같이하고 있다. '광적인' 애국심의 집단주의적인 정서는 타자에 대한 적대감으로 나타난다. 일본 민족의 구별성을 강조하는 것은 일본인이 아닌 타자를 차별적으로 배제함을 의미한다. 식민지 시대 조선인들을 일컫는 호칭에서도 그 예를 찾아볼 수 있다. 당시 조선인은 '한토진'(반도인)[11] 또는 '조센진'(조선인)[12]이라고 불렸는데 이는 피지배자를 경멸하는 이미지를 담고 있다. 한국인을 부르는 이러한 용어들에는 부정적인 이미지 그리고 일본인의 '주인된 인종'으로서의 우월성을 담고 있다. 이 책의 3장에서 이미 살펴본 것처럼 '나라 잃은' 위안부 여성들이 일본 군인들에게서 혐오적인 말투와 대우를 받았다는 사실은 많은 증언에서 나타난다. 일본 군인의 민족 정체성은 '한국인됨'을 모독함으로써 오히려 강화되어 갔다.

　일본 군인들의 정체성은 인종적인 우월감에 뿌리를 두었을 뿐만 아니라, 남성적 성을 통해 표현되었다. 이는 조선 남성을 '거세된' 남성성에 자리매김하는 것과 뚜렷한 대조를 이룬다. 이 구도는 신하(Mrinalini Sinha)가 지적하듯이 식민지 인도에서 영국 식민주의자가 인도 벵갈의 남성을 자리매김한 것과도 비슷한 면을 보인다.[13] 재미학자 박유미 또한 문학 작품 분석을 통해 일본 식민주의자들에 의해 구성된 조선 남성의 이미지는 '거세되고' '유아화된' 것이었음을 지적했다.[14] 즉 지배받고 있는 식민지의 이미지는 '여성적'인 것이다. 조선은 일본 제국주의 국가의 남성적이고 승리적인 특성과는 대조적으로 종속적인 관계에 있었기 때문에 '여성화'된 것으로 보였다. 그리고 여성은 남성과 민족의 소유라는 가정이 조선 남성의 여성화된 이미지를 더욱 강화했다. 그러니까 자신들의 여성을 '보호하지' 못한 무능력 때문에 조선 남성들은 '진짜 남성이 못되고 '여성화' 되었다는 것이다.

　넷째, 일본 군인의 민족 정체성의 또 다른 특성은 집단주의적이라는 것이다. 이는 서구의 개인주의적인 정체성과 대조를 이룬다. 공동체의 요구와 이해 관계는 개인의 이해 관계에 우선하는 것으로 해석된다. 사회적인 조화, 의무, 자기 희생, 천황에 대한 충성, 부모에 대한 복종, 그리고 일본 국체(國體)에 대한 전통적인 개념은 대부분 일본인의 정신에 깊이 배어 있었다.[15] 일본 민족 정체성의 집단주의적인 특성은 이 책의 4장에서 이미 살펴본 것처럼 일본이 패전한 후 집단 자살한 군인들의 모습에서도 잘 드러난다. 이러한 집단 자살은 일본이 항복함으로 인해 실추된 '명예'를 지키기 위한 집단적인 의례였다. 연합군에 포로가 되어 '불명예'를 겪느니 차라리 스스로 목숨을 끊는 의식을 통해 봉건 시대 사무라이가 지녔던 '주인을 위해 영예롭게 죽는다'는 행위 규범이 재현되었다. 패전 후 일본 군인들의 자살은 천황을 위해 '명예로운' 죽음에 이를 수 있는 것으로 여겨졌고, 또한 패배의 수치를 씻는 행위로 해석되었다.

다섯째, 일본의 민족 정체성은 특별히 성별화된 측면을 보인다. 일본 남성은 군인으로서의 의무를 다해야 했고, 여성들은 '아이를 낳아 양육하라'는 슬로건 아래 미래의 병사들을 공급하는 모성적인 의무를 다해야 했다.[16] 여성들은 그들의 몸을 통해 생물학적으로 나라에 이바지해야 했다. 칸디요티의 개념에 의하면 이러한 정책은 민족의 비상시에 여성을 동원하기 위해 "민족주의자들이 사용하는 순전히 도구적인 의도로"[17] 볼 수 있다. 민족을 위한 인구 재생산과 문화적·사회적 재생산을 위한 책임감을 강하게 촉구하는 과정에서 일본 민족의 화합과 공동의 운명체에 대한 신화가 강조되었다. 일본 여성 사학자 하야카와는 이 과정에서 일본 여성이 '민족의 어머니'로 구성되었음을 지적한다. "일본의 제국주의적인 전통을 지지하고 전승할 어머니의 역할은 1937년에서 1945년 동안의 (아시아태평양)전쟁에 남녀 모두를 동원하기 위한 하나의 이데올로기로서 광적으로 강조되었다."[18]

이러한 이데올로기에 순응한 일본 여성들은 단지 가부장적인 국가 권력의 수동적인 피해자였다기보다는 어느 정도는 제국주의적인 국가 권력의 존재를 가능하게 한 밑거름을 제공해 주었다고 볼 수 있다. 일본 여성들 가운데는 교사, 간호부, 작가로서 일본의 식민주의에 깊이 개입해 있던 이들도 있었다.[19] 스트로벨(M. Strobel)과 밀스(Sara Mills)가 영국 식민주의의 맥락에서 지적한 것처럼 식민주의 국가의 여성들은 피식민지인을 정치·경제적으로 종속하는 데서 이득을 얻을 수 있다. 또한 인종 차별주의, 식민지에 대한 내정 간섭, 자민족 중심주의, 민족주의에 기반한 국수주의적인 태도들을 공유하기도 한다.[20] 이런 점에서 볼 때 일본 여성들 역시 '중심'과 '주변'을 동시에 구성하고 있었다.

이처럼 일본 군인의 민족 정체성은 '광적인' 애국주의, 천황에 대한 충성, 외국인 혐오주의, 집단주의로 특징지을 수 있다. 이들의 민족 정체성은 또한 성별화되어 있었다. 특히 천황제는 일본 민족 정체성을 강화하는 데 핵심적인 역할을 했다. 이들의 정체성은 천황제와 민족주의의 결합에 뿌리를 두고 있었다. 대부분의 조선인 위안부들의 민족 정체성은 반식민주의적이었으나 일본 남성들의 민족 정체성은 식민주의적이었다. 이러한 대조는 이 양자의 민족 정체성이 식민자와 피식민자 그리고 억압자와 피억압자의 관계에서 형성되고 재강화되었다는 사실에서 비롯된다. 일본에 의한 조선인의 민족 정체성의 형성은 일본인의 우월한 정체성을 구성하는 데 영향을 미쳤다. 한국 위안부를 '미문명화되고' 성애화되고(sexualised) '음란하고' 열등한 인종으로 규정하는 것은, 반대로 일본 군인의 문명화되고 우월하고 애국적이고 남성적인 민족 정체성을 형성하는 데 이바지했다. 가부장적인 민족주의와 '광적'인 애국주의는 조선인 위안부의 멸시와 고통에 의해 마련된 토양 위에서 번성했다.

일본에 의한 위안부의 민족 정체성 형성

위안부의 민족 정체성의 형성 과정에서 중요한 역할을 한 것은 일본 식민주의자들에 의해 조선인에게 강요된 정체성이다. 일본 식민지 아래서 조선인은 기본적으로 '열등한 종'으로 여겨졌다. 그러나 일본의 소수 집단인 재일 한국인에 대한 연구를 한 미첼(R.H. Mitchell)은 일본 식민지 시기보다 몇백 년 전에 한국인은 역사적으로 우월한 문화와 기술의 보유자로 여겨졌다고 지적했다. 예를 들면 4, 5세기 무렵 일본인은 백제 이민자들을 환영했으며, 그에 비례해서 좋은 사회적 지위를 보장받았음을 지적했다.[21] 그러나 20세기 조선이 식민지화된 이래로 조선인에 대한 이미지는 '미문명화되고', 비이성적이고 무질서하고 '열등한' 인종으로 강등되었다. 예를 들어 1945년 이전 일본에 있던 조선인 노동자에 대한 연구에서 마이클 와이너(Michael Weiner)는 "조선인은 정서적으로 불안정하고 경박하고 나태하며, 조선 사회는 대개 무지하고 지저분하고 도덕적으로 타락한 빈민과 범죄자를 배출한다"고

인식되었음을 지적했다.[22]

1894년 일본에서 발행된 『후진신포』(婦人新報)라는 잡지에 의하면 조선 여성이 처한 상황은 역시 '미문명화되고' '야만인과 같이 불쌍하고' 그리고 단지 남성의 '노리개'라고 묘사되어 있다. 그러므로 "일본 여성은 아시아 여성을 개화와 독립으로 이끌어나갈 사명을 가진 지도자로 행동할 것"을 촉구했다.[23] 또한 "우리 나라 (일본)가 다른 나라의 문명 개화를 돕기 위해 그들에게 군사력을 지원해 주고 그들의 독립을 돕는 것과 같이 우리(일본 여성)도 이러한 (조선 여성의) 상황을 볼 때 가능한 한 많은 노력을 들여 그들을(조선 여성을) 돕기를" 촉구하고 있다.[24] 조선인 위안부들 역시 가부장적인 일본 식민주의의 정의와 요구에 따라서 '미문명화된' 존재로 이해되고 규정되었다. 일본이 조선인 위안부들에게 강요한 민족 정체성은 민족 차별과 궤를 같이하고 있다. 식민주의자들은 이들을 열등하고, 종속적이고, '난잡한' 존재로 여겼다.

1933년 11월 10일자 『동아일보』에는 일본 식민지 정부 조사에 관한 기사가 실렸다. 이 기사는 조선에서 공장을 운영하는 일본의 공장주들은 조선의 어린 소녀들이 온순하고 다루기 쉽기 때문에 이들을 선호한다고 보도했다. 이미 조선 사회에 존재해 있던 순종적인 조선 여성의 이미지는 위안부들에게 강요된 일본의 정체성 구성 정책에도 도입되었다.

마지막으로 위안부들은 성애화(sexualised)되고 '난잡한' 존재로 여겨졌다. 조선 여성의 몸은 정체성 형성의 밑바탕이 되었다. 위안소에서도 조선인에 대한 성애화되고 경멸적인 언사는 대개 폭력과 함께 사용되었음을 이미 앞장에서 살펴본 바 있다. 예를 들면 옛 위안부들은 자주 "바카야로! 센피노 쿠세니!"(병신들! 센삐인 주제에!)라는 말을 들었다고 했다. 이들 여성들에 대한 이 같은 경멸적인 말은 피식민지인을 성적으로 대상화하고 폄하하는 것이었다.

조선인과 일본인 사이의 차이는 열등성과 우월성이라는 개념을 통해 구성되었다. 일본인의 우월성은 조선인 위안부를 난잡하고 열등한 위치에 자리매김하는 것으로 표현되었다. 그러므로 이들 여성들의 정체성 형성에서 성(gender)과 민족은 서로 얽혀 있고, 피식민지인의 정체성 형성은 권력 관계에 그 뿌리를 두고 있었다. 위안부들의 민족 정체성을 재구성화하는 과정은 그들이 이미 '전통적으로' 내면화해야 했던 가부장제적인 유교주의의 성별 관계와 동맹하는 과정이었다.

일본에 의한 조선인 위안부의 민족 정체성 형성을 요약하자면 다음과 같다. 우선 이들 여성들은 '미개하고' 열등한 존재로 여겨졌는데 이러한 조장된 열등성은 위안부에 대한 일본의 지배를 합리화했다. 둘째로 위안부들의 정체성은 '난잡하게' 성애화되었고 오염되어 있었다. '난잡함'은 위안부들의 몸에 새겨진 식민주의적이고 가부장적인 메시지였다.

민족 정체성 확립을 위한 실천 관행

다음으로 위안부와 군인의 민족 정체성이 위안소와 군 병영에서의 실천 관행을 통해 어떻게 확립되고 강화되었는지에 대해 살펴보고자 한다.

일본 군인의 민족 정체성 재구성을 위한 실천 관행

일본 군인들에게 민족 정체성을 주입시키는 것은 일상적인 실천을 통해 끊임없이 되풀이되었다. 첫째, '군인 칙유'의 전체 텍스트를 암송하는 의식을 통해 애국심을 주입하는 것으로 하루를 시작했다. 천황에 대한 충성과 고참에 대한 복종을 강조하는 이 텍스트는 군인이 지녀야 할 다섯 가지 덕목을 다음과 같이 제시하고 있다. 우선 충성이 가장 중요시되었다. "충성의 의무를 다하라. 의무는 산보다 무겁고, 죽음은 새의 깃털보다 가볍다."[25] 이 텍스트는 아래에서 위로 향하는 일방적인 충성을 요구하고 있다. 충성에 대한 담론은 이미 널리 퍼져 있었고 정체성 형성의 실천 과정에서 중요성을 지니고 있었다. 이는 천황과 국가를 위한, 특히 전쟁이라는 민족적인 위기 상황에 처해 있는 국가를 위한 헌신의 모티브를 제공해 주었다. 군대 병영 내에서의 이러한 충성의 교리를 주입시키는 방법 가운데 하나는 이 텍스트의 글자 하나하나를 암송시키는 것이었다. 이는 군인들에게 천황 숭배를 주입하고 내재화시킴으로써 일본인으로서의 정체성을 강화하기 위한 것이었다.[26] '군인 칙유'의 텍스트를 매일 암송하는 것은 천황의 충실한 신하 또는 '일본인됨'의 상징적인 신분 증명서와 같은 것이었다.[27] 이는 일본 남성의 정체성에 핵심적인 요소가 되는 민족주의적인 남성 윤리, 즉 천황을 위해 죽을 각오가 된 신하를 만들기 위한 이데올로기적인 도구였다.

둘째, 일본의 민족 정체성은 '정신 교육'을 통해 국가의 위기 의식을 강하게 불어넣음으로써 강화되었다. 즉 국가와 민족이 영속적으로 위험에 처해 있다는 정서를 끊임없이 강조하였다.[28] 카미카제(神風) 또는 인간 어뢰인 카이텐과 같은 자살 공격대는 군인들에 대한 정신 교육의 최종적인 결과라고 할 수 있다.[29] 위기에 처한 국가의 운명을 끊임없이 강조함으로써 집단적인 자기 희생을 위한 각오를 촉구했던 것이다. 민족 또는 국가를 위한 희생은 일본인으로서 '가장 고귀한 소명'이나 가장 '명예로운 봉사'로 칭송되었고, 그 희생이 죽음을 무릅쓴 경우는 신사에 안치되었다.[30] 천황을 위한 영예로운 죽음은 찬양되었다. 맹목적인 충성과 죽음을 각오한 용기를 지닌 전투 사기는 일본군의 특이한 점 가운데 하나였고, 민족을 위해 목숨을 바친 군인들은 조국의 수호신이 될 것이고 도쿄의 야스쿠니(靖國) 신사에 모셔져 숭배될 것임을 강조하였다. 이는 국가 영웅에게 주어지는 특별한 명예였다. 사실 당시 일본 남성들에게는 그들의 '운명'을 받아들이는 것 외에는 다른 선택의 여지가 없었다.[31] 그러나 실전에서 죽음에 직면했을 때 민족과 천황을 위해 기꺼이 죽을 각오를 보이기보다는 취약한 모습을 보이는 군인들도 있었다고 위안부들은 말했다. 예를 들어 어떤 위안부는 "그들은 전투에 나가는 것이 너무 두려워 위안소에 와서 울었다"는 이야기들을 전했다.[32]

셋째, 일본인의 우월성에 대한 배타성을 유지하기 위해 일본인이 아닌 타자와는 경계를 두었다. 정치적인 선전은 민족 정체성을 강화했고 일본이라는 민족 경계 밖에 있는 타자에 대한 적대감을 북돋았다. 전쟁 동안 일본인은 교육 기관, 매스 미디어, 지역 사회 조직, 군사 훈련 등을 통해 어릴 적부터 이러한 정치적인 프로파간다에 노출되었고, 이를 내면화해 왔다. 위안소 제도는 이러한 우월성 담론의 물적인 표현이다. 우월성/열등성에 대한 담론은 글로 수없이 표현되었다. "우리, 야마토 후손은 대동아공영권 건설이라는 세계사적인 사명을 위해 우리의 '혈통'을 널리 퍼뜨리고 있다.[33] 다른 아시아인들을 해방시키기 위해 또한 대동아공영권에서 우리의 지도력을 영원히 유지하기 위해 우리는 이 '토양'에 야마토 후손의 혈통을 심어야 한다."[34]

민족적 우월성은 일본인들의 사고 방식에 내면화되어 특권적이고 지배적인 일본 민족 정체성을 형성하는 데 기여하였다. '지배 민족'이라는 개념은 '일본인됨'(일본성, Japaneseness)을 나타내는 특별한 방식이다. 이 개념 속에서 우월한 민족과 열등한 민족 사이의 차이는 본래적이고 생물학적이어서 변화될 수 없는 것으로 여겨졌다. 대국과 아시아를 이끌 지도자로서의 일본이라는 두 담론은 민족적 우월성을 바탕으로 생겨났다. 즉 소속감과 형제애의 정서가 배여 있는 일본성의 이데올로기는 타자와의 구별성, 배타성을 강조하였다. 일본 민족주의의 용어들, 예를 들면 국체, 국수(國髓, 국가의 정수), 국민성 등은 공동체, 연대감, 배타성의 강력한 이미지를 지니고 있다.[35] 이러한 이미지들의 소비는 민족적 위계 질서를 형성한다. 일본과 다른 아시아 나라들 사이의 관계는 부모와 자식 또는 형과 동생의 관계로 상징되었다. 예를 들어 1942년 군수성의 한 장교는 일본을 '지도자 민족'으로 나타내었다. "왜냐하면 일본이 남방 지역의 후진 사회들을 지도하기 위해 가장 잘 자격을 갖추고 있기 때문에 일본인과 이 지역의 현지인과의 관계는 형과 아우의 관계와 같다."[36] 이와 같이 다른 아시아 민족들을 '문명화' 시킬 사명을 지니므로 일본인은 '지도 민족'이라는 가정이 합리화되었다. 다른 민족들과의 위계 구조에서 '일본인됨'의 우월성은 정당화되었다. 예를 들어 한국의 식민지화 이후 "한국인이 점차 진보하는 방향으로 지도되고 있다"는 도케고시 요사부로의 주장에서 보이듯이 침략적인 식민지적 팽창주의는 일본의 우월성 담론에 의해 합리화되었다.[37] 또 다른 아시아 국가들을 서구 제국주의에서 '해방시키고', 일본에 의해 인도되는 대동아공영권을 건설하는 것을 일본 제국주의의 사명으로 여겼다. 도조 히데키는 1942년 그의 연설에서 다음과 같이 말했다. "일본이 핵심을 이루는 민족적인 원리에 기반하여 공영과 공존의 질서를 창조하는 것이 목적이다.……대동아는 독립국이든 새로 점령된 국가든 간에 상관없이 일본과 하나가 되어 일본을 위하여 각자의 힘을 다해 이바지해야 한다."[39] 대동아공영권이라는 개념은 역시 식민주의적 팽창의 이데올로기적인 합리화를 제공해 주었다. 그러나 '공영', 즉 '공동 번영'은 용어에서처럼 공유되지 않았고 오직 일본만을 위한 것이었다.

　마지막으로 군 병영의 일상 생활에서 타국인을 혐오하는 정서가 팽배했다. 일본 군대 내 조선인 병사와 위안부를 학대하고 일본 점령 지역 주민들을 잔인하게 대한 것 등은 외국인 혐오의 정서에서 비롯된 것이다. 또한 이러한 폭력은 거꾸로 외국인 혐오 정서를 심화시켰다. 특히 위안부 여성들을 단지 성적인 대상으로 취급하고 경멸하는 일상의 실천은 성(sexuality)이 민족적인 정복과 적대감을 심화하는 데 사용되었음을 보여준다. 분노와 경멸을 성적으로 표현함으로써 군인들 내면에는 위안부에 대한 멸시가 극대화된 반면, 그 결과 위안부들의 내면은 공포와 굴욕감으로 가득 차게 되었다. 스캐리가 고문하는 자와 고문당하는 자와의 관계에서 지적했듯이 위안부와 군인과의 관계에서도 한 사람의 육체적인 고통은 상대방의 권력으로 해석된다.[39] 이 책의 4장에서도 보았듯이 몇몇 일본 군인들 가운데는 상대방, 즉 위안부의 고통을 즐기는 듯한 반응을 보이기도 했다. 식민주의와 가부장적인 권력이 바로 이러한 폭력의 밑바탕이 되고 있는 것이다.

식민주의 권력은 또한 일본인의 우월감과 더불어 조선인의 '피'에 대한 오염 의식을 조장했다. 위안부 자신들뿐만 아니라 위안소에서 태어난 그들의 아이 역시 '열등한' 한국인의 '피'에 의해 오염된 존재로 여겨졌다. 그러므로 이들은 일본군의 '불명예'로 간주되었다. 전후까지 생존한 위안부의 자녀들에게는 한국인 국적이 주어졌다. 최정무 교수가 지적했듯이 혼혈을 통해 일본인의 혈통을 잇는 것은 위안부 제도가 의도한 것이 아니었다.[40] 조선인 위안부와 일본 군인 사이의 혼혈아는 한국과 일본 양측에 의해 '오염된' 존재로 여겨졌다. 일본인의 입장에서는 한국인의 '피'로 오염된 존재로 보았고, 한국 민족주의의 입장에서는 일본인의 '피'로 오염된 존재로 보았다. 한국 민족주의의 인식 틀에서는 이들 아이들뿐 아니라 위안부 자신도 '오염되고 순결하지 못한' 존재로 자리 매김되었다. 위안부를 강간당한 민족으로 상징화하고 담론화하는 것은 피식민지인에게는 강한 수치감을 자극하고 민족주의적인 정서를 불러일으킨다. 따라서 당연히 이러한 담론 내에서는 조선인 위안부가 위안소에 가기 전에는 '순결한 처녀'였음이 강조된다.[41]

대부분의 임신한 조선인 위안부에게 낙태를 강요한 것도 오염된 '혼혈'을 생산하지 않기 위해서였다. 그뿐만 아니라 조선인의 '피'는 배반의 상징으로 간주되었다. 위안부들은 "우리는 천황에게 충성을 보이지 않을 조센진의 아이는 필요하지 않다"는 말을 들었다고 했다.[42] 권력에 의해 충전된 식민주의자의 남성성과 대조하여 위안부들의 무기력함은 그들 민족의 '유약함'을 그대로 반영하고 있다. 이러한 피식민자의 재현을 통해 지배적인 일본의 남성 정체성이 구성되었다. 민족적인 불평등은 위안소 제도를 통해 강화되고 제도화되었다. 일본 군인들의 민족 정체성은 일상 생활을 통한 정치 선전, 정신 교육, 처벌과 보상의 체계를 통해 강화되어 갔다.

한국 위안부에게 강요된 '유사 일본인' 정체성

이데올로기적인 주제들은 일상의 사회적 실천에 녹아들 때 하나의 사회적인 힘으로서 가장 효율적으로 작용한다. 위안소에서도 일상 생활을 통해 위안부들에게 '열등한 조선인됨(Koreanness)'이 강조되었다.

첫째, 군인들의 일본인으로서의 우월한 정체성은 성적인 지배와

폭력을 통해 표현되었으며, 위안소에서의 제도화된 성적인 착취
는 위안부들이 기존에 가지고 있던 조선인으로서의 민족 정체성
을 빼앗아갔다. 6장에서 살펴본 것처럼 일상화된 성적인 강제와
이들에게 '창녀'의 이미지를 씌운 것 등은 조선인 위안부들에게
난잡함, 오염, 무기력 그리고 순종의 이미지를 만드는 데 중요한
역할을 했다.

메이지 시대 이래로 일본에서 성은 엄격하게 통제되었고 이러한
성 정책은 식민지 지배에도 이용되었다. 성의 통제는 식민지 정책
의 일환이었고, 특히 위안부 제도는 가부장적인 남성 지배와 식민
지 지배가 함께 결합하는 장이었다. 유발-데이비스와 앤티아스
(Floya Anthias)는 성을 통한 여성 통제는 민족주의화 과정과 식민
지화 과정에서 기본적임을 지적했다.[43] 조선인 위안부의 체험 역시
성이 조선의 식민지화에 어떻게 개입되었는가를 보여주고 있다.

위안부들에게 혐오적인 말투로 굴욕감을 주는 것은 매우 흔한
일이었다.[44] 성노예가 될 것을 강요당하고 또 다른 한편으로는 '창
녀'라는 이름을 붙임으로써 여성으로서 또는 인간으로서의 존엄
성은 부인되었다. 민족 정체성을 파괴하기 위해 성적인 '타락'을
조작하는 성 특정적인 전략이 사용된 것이다. 외국인 혐오와 여성
혐오는 조선인 위안부에 대한 일상화된 성폭력 안에 통합되어 있
었다. 이는 성애화된(sexualised) 인종 차별과 여성 차별이었다.
위안소에서의 성폭력은 남성과 식민자로서의 지배의 표현이었다.
이 과정에서 한편에서는 무기력하고 종속적인 정체성이 형성되었
고, 다른 한편에서는 권력을 강화해 주는 강력한 정체성이 동일한

과정을 통해 형성되었다. 위안부에게 가해진 굴욕감은 일본 군인의 우월성과 권력의 힘을 확인시켜주고 재생산해 냈다.

둘째, 체계적인 탈문화화 정책이 가해졌다. 위안소의 일상 생활에서 일체 조선 문화의 표현은 금지되었고, 조선인 위안부들에게 일본 문화가 강요되었다. 조선인 위안부들의 민족적인 문화를 보유하려는 어떠한 시도도 억압당했는데, 이는 위안부들의 민족 정체성을 파괴하기 위해서였다. 위안부들은 그들의 공동체로부터 단지 물리적으로만 분리된 것이 아니라 문화적으로도 유리되었다. 언어, 노래, 이름, 의복 등 조선 문화의 말살과 동시에 일본 문화를 강요하는 것은 식민지 정책의 주요한 부분이었다. 내선 일체의 목적으로 1940년부터 창씨 개명을 통해 조선의 성씨 사용을 금지하고 조선말의 사용을 금지했다.[45] 조선의 교육 기관에서는 일본어로 수업할 것을 강요했고, 신사 참배를 강요했다.[46] 와이너는 민족간의 위계 질서 형성은 조선의 기존의 제도와 언어를 억압하고 '지배 민족'에게 복종하는 사고 방식과 행동 양식을 철저히 지키게 하기 위한 것임을 강조했다.[47] 천황제의 지붕 아래 있는 일본의 가족·국가 체제 피라미드의 가장 밑바닥에는 식민지 조선이 놓여졌다. 위안소에서도 마찬가지이다. 위안소에서 한국 문화의 가치를 저하하고 금지하는 것은 조선인 위안부들에게 '나라 잃은' 종속적인 정체성을 강화시켰다. 조선 문화를 금지하는 정책은 위안부들 사이에 한국인으로서의 연대감을 형성할 수 있는 토대를 파괴하려는 의도였다. 또한 같은 언어(일본어)로 의사 소통을 강요함으로써 공동의 사회적인 가치, 즉 '대동아'를 위한 전쟁 수행에 협력할 것을 강요하려는 시도였다.

　위안부들에게 조선 문화와 정체성을 박탈함과 동시에 동화 정책이 실시되었는데, 이 정책은 위안부들에게 일본적인 사고 방식을 심기 위한 것이었다. 이러한 동화 정책을 도입한 식민지 조선의 총독이었던 미나미 지로에 따르면 이 정책은 조선인을 일본의 선량한 국민으로 만들기 위한 것이라고 했다.[48] "이 동화 정책은 궁극적으로 제국주의 중심의 제도와 가치를 위해 조선인의 문화와 언어를 완전히 포기할 것을 요구"했다.[49] 식민지의 사회 가치 체계를 무너뜨리고 '유사 일본인'으로서의 정체성을 조선인에게 심기 위한 첫 번째 단계로 언어 정책이 실시되었으며 이는 식민지 지배의 전략적인 도구로 사용되었다.[50]

　동화 정책은 일본 지배의 틀에서 두 민족간에 조화와 공동체를 이룬다는 정치적인 선전과 함께 펼쳐졌다. 천황제라는 한 지붕 아래 조선과 일본이 공동의 운명을 지닌다는 허구의 신화는 조선인의 전쟁 동원을 위해 강력히 유포되었다. 조선 위안부들은 위안소에서 매일 아침 조회 때마다 「신민서사」를 암송하고 일본 군가를 부르면서 일본에 충성할 것을 약속해야 했다.[51] 그러나 일본 천황의 같은 자녀로서의 공통의 정체성을 가지는 것이 일본인과 조선인에게 동등한 권리를 보장하는 것은 결코 아니었다. 조선인과 일본인과의 차이는 결코 지워질 수 없었다. 일본인이 되는 것이 우월해지는 것이라면 조선인은 일본인에 대해 '타자'로서 규정되었다. 식민자와 피식민자 사이의 위계 구조를 형성하고 정당화하기 위해 넘을 수 없는 민족간의 경계가 그어졌다. 다시 말하면 위안부들의 '조선인됨'은 부정됨과 동시에 고정화되었고, 그리하여 이는 모순적인 과정이었다. 위안부들은 천황을 위해 봉사할 것을, 즉 일본인의 이름을 가지고 '유사 일본인'이 되어 천황을 위해 자신을 헌신할 것을 요구받았다.[52] 전쟁 동원을 위해 이들 역시 '천황의 같은 자녀'로 여겨졌지만 조선인으로서의 열등한 지위는 결코 잊혀지지 않았다. '탈문화화'와 동화를 위한 실천 관행들은 동시에 일본인의 우월성과 조선인의 열등성을 재확인하는 과정이었다. 우월한 식민 권력과의 관계에서 그들의 '신민'들은 수동적이고 스스로 통치하기에는 무능력하고 미문명화된 존재로 여겨졌으며, 그리하여 식민주의 통치는 합리화되고 정당화되었다.

셋째, 조선인 위안부는 사용 후 폐기 처분해 버릴 수 있는 존재로 여겨졌다. 일본인 위안부들이 상대적으로 덜 위험한 지역에 배치된 데 반해 조선인 위안부들은 더 위험한 전선에 배치되었다는 증언도 이를 뒷받침해 준다.[53] 중국에서는 중국인 위안부들이 전선의 군사 기밀을 누설할지도 모른다는 우려와 일본인 위안부들은 전선과 가까운 지역에 배치하면 위험하다는 우려 때문에 최전선 지역 위안소에 조선인 위안부들을 보냈던 것이다.[54] 뿐만 아니라 조선 여성의 재생산 능력 또한 폐기 처분할 수 있는 것으로 간주되었다. 조선인 위안부의 몸을 성노예로 세탁부로 연예인으로 심지어는 전사로까지 이용한 것은, 블런트(James M. Blaunt)의 용어를 빌리면 '초과 착취'로 볼 수 있다.[55] 이들의 몸은 일본의 전쟁 수행을 위해 완전히 소비되었으며 그리고 나서는 폐기되었다.

넷째, 이 책의 3장에서 이미 보았듯이 민족적인 위계 구조가 위안부들 사이에서도 도입되었다. 일본인 위안부는 '천황을 위하여' 또는 '나라를 위하여'라는 슬로건 속에서 동원되었다.[56] 일본의 계급과 성의 정치학이라는 면에서 이들은 전시에 나라를 위해 몸을 바친 '신하'로 간주되었다. 요시미 요시아키가 지적했듯이 이들은 위안부가 되기 전에 이미 직업적인 매춘부들이었는데,[57] 이들 가운데 많은 수가 농가의 빈곤 때문에 자신들의 부모의 손으로 팔려 성산업으로 밀려온 것이다. 여성들을 매춘으로 내몬 경제적인 빈곤 역시 또 다른 종류의 강제를 구성한다. 일본인 위안부들 가운데는 위안소에 걸린 "일본 여성의 몸과 마음을 다하는 봉사"라는 슬로건 아래 나라를 위해 그들 자신을 헌신하도록 기대되었고, 또 실제로 그런 의식을 가진 이도 있었다.[58]

일본인 위안부와 조선인 위안부들의 체험 사이에는 공통성과 차이점 모두를 찾아볼 수 있다. 양자 모두의 몸이 식민주의적 팽창주의를 위해 이용되었으며, 가치가 저하되거나 타락한 성애화된 (sexualised) 여성성으로 자리매김되었다. 일본인 위안부는 성과 계급에 따른 성의 정치학에서 주변화되었다. 그러므로 이들 양자 사이에는 성적인 착취라는 면에서 공통된 억압의 체험이 있었다. 그러나 다른 한편으로 일본인 위안부들은 일본인 남성들과 함께 일본인으로서의 우월한 민족 정체성을 유지함으로써 혜택을 공유했을 것이고, 그 때문에 전쟁을 지원했을 것이다. 예를 들어 옛 일본인 위안부였던 시로타 스즈코(城田すゞ子)는 돈을 벌고자 하는 희망 외에도 나라를 위해 목숨을 다해 싸우는 군인들을 위로해 주고 싶었다고 위안부 생활을 회상했다.[59] 조선인 위안부들이 배반

적이고 오염되고 더러운 '창녀'의 자리에 놓여진 반면, 일본인 위안부들은 '타락한' 여성들이라기보다는 나라를 위해 봉사하는 애국자로서 스스로를 자리매김할 수도 있었을 것이다. 그럼에도 불구하고 일본 군인들과 다르게 전후 이들 일본인 위안부들에게는 애국자라는 칭송보다는 '수치감·사회적인 오명'이 따라다녔다. 이것이 일본 위안부 문제가 현재까지도 활발하게 제기되지 못했던 이유 가운데 하나이다. 조선인 위안부들이 보이는 저항의 모든 시도는 단지 여성적이지 못한 것으로 해석될 뿐 아니라, 애국적인 일본인 위안부처럼 '천황의 딸'이 되기를 거부하는 것으로 해석되었다. 이들 두 위안부들 사이의 이러한 편파적인 자리매김은 민족적 위계 질서를 강화했고, 또한 역으로 이러한 위계 질서의 실천과 강화를 통해 두 위안부들의 차이는 더욱 벌어졌다. 일본인 위안부는 장교를 '상대하고', 조선인 위안부는 일반 군인을 '상대하는' 민족적 위계 구조는 이들의 '난잡함'의 정도에 차이가 있다는 허상을 창출했다. 성과 민족에 따른 이와 같은 층화는 일본 남성과 일본 여성 사이 그리고 일본인 위안부와 다른 아시아인 위안부들 사이에 존재하였고, 이는 가부장적이고 식민지적인 지배에서 비롯되었다.

지금까지는 일본 중심적인 민족성을 창출하고 강화하기 위해 조선인들에게 강요된 '열등성'과 복종 그리고 이를 위한 실천 관행들을 살펴보았다. 정체성을 재편하기 위한 이러한 실제적인 실천과 정치학은 식민지 권력에 대한 조선인 남녀의 관계를 보여 준다. 맥킨토쉬(Mary McIntosh)와 로베트(Margot Lovett)는 국가가 남녀를 통제하는 방식의 차이에 대해 다음처럼 지적했다.[60] 국가는 남성을 폭넓은 공적인 영역 내에서 직접적으로 통제하려고 하는 반면, 여성은 가족이나 친척 관계의 권위를 통해 간접적으로 규제한다고 보았다.[61] 그러나 이러한 모델은 일본 식민지 국가의 위안부 통제 방식과는 잘 맞지 않는다. 일본 식민지 국가는 일상 생활에서 성과 노동을 통해 식민지의 여성들을 직접적으로 통제했다. 통제의 방식이야 다를 수도 있지만 일본군 내 조선 군인과 마찬가지로 조선인 위안부들도 식민지 권력의 직접적인 통제 아래 있었다.

이처럼 조선인 위안부의 민족 정체성은 일상적인 실천 관행을 통해서 강등되고 재개념화되었다. 첫째 실천 관행은 체계적이고 지속적인 강간을 통해 그리고 다른 형태의 성적인 폭행을 통해 무기력성, 인간 이하의 자기 비하 감정, 절대 복종, 그리고 '난잡함'을 창출하는 것이었다. 이러한 강요된 '난잡함'은 민족적인 수치라는 개념과 결합하여 위안부들이 더 이상 저항하지 못하게 하는 효과를 가져왔다. 피식민자의 저항을 막고 사기를 꺾기 위한 수단으로써 성폭력을 사용했다는 점에서 이러한 성폭행은 정치적인 동기를 갖는다. 이러한 정치적인 동기의 강간은 정체성 변형의 과정에 깊이 개입되었다. 정체성 재편을 위한 두 번째 실천 관행은 '탈문화화'의 과정이다. 조선 문화의 말살은 위안부들의 조선인이라는 독립적인 정체성을 파괴하는 데 이용되었다. 동시에 동화를 위한 전략으로서 일본어, 일본식 이름, 일본식 의상의 착용을 강요한 것은 새로운 하위 주체로서의 일본 정체성을 심기 위한 상징적 방법이었다. 반면 민족적인 위계 구조는 여전히 유지되었다. 마지막으로 조선인 위안부를 '더 이상 쓸모가 없어지면 폐기 처분해 버리는 물건'으로 대우하고, 일본인 위안부와 조선인 위안부 사이의 민족적인 위계 질서를 유지하는 등의 실천 관행은 성적인 초과 착취의 상황을 공유하는 위안부들 사이에 민족에 따른 차별성을 유지시켰다.

민족 정체성의 재구성은 매일 매일의 실천 관행을 통해 제도화되어 갔다. 몸, 민족적인 경계, 폭력, 권력, 그리고 성(sexuality)은 식민지 권력의 정체성 재편의 정치학 내에 서로 연결되어 있다. 이들 실천 관행은 민족과 성별에 따른 우월성을 '자연적인' 또는 '생물학적'이라는 이데올로기를 통해 합리화하는 데 기여했다. 한국 위안부들이 기존에 지니고 있던 사회적 정체성을 파괴하고 '유사 일본인'이면서 복종적인 정체성으로 재구성하기 위해 이와 같은 일련의 가치 체계와 실천 관행들이 개입되었다.

정치적 수단으로서의 정체성 재편

다음으로 일본 군인과 조선인 위안부들의 민족 정체성을 변형하는 것이 일본의 '총력전'과 식민주의 정책들을 어떻게 촉진했는가에 대해 살펴 보자. 지배와 종속이라는 상당히 비대칭적인 관계에 있는 식민자와 피식민자의 관계에 의해 두 개의 서로 대조적인 민족 정체성이 형성되고 유지되었다. 열등하고 종속적이며 무기력한 피식민자, 즉 조선 위안부의 정체성은 일본 군인을 우월하고 권력 있는 자리에 서게 만들었다. 조선인 위안부의 존재는 일본 군인들을 우월하고 더욱 가치 있게 느끼게 해주었다. 군인들이 일본인으로서 갖는 민족적 자부심은 '무기력한' 위안부와의 관계에서 창출되었다. 다시 말해 위안부들의 몸은 군대라는 피라미드 조직의 가장 밑바닥에 위치해 있었고, 이는 상대방(즉 일본 군인들)에게 우월감을 주었다. 한편의 무기력함은 다른 편의 권력을 창출한 것이다. 그러므로 조선인 위안부에 대한 억압과 민족적 위계 구조에 기반한 식민주의자의 우월성은 서로를 정당화하며 강화되어 갔다. 식민주의적인 맥락에서 우월한 일본 민족 정체성의 형성과 재생산 탓으로 계급 지배의 피해자 또는 단지 '총알받이'가 될지도 모를 일본 군인들(특히 농촌 출신의 계급이 낮은 일본 군인들)이 권력과 권위라는 식민주의적 아이디어를 공유하게 되었다. 이러한 정체성의 정치학은 일본인에게 개인의 미래와 국가의 운명이 상호 의존적임을 믿게 하였다.

조선인 위안부에게 특히 그들의 성(sexuality)의 통제는 정체성 형성 과정에서 전략적이었다. 그들이 기존에 지니고 있던 민족 정체성을 파괴하려는 시도는 그들의 저항하려는 사기를 꺾었다. 기존에 확립된 정체성을 붕괴시키는 가장 중요한 방법은 민족의 수치인 '추잡한' 이미지를 위안부들에게 부과하는 것이었다. 여성의 몸에 식민지화된 나라를 연결시킴으로써 여성에 대한 성적인 폭행은 민족에 대한 굴욕과 수치, 민족적 자부심의 붕괴로 해석되었다. 일본 식민지 권력에 의해서뿐만 아니라 한국 민족주의자들 역시 이러한 해석을 공유해 왔다. 더우기 조선인 위안부에게 '유사 일본인'의 민족 정체성을 강요하는 것은 이들 자신의 미래와 운명이 일본의 미래와 일치한다는 환상을 심어줌으로써 이들로 하여금 전쟁에 협력하게 하려는 의도였다. 그러므로 위안부 제도를 통해 형성되고 유지된 조선인 위안부와 일본 군인의 민족 정체성, 결국 이 모두가 전쟁에 협력하게 만들었다.

  식민주의에 기여하기 위한 정체성의 해체와 변형의 정치적 과정은 식민주의판 민족 정체성을 형성했다. 이 과정에서 자신들에게 강요된 위치에 대해서 위안부들이 저항하지 않았던 것은 아니다. 위안부들은 조선인이라는 민족 정체성을 완전히 뿌리 뽑히지 않으려고 일본 군인들의 잔인한 폭력과 지속적인 강요에도 굴하지 않고 될 수 있는 한 모든 수단을 동원해 항거를 시도했다. 지배자가 피지배자에게 강요한 자리매김과, 피지배자 자신의 자리매김 사이에는 항상 틈이 존재한다. 다음 장에서는 대안적인 개념의 자아와 민족 정체성을 유지하기 위한 위안부들의 전략과 노력에 대해 살펴보려고 한다.

끝나지 않은 이야기 끝맺기  8

끝나지 않은 이야기를 끝맺기란 그리 쉬운 일은 아니다. 그런데도 나에게 주어진 마지막 공간인 이 장에서는 위안부들이 자기 자신의 정체성을 어떻게 스스로 자리매김했는가에 대해 살펴볼 것이다. 앞의 5~7장에서는 한국 위안부들에게 강요되었던 여성 정체성과 민족 정체성에 대해 살펴보았다. 이들 여성의 몸과 성(sexuality)은 지속적인 성적 강제와 폭력으로 착취되었다. 이러한 성적인 강제는 동시에 피지배와 지배의 관계를 창출하는 데 강력한 효과를 발휘했다. 위안부의 정체성·주체 설정(subject-positioning)은 일본 식민주의와 한국 민족주의에 의해 틀이 짜여지고 위치지워졌다. 위안부들의 몸은 일본 식민주의자와 한국 민족주의자들이 정치적 지배를 확립하기 위해 힘을 겨루는 장이었다.

위안부들의 구술은 인간의 최소한의 존엄성을 지키기 위한 용감한 저항을 보고하고 있다. 이러한 저항은 서로를 돕기 위해 그리고 조선 여성으로서 그들이 가진 정체성을 유지하기 위한 것이었다. 그러나 폭력과 함께 이들에게 강요된 '타락한' 여성성은 이들이 본래 가지고 있던 자아 정체성이나 자아 존중에 커다란 손상을 입혔다. 이에 대항하여 자기 존중감을 유지하려는 시도는 부분적으로는 그들에게 이미 내면화되어 있던 여성성에 대한 유교적인 이데올로기에 의해 좌절되었다. 이들의 이야기 속에는 여전히 수치감이 드러난다. 그들은 '되돌아갈 수 없는' 유교주의 현모양처의 윤리 규범을 여전히 자신들을 평가하는 잣대로 삼고 있는 것처럼 보였다.

순응하기 — 내면화된 여성성

위안소에서의 성적인 지배는 이미 6장에서 본 것처럼 기존의 조선과 일본에 존재해 있던 '정숙한' 현모양처와 '타락한' 매춘부 사이의 대조를 재현하고 있다. 위안부는 강제로 후자에 자리매김되었다. 이러한 자리매김을 이해하는 데 있어서 특별히 부당하고 비극적인 것은 위안부들에게 강요된 '타락한' 여성성이 전후 한국 사회에 의해 그대로 수용되고 또한 위안부 자신도 이를 내면화하고 있다는 점이다. 위안부들은 인터뷰를 하면서 전쟁중 위안소에서 겪었던 일들을 묘사할 때 종종 '매춘'의 언어를 사용하기도 했다. 예를 들어 상당수의 위안부들이 군인들을 '손님'으로 그리고 위안소를 '몸파는 집'이라고 지칭했다.[1] 위안소에서 '창녀'로서의 정체성을 강요받았고 뿐만 아니라 이분법적인 여성상이 사회적 가치 체계를 구성하는 전후 한국 사회를 살아온 이들로서는 위안소에서의 체험을 표현해 낼 다른 언어를 가지고 있지 않을 것이다.

여성의 '강간당한' 체험은 일차적으로 '처녀성을 잃음'으로 해석되고 이는 대단한 수치로 여겨진다. 이는 샤론 마르쿠스가 묘사한 '강탈당하거나 또는 강탈하는 비유'와도 같다. 성기를 '빼앗기거나 혹은 빼앗는' 대상으로 설정함이 이러한 순결 이데올로기에 생생히 나타나 있다. 그리고 '처녀성' 또는 '순결'의 상실은 결국 자아를 해체시킨다.[2] '빼앗긴' 쪽은 자신을 '더럽혀진', '망친', 그래서 이제 '끝장난' 인생으로 여긴다.[3] 왜냐하면 강간의 체험은 여성으로서의 가치를 구성하는 정조 또는 순결의 파괴를 의미하는 것으로 평가되기 때문이다. '강탈당하거나 또는 강탈하는 비유'는 위안부들의 전 생애를 따라다니고 있다. 그리하여 그들은 평생을 수치심을 안고 살아왔고 이는 자기 혐오로까지 이어진다. 여기에 패러독스가 존재한다. 위안부들은 이야기를 털어놓으면서 '창녀'라는 낙인을 강하게 거부했는데, 그만큼 자신을 '망친 몸'으로 보는 자기 인식도 강하다. 위안부들은 위안소에서 겪은 성의 강요 때문에 스스로를 도덕적·사회적으로 '타락한' 또는 '더럽혀진' 존재가 되었다고 느낀다. 이들은 전후 한국 사회에서 사회적인 죽음, 사회적인 매장을 체험하고 있다. 이옥분 할머니는 자신을 '한 여름의 썩은 호박'에 비유했다.[4] 냄새나는 썩은 호박은 '못생기고 지저분한' 위안부들의 여성성의 이미지를 비유하고 있다. 위안부들이 위안소에서 체험한 것은 가부장적인 렌즈를 통해 보여지고, 그래서 위안부들은 자신을 '지저분한' 또는 '더러운' 존재로 여기고 있다.[5] 위안부 시절 강요되었던 '난잡하고' 성애화된(sexualised) 여성성의 정체성은 이들로부터 '정숙함'을 박탈했고 그리하여 '저속한' 여성으로 낙인 찍었다. 이에 더하여 어린 나이에 위안소에서 지속적인 성적인 강제를 당한 결과 재생산 능력을 상실한 것은 위안부들이 스스로를 '가치 없는' 여성, 그래서 결혼할 '자격'이 없는 여성으로 여기도록 만들었다. 위안부들에게 강요되어 온, 그리고 부분적으로는 그들 자신이 내면화하고 있는 유교주의적 규범에 의하면, 여성성은 결혼 관계 내에서 자녀를, 특히 대를 이어갈 아들을 생산함으로써 완성되는 것이다. 그러므로 재생산 능력을 잃어버렸다는 것은 결혼 '자격이 없는' 여성 또는 '남자의 인생을 망치게 하는' 여성으로 해석된다. '처녀'이거나 아이를 생산할 수 있는 몸은 '정숙한' 여성 정체성을 구성하는 이데올로기의 정수가 된다. 한국의 유교적 문화에서는 현모양처가 되는 것만이 여성으로서 인정받고 존경받는 존재가 되는 길이다. 이러한 결과 모성의 가부장적인 유교주의 도덕관이 옛 위안부의 자아 정체성을 구성하게 된 것이다.

위안부들은 자신들의 몸이 오염되어 자신이 속한 공동체에 의해 다시 받아들여질 수 없는 것으로 해석하는 식민주의자와 한국 민족주의의 가부장적인 언어를 수용했다. 때문에 옛 위안부들은 전쟁이 끝난 후에도 '이 더러운 몸으로 고국에 돌아갈 것'을 포기하거나 또는 그들의 인생 자체를 포기했다.[6] 위안소 시절 간절히 고향에 대한 강한 애착을 지니고 간직해 왔지만 전쟁 후 위안부들에게는 더 이상 돌아갈 곳이 없는 것처럼 보였다. 이러한 상황이 위안부들의 저항 의지를 약화시켰고, 전후 한국으로 돌아온 후에도 오랜 침묵을 지키게 했던 것이다. 위안소 내에서 위안부들의 저항은 대단한 용기를 필요로 했고, 이들의 저항은 '타락한' 여성을 강제하는 것에 대항하는 것이었다. 그러나 이러한 저항도 여전히 현모양처와 '창녀'의 이분법적인 틀을 뛰어넘지는 못했다.

위안부들에게 강요된 '유사 일본인'의 정체성이 효과를 발휘한 증거도 종종 보인다. 몇몇 여성들은 식민주의자의 정치적인 선전을 믿었고, 또한 전후 한국에서 겪을 수모를 피하기 위해서 차라리 '유사 일본인'이라는 정체성을 받아들인 것으로 보인다. 이들 중에는 일본이 전쟁에 이기기를 기원하며 그 길만이 그들이 생존할 수 있는, 그리고 그들의 성적인 강제에 종지부를 찍을 수 있는 길이라고 믿었던 이도 있었다.[7] 그들은 자신들의 공동체에 의해 다시 받아들여질 수 있는 '정숙한' 한국 여성의 정체성을 되찾을 가능성을 이미 상실했다고 믿었을 것이다. 그러므로 민족의 '수치'로 여겨지기보다는 차라리 병사들에게 '위안'을 제공해 준 '애국적인' 일본인이 되는 편이 나으리라고 생각했을지도 모른다. 억압의 효과는 지배자의 정체성을 공유함으로써 지배 집단의 성원이 되기를 소원하게 하는 것이다. 열등한 민족 정체성의 형성은 지배 집단의 문화적·사회적인 특성을 수용하거나 모방함으로써 그 반대의 정체성을 형성한다. '이중성'(doubleness)이 바로 그것이다. 이는 조선인 위안부들이 자기 자신을 지배 집단의 시선으로 (즉 자신을 '열등한' 존재로) 봄과 동시에, 또 다른 한편으로 자아를 더욱 존중하는 시각으로 보았다는 것이다. 성적 착취와 강제의 상황에서 저항의 의지는 꺾이기 쉬우며, 이 때문에 특정한 형태의 생존 전략이 생기게 된다. 억압당하는 개개인은 일관되게 저항만 하거나, 또는 일관되게 복종만 하기보다는 각자 다른 생존 전략을 취하게 되고, 한 개인 안에서도 상황에 따라 다른 선택을 하게 된다.

저항의 몸짓

정해진 거래의 기간 동안 제도화된 사회적 각본에 따라 제공된 주체의 자리를 수용했다 하더라도, 이것이 반드시 이들 상호 작용의 바깥에서도 보유된 이들의 '주요 정체성'을 구성한다고 볼 수는 없다. 위안부들이 자신을 '더럽고' '순결하지 못한' 그래서 고향으로 돌아갈 수 없는 존재로 생각했을 때, 그들은 강요된 주체의 자리매김을 받아들인 것이다. 이들은 침묵했고 무기력하며 눈에 띄지 않는 하찮은 존재가 되었다. 그러나 심지어 이런 역경 속에서도 그들은 결코 완전히 수동적이고 무방비적인 희생자의 위치에만 머물러 있지는 않았다. 전쟁·군사주의와 여성에 대한 많은 기존의 연구에서 여성은 (특히 성의 측면에서) 무방비 상태에서 남성에게 피해를 받은 것으로 묘사되는 경향이 있다. 예를 들어 수잔 브라운밀러(Susan Brownmiller)는 여성이 전쟁의 전리품 또는 '보상'으로 간주된다고 보았다. 또한 여성이 "강간당할 수 있는 구조적인 취약성"을 지녔다고 보았다.[8] 케이트 밀레트(Kate Millett) 역시 여성을 희생자로 묘사했다.[9] 여성을 평가 절하하고 통제하기 위해 남성이 어떻게 성을 사용하는가에 대한 설명에서 밀레트는 여성을 '성적인 위안처' 또는 '합법적인 피해자'로 규정한다.[10] 이러한 연구들은 인권이 심각하게 억압받는 식민주의나 군사주의와 같은 혹독한 상황에서 여성들이 복합적인 '자리매김'(self-positioning)을 하는 것을 간과하고 있다. 물론 위안부들의 이야기 가운데는 식민주의자들과의 '투쟁'의 증거들이 있기도 하다. 식민주의 지배 집단은 위안부들의 주체성을 부인하기 위해 그들이 가진 권력 내의 모든 수단을 동원하고, 위안부들은 그들의 주체성(the subjectivity)을 유지하기 위한 저항의 수단으로 자신들의 권력을 사용한다. 이러한 위안부들의 반작용(counter-actions)은 지배 권력에 의해 강요된 피식민자로서의 그들의 위치에 저항한 것이었고, 또한 동시에 조선과 일본의 가부장제의 남성 중심적인 규범에 저항한 것이다.

위안부들은 강요된 '난잡함'에 저항하는 수단으로 자신의 몸을 사용했다. 그들의 몸은 주체성의 자리매김을 강요당하는 장이었을 뿐만 아니라 동시에 저항의 수단이기도 했다. 예를 들어 성병에 걸렸거나 생리중인 것처럼 위장해서 군인들을 '받는 일을' 피했다. 더욱 대담한 형태의 저항은 직접적으로 군인들을 상대하기를 거부하는 것이었다. 황금주 할머니의 말대로 군인들과 싸우는 위안부들은 이미 죽을 각오를 하고 있었다. "나는 '네 똥을 먹으라면 먹었지 그런 짓은 못하겠다'라고 했더니 '고노야로, 고로시테 아로우카(이년, 죽여버릴까 보다)'라고 하며 마구 때리고 던지고 해서 나는 기절했다."[11] 이러한 저항이 성노예의 상황에서는 오래 지속될 수 없지만, 이러한 직접적인 저항은 단지 '음란한' 성적인 대상으로 착취당하기를 거부했음을 보여준다.

위안부들이 자아 존엄성을 유지하기 위해 선택한 또 다른 전략은 군인들에 의한 평가를 되돌려주는 것이다. 군인들은 위안부들을 '더럽고 타락한' 여성으로 규정했지만, 많은 옛위안부들이 오히려 '더럽고 타락한' 것은 바로 군인들이었다고 강하게 표현했다. 위안부들은 군인들을 '더러운' 존재로 규정함으로써 가부장적이고 식민주의적인 권력과 우월성에 도전했다.

지속적인 성적 강제에 대한 또 다른 반응은 '정신을 놓아버리는 것'(madness)이었다. 어셔(Jane M. Ussher)는 여성이 '정신을 놓아버리는 것', 즉 실성하는 것은 무기력함에서 비롯되고 특히 감금과 억압의 문화 속에서 피할 수 없는 결과라고 지적했다.[12] 위안부에게 '정신을 놓아버리는 것'은 강요된 '추잡함'과 무기력함에 대항하는 하나의 방법이었을 것이다. 오히려 이들은 '정신을 놓아버림'으로써 감금 상태에서 지속적으로 성행위를 강요받던 상황을 통제할 수 있었을지도 모른다. 이렇게 '실성'하는 것은 사회적 오명에 다른 방식으로는 저항할 수 없는 이들이 가진 항의의 표현 가운데 하나로 볼 수 있다.

끝으로 자살 시도는 성적인 착취에 대한 저항 또는 '복수'의 극단적인 형태로 볼 수 있다. 필리스 체슬러(Phyllis Chesler)는 여성의 자살 시도를 그들의 무기력과 심리적인 순교의 상징으로 보았다.[13] 도날드슨(Donaldson)은 남편이 죽으면 생존해 있는 아내도 함께 화장해 버리는 인도의 풍습 '사티'(sati)를 분석하면서 자살 시도가 단지 패배라기보다는 여성의 무가시성(invisibility)에 대항하여 자신의 존재를 드러내려는 저항의 한 형태로 보았다.[14] 억압적인 상황에서의 자살은 더 이상 생존하기를 거부하는 것 이상을 의미한다. 위안부들의 자살 시도는 위안소에서의 무기력하고 '추잡한' 성적 존재로서의 강요된 역할을 종식하고자 하는 저항의 몸짓 가운데 하나로 볼 수 있다. 이러한 극단적이고 충격적인 방식은 마지막 외마디와 같은 것이고, 그들을 괴롭히던 자들에 대한 복수의 상징으로 볼 수 있다.

조선인 위안부에게 '유사 일본인' 정체성을 강요하려는 시도는 때로 위안부들이 갖고 있던 저항 의식에 의해 실현되지 못했다. 위안부들은 분명하게 또는 암암리에 열등함과 복종의 자리에 놓이는 것을 거부하고 조선인으로서 그들 자신의 민족 정체성을 유지하려 했다. 예를 들어 하군자 할머니는 한국인에 대한 부정정인 평가에 대해 다음과 같이 항의했다. "너희들 동가라시(고추)알아? 나 조센진이다."[15] 여기서 동가라시는 일본말 도가라시의 사투리로서 고추라는 뜻으로 조선인의 '기질'을 은유적으로 표현한 것이다. 일본 음식에는 사용되지 않고 조선 음식에만 사용되는 강하고 매운 맛을 지닌 고춧가루는 조선인의 강한 근성에 비유된다. 고향과 어머니에 대한 그리움을 담은 자신의 뿌리를 표현하는 노래나 말 등의 조선 문화를 유지함으로써 위안부들이 지닌 고향과 문화에 대한 정서적인 애착이 재현된다. 정체성을 유지하려는 그들의 집단적인 노력은 때로 힘과 저항할 용기를 북돋아주어 고통의 상황을 견디고 살아남을 수 있게 도와주었다. 위안부들 사이의 연대감은 이들을 하나로 묶는 강한 끈을 형성했다. 이러한 연대감은 민족과 성(gender) 그리고 공통된 억압 의식에 기반한 것이다. 조선인으로서의 정체성을 붕괴하려는 시도는 또 다른 한편으로 조선인 위안부들이 자신의 정체성을 공유하고 유지하려는 반작용을 낳았다. 서로의 고통을 공유하는 것은 극한의 상황에서도 힘을 낼 수 있는 원천이 되었다. 위안소에서 성노예 취급을 당했던 경험은 서로에게 연대감을 심어주었다. 예를 들면 서로를 보살펴줌으로써 자매애를 형성할 수 있었다. 연대감과 민족적인 의식은 그들의 일상 생활 가운데 은밀히 뿌리내려 있었다. 이용수 할머니도 위안소에서의 이러한 연대감을 설명했다. "어느 날 통 말이 없던 먼저 온 여자 하나가 '나도 조선 여자다' 하며 조선말로 전쟁이 끝났다고 말해 주었다. 우리는 서로 부둥켜안고 한참 울었다."[16] 조선인 위안부들 사이의 연대감은 자아 정체성과 인간 존엄성을 말살하기 위한 거대한 억압 속에서도 생존해 나갈 수 있는 힘을 얻게 해 주었다. 탈문화와 문화적·물리적 격리를 동반한 식민주의 정책에 대항하여 분노심으로 서로를 연대함으로써 위안부들은 민족 정체성을 유지시키려 했다. 분노의 표현은 이들 하위 주체들에게 힘을 주기 위한 도구가 되고 복종의 침묵을 깨는 원동력이 되었다.

위안부들이 가지고 있던 기존의 정체성을 말살하고 '추잡하고 열등한 자'의 정체성으로 재규정하려는 식민주의자의 노력에 저항하는 과정에서 위안부들의 민족 정체성이 발견되고 강화되었다. 이러한 역정체성은 당연히 반일 감정에 기반해 있었다. 그러므로 이는 식민주의와의 대항에서 발생한 '반응적인' 민족 정체성이라 할 수 있다. 위안부들 자신이 자리매김한 자아 정체성은 식민지화와 성석인 강제의 체험에 의해 깊은 영향을 받았다. 옛 위안부들은 오늘날까지도 강한 반식민주의와 반일 감정을 지니고 있다. 옛 위안부들은 이야기를 하는 중에도 흔히 일본에 대한 분노를 표현하는데, 이는 옛 위안부들의 한국인으로서의 '반응적인' 민족 정체성을 강화하는 경향을 보인다. 윤두리 할머니는 "지금도 일본 국기를 보면 분노가 치밀어올라" 하고 말했다.[17] 그녀를 비롯한 많은 옛 위안부들에게 일본 국기는 여전히 그들의 '인생을 망쳐놓은' 식민지 권력의 상징으로 해석되기 때문이다.

전쟁은 끝났지만─전후 정체성의 재구성 과정

전쟁 기간 동안 위안소에 있다가 귀환한 위안부들의 정체성은 전쟁 이전으로 간단하게 복귀될 수 없었다. 아니 불가능했다. 강간에 대한 대부분의 연구들은 많은 강간당한 여성들이 성(sex)과 남성에 대한 태도에 지대한 영향을 미친다고 지적하고 있다.[18] 옛 위안부들 가운데는 남성과의 성(sex)에 대해 심한 혐오감을 느끼거나, 그 결과 스스로도 결혼하기를 거부하는 경우가 종종 있다. 이런 경우 이들은 '자기 방어적인 전략'[19]의 하나로 독신의 길을 선택한다. 황금주 할머니 역시 남성에 대한 불신감을 표현했으며, 심지어 남자 친구조차도 없다고 했다.[20] 성폭력에 대한 연구에서 켈리는 남성에 대한 불신과 이성 관계의 곤란 등은 사회 부적응적인 반응이기보다는 피해 여성들이 성폭력의 현실을 대처해 나가기 위한 적극적인 시도 가운데 하나로 보았다.[21] 어떤 옛 위안부들에게는 성적 강제의 체험으로 인해 '더럽혀'졌고, 그래서 더 이상 '정상적인 결혼을 할 자격이 없다'는 생각에 '수치감'만이 남아 있었다. 반면에 또 어떤 옛 위안부들 가운데는 결혼에 대한 거부감을 보이는 경우도 있다. 이성 관계나 결혼을 포기하는 것과 자기 방어의 수단으로 이성 관계나 결혼을 거부하는 것은 구별할 필요가 있다.

위안부들 세대의 '규범'에서 결혼을 거부하는 것은 매우 급진적인 시도이다. 한 남자에게 '속하는 것'은 가부장제 사회에서 여성에게 허용되는 사회적인 소속의 조건을 형성했다. 한 옛 위안부는 혼자인 여성(즉 한 남자에게 '속하지' 않은 여성)은 보호해 줄 "주인 없이 길거리에 버려진 개"와 같다고 묘사했다.[22] (어쩌면 현실에서 '보호자'로서의 남성상은 하나의 허구에 지나지 않을지도 모른다.) 옛 위안부들에게 대안적인 삶의 전략 가운데 하나는 법적 혼인 관계가 아닌 동거 형태였다. 그러나 다시 결혼이라는 틀 안팎에서 이성 관계에 진입한 많은 옛 위안부들은 여전히 남성과의 성관계는 오직 '시달림'의 체험일 뿐이라고 표현했다. 이들은 성관계를 꺼려하는 경향을 보였다. 한 옛 위안부는 심지어 남편이 다른 여성과 혼외 정사를 가졌을 때 오히려 다행이라는 생각이 들었다고 털어놓았다.[23] 이처럼 위안부들이 겪은 성적 강제의 체험은 한편으로는 유교주의적 가부장제 이데올로기의 몇몇 기본적인 가정에 의문을 제기하기까지 이르게 된 것이다.

그렇다면 위안부 문제가 왜 그토록 오랫동안 침묵 속에 있었을까. 제2차 세계대전 후 연합군과 일본 정부가 침묵한 것은 그렇다 하더라도, (이미 이 책의 1장에서 언급했듯이) 한국 사회에서조차 특히 1990년 이전 친일적인 남한 군사 정권에 의해 과거사에 더 이상 문제를 제기하지 않는 망각과 침묵의 정치학이 팽배했었다. 위안부 문제를 포함한 일본 식민지 역사와 전쟁에 대한 문제들은 이미 '과거사'로 치부되었고, 이 문제를 제기하는 것이 적합치 않은 것으로 여겨졌다.

1945년 일본이 패전하면서 위안부에 대한 많은 공식 문서들이 파괴된 것으로 알려져 왔다.[24] 1990년 위안부 운동이 시작되기 이전에는 그나마 남아 있던 문서들도 관심을 사지 못하고 묻혀 있었다. 전후 한국 사회에서 일본 식민지 시대와 관련한 연구는 주로 독립 운동에 초점이 맞추어져 왔다. 한국의 진보 사학자인 강만길은 독립 운동에 대한 연구와 교육이 시급했기 때문에 한국의 역사학은 위안부 문제와 같은 피해사에 대한 연구는 부족했음을 인정했다.[25] 저항의 역사에 초점을 둔 것은 식민지 권력에 의해 약화되었던 한국의 민족 정체성과 남성 권력을 되찾으려는 노력의 일환이었다고 할 수 있다. 식민지 권력에 대항한 저항과 투쟁의 존재를 보여주는 것으로 한국 남성은 그 '무기력한' 이미지에서 벗어날 수 있었을 것이다. 이와 같은 가부장적이고 민족주의적인 수사학에서 일본 군인에 의해 위안부들의 몸이 '짓밟힌' 사건은 '민족의 수치'로 치부되었던 것이다. 그러므로 위안부 문제에 대해서는 침묵이 지켜진 반면, 식민지에 대항해 용감히 싸운 '민족 영웅'의 담론은 활발했다. 반세기 동안 이러한 '민족 영웅' 담론은 헤게모니를 형성했고, 위안부 문제는 '수치스러운' 역사의 장으로서 한국 후기 식민 사회에서 목소리를 내지 못했던 것이다. 남녀를 대표하는 사회적인 권력의 차이에서도 그 침묵의 원인을 찾을 수 있다. 재미학자 최정무는 위안부 문제가 그토록 오랫동안 억압되었던 배경에는 자신들을 대표할 수 있는 법적이고 사회적인 권력의 소유에서 남녀의 차이가 있었기 때문이라고 보았다. 이러한 차이는 전후 한국 사회에서 식민지 시대 징용 징병[26] 문제가 제기될 때 왜 위안부 문제가 함께 제기되지 않았는가를 설명해 줄 수 있다.[27]

또 하나의 의문은 왜 옛위안부 자신들조차 50년 동안, (그 중에는 지금까지도) 침묵을 지켜왔는가 하는 것이다. 옛 위안부들 역시 침묵에 의해 망각의 정치학에 참여한 것이다. 망각은 이들 자신에게는 하나의 생존 전략이 되었을지도 모른다.[28] 김분선 할머니에게도 '잊어버림'은 하나의 생존 전략이 되었다. "그 추한 것을 기억하기도 싫고, 사는 게 고통스러워서 기억도 못한다. 사실 그것 전부 기억하면 노심병 걸려 죽을 것이다."[29] 켈리는 성폭력 피해자에 대한 연구에서 사회적인 비난이 두려운 경우는 흔히 자신이 당한 일을 잊고자 하는 강한 동기가 존재한다고 지적했다.[30] 전후 한국 사회를 살면서 여성에 대한 순결과 '정숙함'의 이데올로기에 맞부딪친 옛 위안부들에게 침묵과 '잊어버림'은 자기 방어와 생존의 수단이 되었을 것이다. 이와 같이 여성에게 강요되고, 또 여성 자신들에 의해 내면화된 '정숙한' 여성성의 개념은 그들 자신에게 '망가진' 몸으로서의 수치감을 갖게 한다. 분노가 수치감보다 강하게 솟아오를 때에도 그들의 가족과 공동체가 이들을 '수치스런' 존재로 보고 침묵을 지키도록 압력을 받을 때에는 옛 위안부들은 또 다른 힘든 상황에 처하게 되었다. 위안부 문제는 '창피한' 것(즉 한국 남성의 무기력함과 '거세화')으로 해석되고, 한국 여성에게는 수치스럽고 고통스런 문제로 읽혀진다. 그리하여 전후 위안부 문제는 한국사에서 제외되었고 반세기 동안 침묵을 지켜온 것이다. 이러한 긴 침묵은 이들 옛 위안부들에게 강요된 것이기도 했고, 또 다른 한편으로는 위안부들 스스로에 의해 하나의 대처 전략으로 선택된 것이기도 했다.

옛 위안부로서 그들의 목소리를 내기 위해서는 자신들의 가족과 친척에게 '수치'가 되는 일을 비밀로 할 것에 대한 압력과 더불어 침묵을 지키도록 내면화된 스스로의 갈등을 극복해야 했다. 그러나 위안부 문제가 하나의 사회운동으로서 그 힘을 얻어가자 옛 위안부들에게 처음으로 자신의 목소리를 낼 수 있도록 사회 공동체의 지원이 제공되었다. 그리하여 그 오랫동안 침묵당하고 억압되었던 목소리들이 한국과 일본과 세계에서 쏟아져나오게 되었다.

침묵을 깨기 — 위안부 운동

침묵을 깨는 과정에도 딜레마는 존재했다. 긴 침묵을 무너뜨리고 그들의 고통을 증언하는 과정은 또 다른 고통의 과정이었다. 왜냐하면 이는 그들의 분노, 굴욕, 고통, 그리고 슬픔이 되살아나는 과정이기 때문이다. 침묵은 그들이 당한 '끔찍한' 일을 잊고 최소화하기 위해 이들이 선택한 하나의 생존 전략이었는데, 옛 위안부들이 증언을 요청 받았을 때마다 그들의 고통과 분노는 되살아났다. 1990년 위안부 운동이 출현함에 따라 오랫동안 억압되었던 감정들이 쏟아져나왔다. 동아시아의 시민 단체 운동과 여성 운동의 재출현은 위안부 개인의 경험을 사회적인 이슈로 발전시키는 데 중요한 역할을 하였다. 1970년대 말 한국과 일본에서는 일본인 남성의 기생 관광을 반대하는 운동이 있었다.[31] 이는 후에 위안부 운동을 등장하게 한 모체가 되었다. 왜냐하면 기생 관광은 현대판 위안부 제도와 맥을 같이한다고 보았기 때문이다. 1980년대에 윤정옥 전 이화여대 교수는 위안부 문제에 대한 선구자적인 관심을 보였다. 그녀는 제2차 세계대전 때 위안소가 있었던 지역 가운데 일본·타이·파푸아뉴기니·중국 등으로 조사 여행을 떠났고, 그 결과를 여론에 발표함으로써 이 문제에 대한 관심을 모으기 시작했다. 1990년 7월에 이르러서는 그녀는 이화여대 여성학과 학생들과 함께 한국정신대연구회를, 그리고 1990년 11월에는 교회여성연합회와 함께 한국정신대문제 대책협의회 설립을 이끌었다.

1991년 일본 정부가 위안부 문제에 대한 책임을 부인하자 옛 위안부였던 김학순[32] 할머니는 그해 8월 처음으로 자신이 위안부였음을 여론에 공개하고 일본 정부의 책임 회피와 전후 한국 사회 망각의 정치학에 대해 다음과 같이 도전했다. "여기 이렇게 살아 있는 증인이 있는데 어떻게 일본 정부는 위안소에 대한 책임을 부인할 수 있어? 지금까지는 내 가슴 밑바닥에 한을 묻고 살아왔지만 더 이상은 사람들이 이 과거를 잊어버리는 걸 앉아서 보고 있을 수만은 없었어."[33] 그녀의 용기 있는 결정은 다른 옛 위안부들에게도 긴 침묵을 깰 용기를 주었다. 1991년 한국과 일본에 신고 전화가 개설된 후 더 많은 위안부들과 증인들이 위안소에서의 그들의 경험과 그들이 목격한 것들을 보고했다.[34] 따라서 전후 한국 사회 망각의 정치학은 해체되기 시작했고, 위안부 문제를 인식하게 됨에 따라 전후 세대들도 위안부 운동에 참여하게 되었다. 더 많은 옛 위안부들이 '집단적인 침묵'[35]을 깨고 나올 용기를 얻었다. 자신의 이야기를 다른 이들과 나눔으로써 이제 그들은 개인적인 피해자나 생존자에서 저항을 위한 집단 속으로 들어서게 되었다. 즉 위안부 문제를 둘러싼 다른 아시아 여성들과의 연대, 그리고 남북한의 여성들이 1992년 이 문제를 의논하기 위해 연례 모임에서 처음으로 만났다. 또한 한국에서 성폭력 문제에 대한 인식이 심화됨에 따라 위안부 문제에 대한 인식도 증가되었다.

집단적인 저항의 장에서의 체험을 통해 옛 위안부들은 정치적 인식의 지평을 넓혀갔다. 그들 중에는 자신이 겪은 과거의 사회적인 원인을 찾으려 하기도 했다. 즉 자신의 체험을 단지 개인적인 불행으로만 보기보다는 식민지 역사와 관련짓기도 했다. 박순애(가명) 할머니 역시 위안소에서의 체험을 식민지 역사와 연관지어 생각했다. "내가 이렇게 신고한 것은 앞으로 강한 나라를 세우는 데 혹시 보탬이 될까 해서다. 우리 나라 사람이 또 다시 다른 나라 사람의 종이 되어서는 안 된다는 것이다."[36] 그녀 외에도 많은 옛 위안부들이 자신의 과거를 밝힌 이유 가운데 하나는 이 문제를 널리 알리고 인식하게 하는 데 있었다.[37]

생존자의 증언은 위안부 문제를 둘러싼 지지를 얻었고 이를 기반으로 위안부 제도의 피해자가 있는 다른 아시아 국가들과의 연대가 이루어졌다. 위안부 운동은 한국과 일본에서 시작되어 후에 필리핀, 타이완, 중국, 타이, 북한 그리고 다른 아시아 태평양 지역으로 확산되어 나갔다. 이 문제를 다루는 민간 단체들은 한국의 한국정신대문제 대책협의회(1990년 발족)를 비롯해 일본의 종군위안부문제 우리여성네트워크(1991년 발족), 필리핀의 The Task Force on Filipino Comfort Women(1992년 발족, 1994년 Lila-Pilipina로 개칭), 미국의 Washington Coalition for 'Comfort Women' Issues(1992년 발족), 그리고 타이완의 Taipei Women's

Rescue Foundation 등이 있다. 아시아 여러 나라의 이러한 시민단체들은 함께 협력하면서 연대감을 증진했으며, 국가 경계를 초월한 이러한 연대는 초국가적인 여성주의의 실천을 가능하게 했다. 그 결과 이들 나라에서 그리고 유엔에서 위안부 문제 해결을 위한 여론의 압력이 증가했다. 1992년과 1993년에는 유엔 인권위원회와 현대판 노예제 조사 그룹(the UN Working Group on Contemporary Forms of Slavery)과 소수 민족 차별 방지와 보호를 위한 유엔 소위원회(the UN Sub-Commission on the Prevention of Discrimination and Protection of Minorities)에서, 1995년에는 베이징에서 열린 유엔 제4차 여성대회(the UN's Fourth World Conference on Women in Beijing)에서 위안부 문제가 제기되었다. 그 외에도 옛 위안부들에 의해 제기된, 일본 정부의 사죄와 보상을 요구하는 재판이 1991년 처음으로 도쿄 지방 법원에서 열렸다. 그간 위안부 문제를 둘러싼 국제운동의 경험을 바탕으로 최근에는 아시아 각국의 민간단체가 함께 연대하여 2000년 12월 8일 부터 12일에 걸쳐서 도쿄에서 민간 법정을 열었다. '일본군성노예제를 심판하는 여성국제전범법정'이라 불린 이 민간 법정은 합동 기소장을 제출한 남한과 북한을 비롯하여 중국, 타이완, 필리핀, 인도네시아, 네덜란드, 말레이지아, 동티모르 등 각지에서 감사단이 일본군 성노예제를 고발했고 64명의 피해자가 법정에 나왔다.

 1992년 1월 이래로 서울에 있는 일본 대사관 앞에서는 위안부 생존자들과 그들의 지지자들이 매주 수요일마다 문제 해결을 촉구하는 수요 시위가 열리고 있다. 이 수요 시위는 2004년 3월 17

일 600회에 이르렀다. 이들은 일본 정부에게 위안부 생존자에 대한 보상과 책임자 처벌 그리고 이 문제를 일본에서 교육시킬 것을 촉구해 왔다. 이들은 식민주의 억압자와 가부장적인 한국 민족주의가 지지해 온 침묵에 저항했다. 침묵하기를 거부하는 것은 또한 위안부들의 일생을 따라다닌 사회적인 오명과 '민족의 수치'라는 시각에 저항하는 것이기도 하다. 강덕경 할머니는 그들이 겪은 성적 강제를 '민족의 수치'라고 받아들이는 것은 자신들에게 또다시 굴욕감을 줄 뿐이라고 강조하였다. "아직도 한국의 수치라고 말하는 사람이 있다. 사실을 몰라도 너무 모른다."[38] 오랜 세월 수치감 속에 묻어두었던 그들의 체험을 공개적으로 이야기하는 것은 자아 존엄을 회복하는 것이기도 했으며, 그래서 힘을 얻는 과정이 되기도 했다. 이들은 더 이상 순종적이고 비가시적인 존재로 머물러 있지 않았다. 이 새로운 저항의 시대에 현저하게 눈에 띄는 것은 이들이 일본 식민주의에 대해서 뿐만 아니라 한국 사회의 가부장제에 대해서도 도전한다는 것이다.

옛 위안부들은 국가 유공자들이 잠든 망향의 동상에 묻힐 것을 요구함으로써 전쟁 희생자의 대열에서 제외된 것에 중요한 도전을 했다. 그 결과 최근에 돌아가신 김학순, 전금화, 한정언, 길갑순, 김금난, 전분선 할머니 등이 망향의 동산에 안치되었다. 이는 '민족의 수치'라는 오명에 대한 커다란 도전으로 의미가 깊다. 망향의 동산에 안장된다는 것은 이들을 덮고 있던 '더러운 창녀'의 오명에서 '국가 유공자'라는 이미지로 전이됨을 의미한다. 위안부 문제가 활발히 진행되고 여론이 환기됨에 따라, 저항은 단순히 생존 전략의 차원을 넘어서 과거에 한국의 '착한 또는 정숙한' 여성으로서의 여성성을 넘어선 반식민주의적인 새로운 여성성을 재구성할 수 있는 기반을 제공하는 차원으로 도약했다. 위안부 운동은 가부장제적인 여성성에 대한 도전을 불러일으켰다.

여기서 저항이라는 개념은 확대될 필요가 있다. 예를 들어 위안부들의 경우에서 보듯이 위안소 내에서의 일시적인 복종이 겉으로는 '복종이나 공모'로 보일지라도 이것이 후에는 저항의 전조 또는 저항을 위한 준비가 될 수도 있었다. 이러한 확장된 개념의 저항은 적극적이고 직접적인 저항의 몸짓에서부터 여러 가지 생존 전략과 정체성 또는 주체성의 유지에 이르기까지 다양한 영역을 내포하고 있다. 특히 억압적인 상황에서는 저항 개념을 더욱 넓혀서 생각할 필요가 있다. 이러한 저항에 대한 재개념화는 결과적으로 여성을 단지 남성 폭력의 무기력한 피해자로 보는, 그리고 성폭력을 당한 수치감에서 침묵하는 존재로 재현하는 것을 극복할 수 있게 해준다. 가부장적인 일본 식민주의와 한국 민족주의에 대한 위안부들의 저항과 도전 그리고 다양한 형태의 생존 전략들은 이들이 단지 무기력한 폭력의 대상이라기보다는 그들 자신을 끊임없이 주체로서 자리매김하려는 노력으로 보아야 한다. 이러한 주체성을 확인하고자 하는 가시적이고 비가시적인 시도들은 여성의 경험을 재는 피해자와 행위자라는 단순한 이분법에 도전하게 한다. 피해자와 행위자라는 이분법적인 분류는 일상 생활에서 여성 자신의 억압과 저항의 경험을 다 읽어내지 못하기 때문이다. 그러므로 옛 위안부들의 자아 자리매김에는 수동적이고 무기력한 피해자와 의식적인 행위자라는 둘 사이에서 다면적인 측면과 변화를 보여야 한다. 성별과 민족 정체성의 단일 개념만으로는 가부장주의와 식민주의 맥락의 안팎에서 발생하는 자기 주체의 복합적인 자리매김을 다 담아낼 수 없다. 이러한 다각적인 주체의 자리매김을 탐구함으로써 주체성을 단일한 통일체로 또는 고정되거나 일관적인 것으로 나타내는 단일한 정체성 개념에 도전할 수 있을 것이다.

마지막으로 이 책을 간단히 요약하자면 첫째, 여성성과 남성성 그리고 민족 정체성의 재구성이 가부장적인 식민·피식민의 관계를 형성하는 데 이용된 방식에 대해 살펴보았다. 둘째, 위안부들이 이러한 정체성 재구성의 사회적·정치적 과정에 대처해 온 방식에 대해 알아보았다.

위안부들에게 강요된 자리매김과 그들 자신에 의한 반작용으로서의 자리매김은 식민주의와 가부장제의 얽힌 관계 속에서 발생했다. 위안부 제도는 일본을 식민지의 인적 물적 자원에 대한 권력을 행사하는 제국주의 국가로 생산 그리고 재생산하는 데 기여했다. 특히 군사 제도의 유지는 5장과 6장에서 살펴본 군사주의적 남성성과 노예화되고 성애화된 여성성 개념의 실천에 의존했다. 위안소 제도를 통한 남녀의 성(sexuality)과 정체성의 통제는 식민주의적 팽창을 위한 전쟁 수행을 이롭게 했다. 이 과정에서 다각적이고 복합적인 위안부들의 저항은 1990년대 위안부 운동을 통해 절정에 이르렀다. 이는 이제까지는 무시되어 왔으나 오히려 한국의 반식민주의 민족주의 운동의 역사에 중요한 기여를 한 것으로 볼 수 있다. 또한 민족주의 시대에 맞물려 지속되어 온 가부장세에 대한 의미 있는 도전으로 읽혀질 수 있을 것이다.

주석

1장 위안부 문제 알기 —
옛 위안부와 옛 일본 군인들을 만나다

1) Chung Chin-Sung, 1997, p. 251.
2) 한국정신대문제대책협의회 엮음, 1992, 11~12쪽; Yang Hyun-ah, 1997, p. 57에서 재인용.
3) Japan: An Illustrated Encyclopaedia Vol. 2, 1993, p.1336.
4) Kim Yung-Chung, 1976, p. 192; 신용하, 1981, 177쪽.
5) 차기벽, 1985; 전석담, 1989.
6) 허수열(1983)은 일본 군국주의의 절정이었던 1930~1940년대 일본 식민지 권력에 의한 조선의 공업화 정책이 산업 부문간의 불균형을 증가시켰고 외부에 대한 경제적 의존성을 증가시켰다고 보았다.
7) 안연선, 1988, 55~57쪽.
8) 『동아일보』 1932년 12월 19일자; Song Youn-Ok, 1997, pp. 202에서 재인용; 한국여성연구회 여성사분과 엮음, 1992, 47~71쪽, 손정목, 1988 참조.
9) 문소정, 1988, 121~124쪽.
10) 한국정신대연구회 · 한국정신대문제대책협의회 엮음(이하 정대연 · 정대협 엮음으로 줄임), 1997, 11쪽.
11) 난징 학살에 대한 더 자세한 것은 Joshua A. Fogel (ed.), 2000; Timothy Brook (ed.), 1999; Honda Katsuichi, 1999; Iris Chang, 1997; Hu Hua-Ling, 2000을 참조.
12) 吉見義明, 1995-a, p. 14.
13) 윤정옥, 1991, 7~13쪽.
14) 센다 가코(千田夏光), 1992-a; Chai Alice Yun, 1993, p. 69 재인용.

15) 정진성, 1994, 182쪽.
16) 吉見義明, 1995-a 참조.
17) 센다 가코, 1992-a; Chai Alice Yun, 1993, p. 69 재인용.
18) 정진성, 1993, 23쪽; Yang Hyun-ah, 1997, p. 58 재인용.
19) 하야시 히로후미(林博史)는 아시아태평양전쟁 기간 동안 말레이시아에서 일본군 당국의 콘돔 배급에 대한 논문을 썼다. 林博史, 1993, pp. 75~76.
20) 위안소 제도에 대한 일본군의 개입에 대해서는 吉見義明, 1996 참조; 戰爭責任資料センター 編, 1993, p. 34; Chung Chin-Sung, 1997, p. 224에서 재인용.
21) Chai Alice Yun, 1993, p. 69.
22) 吉見義明, 1995-a, p. 81.
23) 가와다 후미코(川田文子)와 키무라 코이치(Kimura Koichi)는 인도네시아에서 아시아태평양전쟁 기간 동안 일본군에 의한 성폭력 피해자들을 방문 조사한 후 논문을 썼다. (川田文子, 1996; Kimura, 1996 참조).
24) 이만열, 1997, 84~89쪽.
25) 정대연·정대협 엮음, 1993; 외무부 동북아과 정신대 특별조사반, 1992, 10쪽.
26) 高木健一, 1992, p. 3 참조.
27) Yoon Bang-Soon, 1996, p. 87.
28) 그러나 전쟁 동안 일본군에 의해 강간당하거나 혹은 위안부로 사용된 인도네시아 여성들에 대한 문제는 바타비아 재판에서 다루어지지 않았다. Ustinia Dolgopol · Snehal Paranjape, 1994, p. 12.
29) Choi Chung-Moo, 1997, vi.
30) 전후 일본은 남한에 3백만 달러의 보상과 2백만 달러의 경제 원조를 제공했다. (Yoon Bang-Soon, 1996, p. 94.)
31) Yoon Bang-Soon, 1996, p. 90.
32) Ustinia Dolgopol · Snehal Paranjape, 1994, pp. 12~13.
33) 이효재, 1997, 316쪽.
34) 이 책을 위해 인터뷰한 대상자에 대한 자세한 설명은 이 책의 끝 부분에 있

는 부록을 참조할 것.
35) 이 책을 쓰는 동안 내가 만났거나 그들의 이야기가 이 책에 실린 위안부 중 김학순, 문옥주, 전금화, 강덕경, 이상옥, 이용숙, 하선녀, 정서운 할머니 등 이 이미 돌아가셨다.
36) Judith Stacey, 1991, p. 112.
37) Carol Smart, 1984.
38) Judith Stacey, 1991, p. 117.
39) Pat Caplan, 1993, p. 24.
40) 여성 연구자가 남성을 인터뷰할 때의 권력 관계에 대한 자세한 논의는 데보라 리(Deborah Lee)의 글을 참조. Deborah Lee, 1997.

2장 위안부 문제의 역사 기술

1) 이효재·윤정옥 교수는 한국에서 위안부 운동을 태동시키는 데 선구자적인 역할을 했다.
2) 도츠카 에츠로(戶塚悅朗)와 박원순 변호사는 위안부 운동과 관련한 법적인 문제를 다루어왔다.
3) Park Won-Soon, 1997; Ustinia Dolgopol·Snehal Paranjape, 1994; 戶塚悅朗, 1993; 高木健一, 1992.
4) 한국 위안부들의 증언이나 구술사에 대한 저서와 논문으로는 정대연·정대협 엮음, 1993·1995·1997; Ahn Yon-Son, 1996; 川田文子, 1987; 梁澄子, 1996; 森川万智子, 1996 등이 있다. 일본 위안부에 대한 책으로는 城田すず子, 1971; 千田夏光, 1981; 川田文子, 1987 등이 있으며, 필리핀 위안부에 대한 책으로는 マリア·ロサ·ヘンソン, 1995; Panel of Lawyers For the Filipino 'Comfort Women', 1993 등이 있다. 이 외에도 위안소 제도에 관여했거나 목격했던 일본인들의 증언을 모은 것으로 從軍慰安婦110番編集委員會編, 1992; 西野留美子, 1992; 曾根一夫, 1993 등이 있다. 야마구치현 시모노세키의 노무 충원 담당 고위 공무원이었던 요시다 세이지(吉田淸治)

는 한국 위안부 충원을 위한 자신의 체험을 두 권의 책으로 펴냈다. 요시다 세이지, 1992 · 1983.

5) 吉見義明 編 · 解說, 1992.
6) Yang Hyun-ah, 1998; 山下英愛, 1996; Chung Chin-Sung, 1995.
7) 이상화, 1997; 川田文子, 1997.
8) 이효재, 1997; 신혜수, 1997.
9) 藤岡信勝, 1996; 保阪正康, 1996.
10) 藤岡信勝, 1996; 中村粲, 1996; 保阪正康, 1996; 니시오카 쯔토무(西岡力), 1997; 구사키 기미히토(日下公人), 1996.
11) 구사키 기미히토, 1996, 76~77쪽.
12) 같은 글; 藤岡信勝, 1996.
13) 中村粲, 1996, p. 70.
14) 秦郁彦, 1996-a.
15) Ibid.; 藤岡信勝, 1996.
16) Ibid.; 藤岡信勝, 1996.
17) 藤岡信勝, 1996; 保阪正康, 1996, pp. 65; 구사키 기미히토, 1996; 秦郁彦, 1996-a.
18) 保阪正康, 1996.
19) 秦郁彦, 1996-b.
20) 保阪正康, 1996, p.70.
21) Ibid., pp. 65~66.
22) Ibid., pp. 66~67.
23) Ibid., p. 72; 中村粲, 1996, pp. 72~73.
24) 中村粲, 1996, p. 70.
25) Ibid.; 保阪正康, 1996.
26) 中村粲, 1996, pp. 69~70.
27) 金一勉 編著, 1977; 임종국, 1981.
28) 金一勉 編著, 1977, p. 70; 임종국, 1981, 23~25쪽, 59~64쪽.
29) 웨이스보드(Robert G. Weisbord)는 미국 내 흑인의 산아 제한 정책을 인종

말살의 일종으로 보았다.(Robert G. Weisbord, 1975)
30) 호로비츠(Irving L. Horowitz)는 인종 말살은 국가의 관료적인 도구에 의해 무죄한 이들을 구조적이고 체계적으로 파괴하는 것으로 보았다. 즉 대규모로 그리고 비인간적으로 살인을 집행하는 것이다.(Irving L. Horowitz, 1982.)
31) 강만길, 1997, 24~25쪽.
32) 임종국, 1981, 17쪽.
33) 이만열, 1997, 97쪽.
34) 강만길, 1997, 36쪽.
35) 金一勉, 1997.
36) 吉見義明, 1995-a · 1995-b · 1997-a; 吉田裕, 1997; 윤명숙, 1997; 倉橋正直, 1994.
37) 吉見義明, 1995-a, pp. 232~233; 윤명숙, 1997, 65쪽.
38) 吉見義明, 1995-b, p. 222.
39) 吉見義明, 1995-b, p. 94 · 136; 倉橋正直, 1994, pp. 15~16.
40) 倉橋正直, 1994, pp. 68~72.
41) Ibid., pp. 37~38.
42) 요시미 요시아키(吉見義明) 교수는 1993년 12월 18~19일 서울에서 열렸던 한일합동회의 패널 토의에서 이와 같이 주장했다.
43) 吉見義明, 1995-a, p. 161.
44) James Fentress · Chris Wickham, 1992, viii.
45) 吉見義明, 1997-b, p. 35.
46) Ueno Chizuko(上野千鶴子), 1996-a · 1998; Yamazaki Hiromi, 1995; 大越愛子, 1997; 강선미 · 야마시다 영애, 1993.
47) Yamazaki Hiromi, 1995, 1995, p. 51.
48) 大越愛子, 1997, p.152.
49) Yamazaki Hiromi, 1995, 1995, p. 54.
50) Sara Ahmed, 1996, p. 138.
51) Chandra Talpade Mohanty, 1991.

52) 鈴木裕子, 1992-a, p. 47.
53) 鈴木裕子, 1992-a, p. 32; 川田文子, 1995, p. 7 · 115; 야마시다 영애, 1991.
54) 鈴木裕子, 1993; 倉橋正直, 1994.
55) 川田文子, 1995, p. 6.
56) 야마시다 영애, 1991; 鈴木裕子, 1992-a.
57) 鈴木裕子, 1992-a, p. 53.
58) 西野留美子, 1995, pp. 22~25.
59) 스즈키 유코(鈴木裕子), 1992-b, 35쪽.
60) 鈴木裕子, 1992-a, pp. 45~46.
61) Chung Chin-Sung, 1995.
62) 윤정옥, 1997, 276쪽; 鈴木裕子, 1993, p. 235.
63) 川田文子, 1995, p. 12; 鈴木裕子, 1993, p. 78 · 196; 鈴木裕子, 1992-a, p. 47; 정진성, 1993, 29쪽.
64) 윤정옥, 1997, 275쪽.
65) Ueno Chizuko, 1996-a, p. 38.
66) 金富子, 1995, p. 88.
67) 鈴木裕子, 1993, p. 226.

3장 '위안부' 들의 한 맺힌 이야기들

1) 엘레인 스캐리(Elaine Scarry)는 신체적인 고통에 대해서만 언급하고 있지만 위안부의 고통은 단지 육체적인 것만은 아니었다. Elaine Scarry, 1985.
2) Katheryn Anderson, et. al., 1987, pp. 102~103.
3) 윤정옥, 1997, 278쪽.
4) 在日朝鮮民主女性同盟編集委員會, 1992, p. 16.
5) Chung Chin-Sung, 1997, p. 228.
6) 야마시다 영애, 1991, 228쪽.

7) 鈴木裕子, 1994, pp. 96~126; 강정숙, 1997, 222쪽.
8) 정대연·정대협 엮음, 1997, 239쪽.
9) 강덕경, 1992년 인터뷰.
10) 비상시의 국가총동원법은 인력과 물자의 동원을 비롯해서 임금과 물가의 통제, 국가에 의한 특정 산업의 운영뿐만 아니라 심지어 강제 저축제와 등록제 등을 포함하고 있다. W.G. Beasley, 1963, p. 253.
11) 從軍慰安婦110番編集委員會編, 1992, p. 65.
12) 『한겨레신문』 1992년 1월 14일자.
13) 『동아일보』 1992년 1월 14일자; 『조선일보』 1992년 1월 15일자; Choi Chung-Moo, 1992, p. 99에서 재인용.
14) 정대연·정대협 엮음, 1993, 273쪽.
15) 1995년 인터뷰.
16) 1995년 인터뷰.
17) 吉田淸治, 1983.
18) 『매일신보』 1994년 10월 27일자.
19) 從軍慰安婦110番編集委員會編, 1992, p. 90.
20) 정대연·정대협 엮음, 1997, 20쪽.
21) Chai Alice Yun, 1993, p. 70.
22) Yang Hyun ah, 1997, p. 65.
23) 강정숙, 1997, 219쪽.
24) 從軍慰安婦110番編集委員會編, 1992, p. 91.
25) Asian Women's Resource Centre for Culture and Theology (ed.), 1996, p. 9.
26) 吉見義明 編·解說, 1992, pp. 99~106.
27) 황금주 할머니는 군용 기차에 의해 길림으로 보내졌다고 말했다. 1995년 인터뷰.
28) 문옥주, 이선옥, 이득남 할머니는 군용 배에 실려 각각 양곤(Yangon), 싱가포르, 수마트라로 보내졌다고 했다. 정대연·정대협 엮음, 156·175·204쪽.
29) 무옥주 할머니는 양곤과 타이에서 군용 트럭을 타고 이동했다고 했다. 정대

연・정대협 엮음, 1993, 97・156・158・175・204・160쪽.
30) 문필기, 윤두리 할머니는 만주에서 일본군에 의해 이송되었다고 했다. 1992년 인터뷰.
31) 西野留美子, 1992, p. 53.
32) 從軍慰安婦110番編集委員會編, 1992, p. 57.
33) Ibid., 1992, p. 67.
34) Chung Chin-Sung, 1997, p. 228.
35) 千田夏光, 1981, pp. 84.
36) 정대연・정대협 엮음, 1993, 41~42・50쪽.
37) 전금화 할머니의 구술, 1993년 인터뷰; 같은 책, 65쪽.
38) 같은 책, 134쪽.
39) Ustinia Dolgopol・Snehal Paranjape, 1994, p. 93.
40) 1992년 인터뷰.
41) Ustinia Dolgopol・Snehal Paranjape, 1994, p. 78.
42) Ibid., p. 99; 정대연・정대협 엮음, 1993, 124쪽.
43) Chung Chin-Sung, 1997, p.228.
44) 정대연・정대협 엮음, 1993, 36쪽.
45) 황금주, 1995 인터뷰; 정대연・정대협 엮음, 1993, 43쪽.
46) 같은 책, 36・137쪽; Ustinia Dolgopol・Snehal Paranjape, 1994, p. 105.
47) 정대연・정대협 엮음, 1993, 155쪽.
48) 1992년 인터뷰.
49) Ustinia Dolgopol・Snehal Paranjape, 1994, p. 91.
50) 鈴木裕子, 1993, p. 25.
51) 川田文子, 1995, p. 5.
52) 吉見義明, 1995-a, p. 231.
53) 문필기, 1992년 인터뷰; Ustinia Dolgopol・Snehal Paranjape, 1994, p. 95.
54) George Hicks, 1995.
55) 황금주, 1995 인터뷰.
56) 1995년 인터뷰.

57) Ustinia Dolgopol · Snehal Paranjape, 1994, p. 128.
58) 從軍慰安婦110番編集委員會編, 1992, p. 48.
59) 田中美津, 1970, 『便所からの 解放』上野千鶴子 編(1994~1995), 第1卷; Ueno Chizuko, 1996-b, PP. 175~176 재인용.
60) 1993년 인터뷰.
61) 정대연 · 정대협 엮음, 1993, 158쪽.
62) 정대연 · 정대협 엮음, 1993, 88쪽.
63) 박순애, 1996년 인터뷰.
64) 정대연 · 정대협 엮음, 1993, 246쪽.
65) 같은 책, 69쪽.
66) 1996년 인터뷰.
67) 정대연 · 정대협 엮음, 1993, 37 · 220 · 278쪽.
68) 황금주, 1995년 인터뷰.
69) 정대연 · 정대협 엮음, 1993, 120쪽.
70) 鈴木裕子, 1992-a, p. 130.
71) Allied Translator and Interpreter Section—South West Pacific Area, 1945.
72) 從軍慰安婦110番編集委員會編, 1992, p. 43 · 108.
73) 정대연 · 정대협 엮음, 1997, 178쪽.
74) 같은 책, 132쪽.
75) 위안부들과 현대에 와서 인신 매매된 여성들의 상황 사이에는 상당히 비슷한 점들이 보인다. 예를 들면 최근 인신 매매된 여성들은 300~500명의 '손님을 받으며' 그들의 '몸값'을 갚는다고 한다.
76) 司令部, 「第二軍狀況槪要」, 1938년 12월 10일; Chung Chin-Sung, 1997, p.229에서 재인용.
77) 정대연 · 정대협 엮음, 1993, 46쪽.
78) 정대연 · 정대협 엮음, 1997, 125쪽.
79) 같은 책, 177~178쪽.
80) 같은 책, 123~124쪽.

81) 1995년 인터뷰.
82) 西野留美子, 1992, p. 77.
83) 1992년 인터뷰.
84) 川田文子, 1987, p. 84.
85) 1995 인터뷰.
86) 정대연 · 정대협 엮음, 1993, 102쪽.
87) 같은 책, 39쪽.
88) 같은 책, 160쪽.
89) 1993년 인터뷰.
90) 在日朝鮮民主女性同盟編集委員會編, 1992, p. 7.
91) 1996년 인터뷰.
92) 정대연 · 정대협 엮음, 1993, 67쪽.
93) 從軍慰安婦110番編集委員會編, 1992, p. 108.
94) 예를 들면 요시오카, 나카노(1996년 인터뷰), 김학순, 이순옥, 이득남 그리고 배봉기 할머니.(정대연 · 정대협 엮음, 1993 · 1995; 川田文子, 1987, p. 85; 센다 가코, 1992-a, 102쪽)
95) 미타 카조, 1996년 인터뷰; Ustinia Dolgopol · Snehal Paranjape, 1994, p. 33.
96) 1994년 인터뷰.
97) 정대연 · 정대협 엮음, 1993, 65, 142쪽.
98) 1996년 인터뷰.
99) Choi Chung-Moo, 1997, ix.
100) 정대연 · 정대협 엮음, 1995, 48쪽.
101) 1996년 인터뷰.
102) 센다 가코, 1992-a, 157쪽.
103) 1992년 인터뷰.
104) 梁澄子, 1995, p. 37.
105) 1992년 인터뷰.
106) 정대연 · 정대협 엮음, 1993, 207쪽.

107) Allied Translator, 1945, p. 11.
108) 1992년 인터뷰.
109) 1992년과 1993년 인터뷰.
110) 정대연·정대협 엮음, 1993, 101~102쪽.
111) 1995년 인터뷰.
112) Ustinia Dolgopol·Snehal Paranjape, 1994, p. 109·114.
113) 정대연·정대협 엮음, 1993, 140~141쪽.
114) 從軍慰安婦110番編集委員會編, 1992, p. 115.
115) 정대연·정대협 엮음, 1997, 177쪽.
116) Asian Women's Resource Centre for Culture and Theology (ed.), 1996, p. 10; 정대연·정대협 엮음, 1997, 60쪽.
117) 문옥주, 1992년 인터뷰; Ustinia Dolgopol·Snehal Paranjape, 1994, p. 109·114.
118) 김학순, 1992년 인터뷰.
119) 문필기, 1995년 인터뷰.
120) 윤정옥, 1997, 383쪽; 정대연·정대협 엮음, 1997, 95쪽.
121) 從軍慰安婦110番編集委員會編, 1992, p. 115.
122) 전금화, 1993년 인터뷰; Ustinia Dolgopol·Snehal Paranjape, 1994, p. 79·91·109.
123) 정대연·정대협 엮음, 1997, 56~57쪽.
124) 1995년 인터뷰.
125) 1995년 인터뷰.
126) 정대연·정대협 엮음, 1993, 53쪽.
127) 정대연·정대협 엮음, 1995, 129; 정대연·정대협 엮음, 1993, 173쪽.
128) 정대연·정대협 엮음, 1997, 131쪽.
129) 정대연·정대협 엮음, 1993, 246쪽.
130) 정대연·정대협 엮음, 1993, 54쪽.
131) Maria Rosa Henson, 1996, pp. 71~72.
132) 정대연·정대협 엮음, 1993, 157~158쪽.

133) 정대연·정대협 엮음, 1997, 57쪽.
134) Ustinia Dolgopol·Snehal Paranjape, 1994, p. 117.
135) 정대연·정대협 엮음, 1993, 112쪽.
136) 윤두리, 1992년 인터뷰.
137) 1996년 인터뷰.
138) 정대연·정대협 엮음, 1993, 66쪽.
139) 1992년 인터뷰.
140) 정대연·정대협 엮음, 1993, 160쪽.
141) 1992년 인터뷰.
142) 정대연·정대협 엮음, 1993, 141쪽.
143) 정대연·정대협 엮음, 1993, 68쪽.
144) 在日朝鮮民主女性同盟編集委員會編, 1992, p. 42.
145) 정대연·정대협 엮음, 1993, 40쪽.
146) 정대연·정대협 엮음, 1993, 139쪽.
147) 吉見義明 編·解說, 1992, 1992, pp. 197~199의 자료 42와 pp. 200~201의 자료 44 참조.
148) 정대연·정대협 엮음, 1997, 24쪽.
149) 從軍慰安婦110番編集委員會編, 1992, p. 42.
150) 정대연·정대협 엮음, 1993, 62쪽.
151) 1992년 인터뷰.
152) 정대연·정대협 엮음, 1993, 160쪽.
153) Ustinia Dolgopol·Snehal Paranjape, 1994, p. 101 ; 이상화, 1997, 295쪽.
154) Ustinia Dolgopol·Snehal Paranjape, 1994, p. 115; 정대연·정대협 엮음, 1993, 140쪽.
155) 1995년 인터뷰.
156) 정대연·정대협 엮음, 1995, 104쪽.
157) 1992년 인터뷰.
158) 정대연·정대협 엮음, 1995, 90쪽.
159) 정대연·정대협 엮음, 1997, 193쪽.

160) 정대연·정대협 엮음, 1993, 81쪽.
161) 윤정옥, 1997, 290쪽.
162) 1995년 인터뷰.
163) 정대연·정대협 엮음, 1993, 138쪽.
164) Asian Women's Resource Centre for Culture and Theology (ed.), 1996, p. 10.
165) 정대연·정대협 엮음, 1993, 52쪽.
166) 정대연·정대협 엮음, 1997, 110쪽.
167) 정대연·정대협 엮음, 1993, 66쪽.
168) 정대연·정대협 엮음, 1995, 142·229쪽.
169) 윤두리, 1992년 인터뷰.
170) 정대연·정대협 엮음, 1993, 206쪽.
171) 정대연·정대협 엮음, 1993, 141쪽.
172) 이용수, 1996년 인터뷰.
173) 정대연·정대협 엮음, 1993, 144쪽.
174) 정대연·정대협 엮음, 1993, 53쪽.
175) 방선주, 1997, 237쪽.
176) 川田文子, 1992, pp. 107~108.
177) 정대연·정대협 엮음, 1993, 103쪽.
178) 從軍慰安婦110番編集委員會編, 1992, p. 30; 정대연·정대협 엮음, 1997, 79쪽.
179) 在日朝鮮民主女性同盟編集委員會編, 1992, p. 44.
180) Choi Chung-Moo, 1992, p. 103.
181) 이상화, 1997, 254쪽.
182) 정대연·정대협 엮음, 1993, 49쪽; 정대연·정대협 엮음, 1997, 246쪽.
183) 황금주, 1995 인터뷰.
184) 정대연·정대협 엮음, 1993, 180쪽.
185) 1992년 인터뷰.
186) 문옥주, 1992년 인터뷰.

187) 정대연·정대협 엮음, 1993, 56~57쪽.
188) Ustinia Dolgopol·Snehal Paranjape, 1994, p. 80.
189) 1992년 인터뷰.
190) 정대연·정대협 엮음, 1993, 94쪽.
191) 정대연·정대협 엮음, 1993, 268쪽.
192) 1992년 인터뷰.
193) 정대연·정대협 엮음, 1993, 92쪽.
194) Ustinia Dolgopol·Snehal Paranjape, 1994, p. 111.
195) 정대연·정대협 엮음, 1995, 19쪽.
196) 1992年 京都 おしえてください! 慰安婦 情報電話 報告集編集委員會編, 1992, p. 277.
197) Asian Women's Resource Centre for Culture and Theology (ed.), 1996, p. 8.
198) 송신도, 1996년 인터뷰.
199) 정대연·정대협 엮음, 1993, 143쪽.
200) Liz Kelly, 1988, p. 191.
201) Elaine Scarry, 1985, p. 109.
202) 1992년 인터뷰.
203) 정대연·정대협 엮음, 1993, 49·101쪽.
204) 같은 책, 1993, 146쪽.
205) 1996년 인터뷰.

4장 옛 일본 군인들의 이야기

1) 1996년 인터뷰.
2) 1996년 인터뷰.
3) 1992年 京都 おしえてください! 慰安婦 情報電話 報告集編集委員會編, 1992, p. 268.

4) 정대연·정대협 엮음1993, 46쪽.
5) 西野留美子, 1992; George Hicks, 1995, p. 53 재인용.
6) 1996년 인터뷰.
7) 1996년 인터뷰.
8) 정대연·정대협 엮음, 1993, 131쪽.
9) 정대연·정대협 엮음, 1993, 207쪽.
10) 1996년 인터뷰.
11) Kim-Gibson Dai Sil, 1997, p. 260.
12) 1996년 인터뷰.
13) 從軍慰安婦110番編集委員會編, 1992, p. 69.
14) 1996년 인터뷰.
15) 1996년 인터뷰.
16) Maria Rosa Henson, 1996, p. 65.
17) 西野留美子, 1992, p. 52.
18) 1996년 인터뷰.
19) 1996년 인터뷰.
20) 1996년 인터뷰.
21) 1996년 인터뷰.
22) 1996년 인터뷰.
23) 1996년 인터뷰.
24) 1996년 인터뷰.
25) Tsurumi Kazuko, 1970, p. 98.
26) 강정숙, 1997, 221쪽.
27) 吉見義明 編·解說, 1992, p. 92.
28) 정대연·정대협 엮음, 1997, 56쪽.
29) 從軍慰安婦110番編集委員會編, 1992, p. 69.
30) 1992년 인터뷰.
31) 1996년 인터뷰.
32) 1996년 인터뷰.

33) 1996년 인터뷰.
34) 1996년 인터뷰.
35) 西野留美子, 1992; George Hicks, 1995, 1995, p. 53 재인용.
36) 1996년 인터뷰.
37) 1996년 인터뷰.
38) 西野留美子, 1992, p. 74.
39) Haruko Taya Cook · Theodore F. Cook, 1992, p. 164.
40) Ustinia Dolgopol · Snehal Paranjape, 1994, p. 89; Haruko Taya Cook · Theodore F. Cook, 1992, p. 289.
41) 1996년 인터뷰.
42) 從軍慰安婦110番編集委員會編, 1992, p. 57; 西野留美子, 1992, p. 96 · 104.
43) Ustinia Dolgopol · Snehal Paranjape, 1994, p. 125.
44) Ustinia Dolgopol · Snehal Paranjape, 1994, p. 124.
45) 吉見義明 編 · 解說, 1992, p. 217.
46) 吉見義明 編 · 解說, 1992, pp. 229 · 262.
47) 從軍慰安婦110番編集委員會編, 1992, p. 64.
48) 吉見義明 編 · 解說, 1992, p. 23.
49) 정대연 · 정대협 엮음, 1993, 45쪽.
50) 從軍慰安婦110番編集委員會編, 1992, p. 105.
51) 吉見義明 編 · 解說, 1992, p. 215.
52) 華公平, 1992, 70~71쪽.
53) 1996년 인터뷰.
54) Ustinia Dolgopol · Snehal Paranjape, 1994, p. 125.
55) 1996년 인터뷰.
56) 정대연 · 정대협 엮음, 1997, 62쪽; Ustinia Dolgopol · Snehal Paranjape, 1994, pp. 89~90.
57) 西野留美子, 1992, p. 73; Ustinia Dolgopol · Snehal Paranjape, 1994, p. 130.

58) 정대연·정대협 엮음, 1995, 160쪽.
59) Ustinia Dolgopol·Snehal Paranjape, 1994, p. 113; 川田文子, 1987, p. 90; 從軍慰安婦110番編集委員會 編, 1992, p. 124; 정대연·정대협 엮음, 1997, 57쪽.
60) 정대연·정대협 엮음, 1993, 101쪽; Ustinia Dolgopol·Snehal Paranjape, 1994, p. 80.
61) 정대연·정대협 엮음, 1993, 92쪽.
62) 정대연·정대협 엮음, 1997, 12쪽.
63) 1996년 인터뷰.
64) 1992年 京都 おしえてください! 慰安婦 情報電話 報告集編集委員會 編, 1992, p. 272.
65) Ibid., p. 318.
66) Ibid., p. 303.
67) 1996년 인터뷰.
68) 1992年 京都 おしえてください! 慰安婦 情報電話 報告集編集委員會編, 1992, p. 271.
69) 西野留美子, 1992; George Hicks, 1995, p. 53에서 재인용.
70) 1996년 인터뷰.
71) 1996년 인터뷰.
72) 1996년 인터뷰.
73) 1996년 인터뷰.
74) 吉見義明, 1995-a, p. 222.
75) 吉見義明 編·解說, 1992, p. 228.
76) Ustinia Dolgopol·Snehal Paranjape, 1994, p. 130.
77) 吉見義明 編·解說, 1992, p. 95.
78) 從軍慰安婦110番編集委員會編, 1992, p. 142.
79) Ibid., p. 144.
80) 1996년 인터뷰.
81) 1996년 인터뷰.

82) 1992年 京都 おしえてください! 慰安婦 情報電話 報告集編集委員會編, 1992, p. 272.
83) 1996년 인터뷰.
84) Ustinia Dolgopol · Snehal Paranjape, 1994, p. 79.
85) 1992年 京都 おしえてください! 慰安婦 情報電話 報告集編集委員會 編, 1992, pp. 307~308.
86) 1996년 인터뷰.

5장 병사 만들기

1) 鶴見和子, 1962, pp. 155~161; Tsurumi Kazuko, 1970, p. 129 재인용.
2) 요시오카 다다오, 1996 인터뷰.
3) Victor J. Seidler, 1989 · 1992 · 1997; Judith R. Weeks, 1985; David Hopcraft John Morgan, 1992.
4) Rowena Chapmann · Jonathan Rutherford, 1988; A. McClintock, 1995.
5) Mrinalini Sinha, 1995.
6) J. Mangan · J. Walvin, 1988.
7) G. Dawson, 1994; George L. Mosse, 1985.
8) Thomas Cleary, 1992, p. 55.
9) 鶴見和子, 1962, pp. 155~161; Tsurumi Kazuko, 1970, p. 129 재인용.
10) 西野留美子, 1992, p. 78.
11) Jean Bethke Elshtain, 1987; Tsurumi Kazuko, 1970; Carolyn Steedman, 1988.
12) Peter Duus, 1976, p. 230.
13) 山本常朝, 1965, p. 23; Tsurumi Kazuko, 1970, p. 81 재인용.
14) 藤原彰, 1961, p. 111.
15) Ibid., pp. 111~114.
16) Claire M. Tylee, 1988, pp. 205~209.

17) Cynthia H. Enloe, 1988, p. 22.
18) Judith Hicks Stietm, 1994, p. 586.
19) 從軍慰安婦110番編集委員會 編, 1992, p. 29.
20) Carolyn Steedman, 1988, p. 7~8.
21) Tsurumi Kazuko, 1970, p. 90.
22) Haruko Taya Cook · Theodore F. Cook, 1992, p. 309.
23) 藤原彰, 1978, pp. 73~74.
24) Sigmund Freud, 1920.
25) Janna Thompson, 1991, pp. 68~72.
26) Cynthia H. Enloe, 1987, pp. 531~532.
27) Lynn Segal, 1987, pp. 162~203; Carolyn Steedman, 1988, p. 271 재인용.
28) Tsurumi Kazuko, 1970, pp. 90~91 참조.
29) 鈴木裕子, 1992-a, p. 68; Haruko Taya Cook · Theodore F. Cook, 1992, p. 74.
30) 福武直,1987; 飯塚浩二, 1950.
31) Kathleen S. Uno, 1993, p. 297.
32) 飯塚浩二, 1950, pp. 43~45; Tsurumi Kazuko, 1970, p. 98 재인용.
33) Tsurumi Kazuko, 1970, p. 119.
34) 西野留美子, 1992, p. 63.
35) Tsurumi Kazuko, 1970, pp. 96~97, p. 123.
36) Tsurumi Kazuko, 1970, p. 124.
37) 정대연 · 정대협 엮음, 1995, 70쪽.
38) 早尾虎雄, 1939, 『戰場について特殊現象とこの對策』; 吉見義明 編 · 解說, 1992, pp. 231~232 재인용.
39) Rose Poole, 1985.
40) Cynthia H. Enloe, 1988, p. 35.
41) Diane Scully, 1993, p. 234; Catharine MacKinnon, 1987.
42) Vera Folnegovic-Smalc, 1994, p. 175; Ruth Seifert, 1994, p. 55.
43) Ustinia Dolgopol · Snehal Paranjape, 1994, p. 31.

44) 吉見義明 編・解說, 1992, p. 228.
45) John Costello, 1985, pp. 9~20.
46) 早尾虎雄, 1939, 『戰場について 特殊現象とこの對策』; 吉見義明 編・解說, 1992, p. 228 재인용.
47) 吉見義明 編・解說, 1992, p. 95.
48) Wendy Hollway, 1984, p. 251
49) Berenice Carroll · Barbara Welling Hall, 1993, p. 20.
50) 吉見義明 編・解說, 1992, p. 324.
51) Tsurumi Kazuko, 1970.
52) Ibid, p. 95 재인용.
53) 吉見義明 編・解說, 1992, p. 216.
54) John Costello, 1985, p. 135.
55) 從軍慰安婦110番編集委員會 編, 1992, p. 69.
56) B. Connel, 1992, p. 176.
57) Claire M. Tylee, 1988, pp. 205~209.
58) Janna Thompson, 1991.
59) 吉見義明, 1995-a, p. 53.
60) Cynthia H. Enloe, 1988, p. 214.

6장 '창녀' 만들기 ― 노예화되고 성애화된 여성성

1) 일본 군인의 정체감에 나타나는 외국인 혐오적인(xenophobic) 측면에 대해서는 이 책의 7장에서 살펴볼 것이다.
2) John H. Gagnon · William Simon, 1973.
3) Wendy Hollway, 1984.
4) Sharon Marcus, 1992.
5) 위안소 제도는 지속적이고 제도적이고 체계적으로 마련된 성적 강제라는 점에서 일회적인 전시 강간과는 다른 점이 있다. 위안소에서의 성폭력은 일회

적인 것이 아니라 아시아태평양전쟁이 끝날 때까지 장기간에 걸쳐 지속적으로 행해졌다.
6) N. Noddings, 1989, p. 37; Jane M. Ussher, 1991, p. 22 재인용.
7) M. Douglas, 1966.
8) 민현구, 1987.
9) 한영우, 1983, 65쪽; 한명숙, 1986, 38~39쪽.
10) Kim Yung-Chung, 1976, pp. 52~53.
11) 박용옥, 1985, 36~38쪽.
12) 최재석, 1983.
13) 정조 이데올로기가 오직 양반 계층에게만 적용되었는가 아니면 평민 여성들에게도 적용되었는가에 대해서는 한국 여성사 내에서도 논쟁이 있어왔다. 김영정은 평민 여성에 대한 정조의 강조는 오직 가정일 뿐이라고 본 반면(Kim Yung-Chung, 1976), 이옥경은 정조 이데올로기가 모든 사회 계층에 적용되었음을 강조했다.(이옥경, 1985) 계급과 계층은 여기서 중요한 의미를 지닌다. 성(sex)과 출산의 분리는 서로 다른 계층의 여성들에게 '창녀'와 '요조숙녀·정숙한 부인'으로 각각 투영되었다.
14) Choi Chung-Moo, 1992, p. 13.
15) 이옥경, 1985, 45~52쪽.
16) Choi Chung-Moo, 1992, p. 107.
17) 이경복, 1986, 47쪽.
18) 일본 식민지 시대 한국에 도입된 공창 제도에 대한 자세한 것은, 야마시다 영애, 1991; 鈴木裕子, 1994, pp. 84~102 참조.
19) Song Youn-Ok, 1977.
20) 예를 들어 공창 제도 운영의 방식은 위안소 제도의 운영을 위해 그대로 도입되었다. Song Youn-Ok, 1997, p. 203.
21) 麻生徹男, 『花柳病の 積極的 豫防法』, 1939년 6월 26일.
22) 西野留美子, 1992, p. 44·50.
23) 從軍慰安婦110番編集委員會編, 1992, pp. 26~27.
24) 강선미·야마시다 영애, 1993, 67~69쪽; 鈴木裕子, 1993, p. 48; 西野留

美子, 1995, pp. 19~20.
25) Jennifer Robertson, 1991, p. 91.
26) Gail Lee Bernstein (ed.), 1991, pp. 5~7.
27) Miyake Yoshiko, 1991, p. 278.
28) 일본 보건성은 1940년과 1941년에 걸쳐 중요한 발표를 하였다. 그 가운데 하나는 국가우생법(1940년 제정, 1941년부터 실행)이고 다른 하나는 인구 성장 정책을 위한 지침이었다. 국가우생법은 일본 인구의 우생학적인 향상을 위한 '질적 통제'에 국가가 적극적으로 개입하는 것이다. 이는 다음과 같은 두 가지 규정을 지니고 있다. 즉 유전적인 병을 가진 이는 불임화시키고 건강한 여성에 대해서는 산아 제한을 금지시키는 것이다. 인구 성장 정책을 위한 지침은 제국주의적인 사명이라는 미명 아래 '대동아 공영권 건설'을 위한 우량의 인구를 증가시켜야 할 중요성과 시급성에 대해 논의하고 있다. Miyake Yoshiko, 1991, p. 278
29) Gail Lee Bernstein (ed.), 1991, p. 13.
30) Hayakawa Noriko, 1996, pp. 114~115.
31) Gail Lee Bernstein (ed.), 1991, p. 12.
32) Sharon H. Nolte · Sally Ann Hastings, 1991, pp. 152.
33) Miyake Yoshiko, 1991, p. 269.
34) Catherine Hall, 1993, p. 100.
35) Hayakawa Noriko, 1996, p. 110.
36) 근대 일본의 공창제는 메이지 시대 초기의 일련의 법령의 공포로 시작되었다.(Fujime Yuki, 1997, pp. 137~138) 메이지 시기 일본의 공창제에 대한 더 자세한 것은 道家齊一郞, 1928 참조.
37) 鈴木裕子, 1993, p. 55; 川田文子, 1995, p. 6 · 47.
38) Hane Mikiso, 1982, pp. 218~222.
39) Cynthia H. Enloe, 1988, pp. 31~32; 森崎和江, 1976.
40) 鈴木裕子, 1993, pp. 221~222.
41) 鈴木裕子, 1994, p. 14.
42) 오키나와의 위안소에 대한 더 자세한 내용은 川田文子, 1987 참조.

43) Deniz Kandiyoti, 1993.
44) 「무책임한 부산 경찰서」, 『동아일보』 1925년 7월 3일자; Song Youn-Ok, 1997, p. 198 재인용.
45) 『조선일보』는 일본이 '매매음'을 해외 개발 정책의 일환으로 사용한다고 비판했다. 실제로 일본 매춘부들은 식민지 정책의 선봉대로 여겨졌다. 『조선일보』 1925년 8월 30일자; Song Youn-Ok, 1997, p. 197 재인용.
46) Cornerlius Castroriadis, 1987, p. 148
47) 한국 민족주의와 위안부 문제에 대해서는 Yang Hyun-ah, 1998 참조.
48) Nira Yuval-Davis, 1993, p. 627.
49) Suzanne Gibson, 1993.
50) Andrew Parker et.al., 1992, p. 9.
51) Ibid., p. 6.
52) Deniz Kandiyoti, 1993, p. 384.
53) Amrita Chhachhi, 1991, pp. 144~175.
54) 『동아일보』 1992년 1월 16일자.
55) Cheila Miyoshi Jager, 1996, p. 15.
56) Choi Chung-Moo, 1992.
57) 吉見義明, 1995, p. 222.
58) Malika Mehdid, 1993; bell hooks, 1982; Kenneth Ballhatchet, 1980.
59) 여성에 대한 부정적인 담론을 유포함으로써 성적 착취를 합리화한 가장 명백한 예는 미국의 흑인 노예의 맥락에서 볼 수 있다. 벨 훅스(bell hooks)에 의하면 19세기 미국 노예제와 아프리카의 식민주의를 통해 흑인 여성의 성(sexuality)은 매우 음란하고 저속한 것으로 개념화되었다. 이러한 부정적인 개념화의 목적 가운데 하나는 백인 남성에 의한 성적이고 재생산적인 착취를 정당화하고 식민지 지배를 합리화하기 위한 것이었다. 또 다른 예는 영국 식민지하의 인도의 경우에서 찾아볼 수 있다. 인도 여성의 성적인 이미지는 '음란하고 억제되지 않는' 것으로 고정화되었고 이는 '도덕적으로 우세한' 영국인에 의해 인도 여성의 성을 통제하는 것을 정당화했다. bell hooks, 1982; Kenneth Ballhatchet, 1980, pp. 5~7.

60) Andrea Dworkin, 1981, p. 26.
61) Elaine Scarry, 1985, pp. 46~47.
62) 이옥분의 구술, 정대연·정대협 엮음, 1993, 168쪽.
63) 최명순(가명)의 구술, 정대연·정대협 엮음, 1993, 264쪽.
64) Elaine Scarry, 1985.
65) Ibid., pp. 63~81.
66) Yang Hyun-ah, 1998, p. 131.
67) 1990년 6월 일본 사회당의 모토오카 쇼지 의원은 일본 정부가 위안부 문제의 조사에 착수할 것을 일본 국회 예산위원회에 요구했으나 일본 정부는 위안부는 '창녀'로 보아야 한다고 반응했다.
68) Beverley Skeggs, 1997, p. 3.

7장 천황의 신하 만들기―민족 정체성

1) 전후 중국에 남은 옛 위안부 임금화 할머니의 구술이다. 정대연·정대협 엮음, 1995, 109쪽.
2) Anthony Smith, 1991, p. 43.
3) 천황은 국가의 원수임과 동시에 국가 공동체의 신격화된 아버지로 여겨졌다. Michael Weiner, 1995, p. 449.
4) Tsurumi Kazuko, 1970, p. 4.
5) 巢鴨遺書編纂會, 1953.
6) 천황에 대한 충성과 부모에 대한 효도는 은혜에 보답한다는 중세의 '온'(恩) 개념에 기반해서 메이지 정치 지도자들에 의해 합리화되고 강조되었다. '온'(恩)은 루스 베네딕트(Ruth Benedict)에 의해 '은혜'(indebtedness)로 번역되었다. 그러나 쯔루미 가즈코는 '온'(恩)은 윗사람에게서 받은 호의에 대한 보답으로서 해야 할 의무로 보았기 때문에 베네딕트의 '온'에 대한 이해를 비판했다. Ruth Benedict, 1946, pp. 98~113; Tsurumi Kazuko, 1970, p. 93.
7) Carol Gluck, 1985, p. 73.

8) Marius B. Jansen, 1984.
9) Ustinia Dolgopol · Snehal Paranjape, 1994, p. 79.
10) 藤原彰, 1978, p. 28.
11) '한토진'이란 문자 그대로는 반도의 사람들이란 뜻이다.
12) '조센진'이란 문자 그대로는 조선 사람이라는 뜻이지만 일제시대 조선인을 부르는 경멸적인 용어였다. 이는 영국 내 파키스탄 사람을 파키(Paki)로, 그리고 아일랜드 사람을 패디(Paddy)로 그리고 중국인을 칭키(Chinky)로 부르는 것과 비슷한 것이다.
13) Mrinalini Sinha, 1987.
14) Park You-me, 1995.
15) Peter Duus, 1976, p. 207.
16) 1942년 공포된 인구 성장 정책을 위한 지침서는 전시 모성 정책을 명백히 나타내고 있다. Kathleen S. Uno, 1993, p. 300; Miyake Yoshiko, 1991, 참조.
17) Deniz Kandiyoti, 1993, p. 376.
18) Hayakawa Noriko, 1996, p. 114.
19) Sonia Ryang, 1998 참조.
20) M. Strobel, 1991, p. xiii; Sara Mills, 1994, p. 39.
21) R.H. Mitchell, 1967; Michael Weiner, 1994, p. 9 재인용.
22) Michael Weiner, 1994, p. 214.
23) 『부인교풍회』12권(1894년 10월호) · 14권(1894년 12월호); Fujime Yuki, 1997, pp. 158~159에서 재인용.
24) 『부인교풍회』14권(1894년 12월호); Fujime Yuki, 1997, pp. 158~159 재인용.
25) William T. de Bary, 1958, pp. 198~200; Tsurumi Kazuko, 1970, pp. 122~123 재인용.
26) 천황제 이데올로기는 천황의 교육 칙언(1890년)에 기초한 어린 시절의 필수 도덕 교육을 통해 일본 거의 전체 인구에게 되풀이하여 주입되었다. Tsurumi Kazuko, 1970, p. 99.

27) Tsurumi Shunsuke, 1986, p. 27.
28) Carol Gluck, 1985, p. 36.
29) 제2차 세계대전 말기 오직 일본만이 공식적으로 자살 공격대의 전략을 택했다. 이들은 일본 해군의 필리핀 방어전에서의 심푸 또는 카미카제 특공대 등이다. 폭탄을 실은 비행기의 비행사는 공격 목표지로 호송된 후 바로 적함으로 날아가서 자살 공격할 것을 지시받았다.(Haruko Taya Cook · Theodore F. Cook, 1992, p. 265)
30) Leonard A. Humphreys, 1995, p. 49.
31) Tsurumi Kazuko, 1970, p. 125 · 133.
32) 정대연 · 정대협 엮음, 1993, p. 46 · 75.
33) 대동아공영권은 아시아에서 일본이 중심이 되어 지배하는 경제적이고 군사적인 블록권이다. Peter Duus, 1976, p. 229.
34) John Dower, 1986, p. 227; Kim Hyun-Sook, 1997, p. 89에서 재인용.
35) Michael Weiner, 1995, p. 445.
36) 『국제연구회 주보』, 4월 18일자, 1942; W.G. Beasley, 1987, p. 192, pp. 244~245 재인용.
37) Make R. Peattie, 1984, p. 95.
38) 馬場明, 1983, pp. 416~417; W.G. Beasley, 1987, p. 235 재인용.
39) Elaine Scarry, 1985, p. 37.
40) Choi Chung-Moo, 1997, ix.
41) Ibid., x.
42) 在日朝鮮民主女性同盟編集委員會, 1992, p. 18.
43) Nira Yuval-Davis · Floya Anthias (eds.), 1989.
44) 전쟁중 일본 군대에서 타이피스트로 일하던 한 일본인 여성은 귀향길에 군용선 안에서 일본인 장교가 조선인 위안부에 대해 한 말을 다음과 같이 보고했다. "저것들 인간 취급할 필요 없어. 인간만도 못해. 배에 태워준 것만도 감사해야 돼."(從軍慰安婦110番編集委員會編, 1992, p. 28.)
45) 徐京植, 1989, 33쪽; 李姸淑, 1996, p. 246.
46) 박경식, 1986, 389~390쪽; 김은태, 1986, 500~501쪽; 이호철, 1987, 495쪽.

47) Michael Weiner, 1994, p. 31.
48) 박경식, 1988, 345쪽.
49) Michael Weiner, 1994, p. 155.
50) 재일 학자 이연숙(李姸淑)은 일본 식민지 정책의 핵심이었던 동화(assimilation)를 위한 일본어 사용 정책의 중요한 역할을 강조했다.(李姸淑, 1996)
51) 문필기, 1992년 인터뷰.
52) 在日朝鮮民主女性同盟編集委員會, 1992, p. 14.
53) 從軍慰安婦110番編集委員會編, 1992, p. 55.
54) 윤정옥, 1997, 291쪽; 從軍慰安婦110番編集委員會編, 1992; 방선주, 1997, 236쪽.
55) James M. Blaunt, 1987, p. 165.
56) 鈴木裕子, 1992-a, p. 43.
57) 吉見義明, 1995, p. 88.
58) 윤정옥, 1997, 292쪽.
59) 같은 책, 280쪽.
60) Mary McIntosh, 1978; Margot Lovett, 1989.
61) Margot Lovett, 1989, p. 28.

8장 끝나지 않은 이야기 끝맺기

1) 정대연·정대협 엮음, 1997, 33쪽.
2) Sharon Marcus, 1992, p. 398.
3) 정대연·정대협 엮음, 1993, 146쪽.
4) 같은 책, 101쪽.
5) 정대연·정대협 엮음, 1997, 115쪽.
6) 정대연·정대협 엮음, 1995, 75쪽.
7) 진경팽·김복동 할머니는 이와 같이 구술했다.(정대연·정대협 엮음, 1997,

24·93쪽) 최정례 할머니에 의하면 대부분의 위안부들은 일본이 전쟁에 지면 그들도 모두 살해될 것이라고 믿었다 한다.(같은 책, 221쪽)
8) Susan Brownmiller, 1975, p. 35.
9) Kate Millett, 1969.
10) 여성 학자들 가운데는 특히 성폭력에 대한 연구에서 여성의 희생자화에 초점을 맞추는 것을 비판했다. 예를 들어 캐롤 반스(Carol Vance)는 여성의 성을 사회적 통제의 대상으로 보는 것은 성의 쾌락적인 면을 간과한다고 비판했다.(Carol Vance, 1984) 나는 물론 이러한 여성의 성의 쾌락적인 면을 염두해 두고는 있지만, 위안부에 대한 이 책의 맥락에서 이는 커다란 연관이 없다.
11) 정대연·정대협 엮음, 1993, 102쪽.
12) Jane M. Ussher, 1991, p. 20·299.
13) Phyllis Chesler, 1972, p. 49.
14) Laura E. Donaldson, 1992, pp. 30~31.
15) 정대연·정대협 엮음, 1995, 69쪽.
16) 정대연·정대협 엮음, 1993, 130~131쪽.
17) 1992년 인터뷰.
18) Liz Kelly, 1988, p. 187.
19) Ibid., p. 187.
20) 1995년 인터뷰.
21) Liz Kelly, 1988, p. 216.
22) 이상화, 1997, 263쪽.
23) 같은 책, 266.
24) 정진성, 1994.
25) 강만길 교수는 1993년 12월 18일에서 19일에 걸쳐 위안부 문제를 주제로 서울에서 열렸던 한일합동회의 패널 토론에서 이와 같이 밝혔다.
26) 일제 시대 징용과 징병의 문제는 한국태평양유족회에 의해 1980년대에 제기되었다.
27) Choi Chung-Moo, 1992, p. 98.

28) 켈리(Liz Kelly)는 망각이 성폭력 피해자들에게 하나의 대처 전략으로 이용되었음을 지적하고 이 방식이 단기적으로는 이들에게 긍정적이고 또 필요할 수도 있으나 장기적으로는 부정적인 함의를 지닌다고 보았다.(Liz Kelly, 1988, pp. 191~195)
29) 정대연·정대협 엮음, 1997, 116쪽.
30) Liz Kelly, 1988, p. 195.
31) 1960년대 말과 1970년대를 통하여 많은 일본 남성들은 타이완과 한국으로 기생 관광을 갔다. 이러한 기생 관광은 동남아시아 특히 필리핀, 타이 등으로 확산되었다. 기생 관광에 더 자세한 것은, Noriko Murata, 1996; Matsui Yayori, 1987 참조.
32) 김학순 할머니는 1997년 12월에 사망했다.
33) 1992년 인터뷰.
34) 2004년 2월 17일까지 남한에서 212명의 위안부가 정부나 운동 단체에 신고했고, 이들 가운데 132명이 생존해 있는 것으로 보고되었다.
35) Martha McIntyre 1993; Jan Jindy Pettman, 1996, p. 191 재인용.
36) 정대연·정대협 엮음, 1993, 253쪽.
37) Ustinia Dolgopol·Snehal Paranjape, 1994, p. 107.
38) 정대연·정대협 엮음, 1993, 284쪽.

주제별 참고 문헌

한국(식민지)사

김은태, 1986, 『일본 제국주의의 한국 통치』(서울: 박영사).
문소정, 1988, 「일제하 농촌 가족 관계 연구」, 한국사회사연구회 엮음, 『일제하 한국의 사회계급과 사회변동』(서울: 문학과 지성사).
민현구, 1987, 「권문세척과 신흥사대부」, 한국사연구회 엮음, 『한국사연구입문』(서울: 지식산업사).
박경식, 1986, 『일본제국주의의 조선 지배』(인천: 행지).
박경식, 1988, 「태평양전쟁기 한국인 강제연행」, 채원규 엮음, 『일제 말기 파시즘과 한국 사회』(서울: 청가).
손정목, 1988, 「일제하 매춘업」, 『도시행정연구 3』(서울: 서울시립대학).
신용하, 1981, 『토지조사사업연구』(서울: 지식산업사).
안연선, 1988, 「일제 자본주의화 과정에서 여성 노동에 대한 연구—1930년대 방직공업을 중심으로」, 이화여대 여성학과 석사 논문(미간행).
이호철, 1987, 「일제의 식민지 정책」, 한국사연구회 엮음, 『한국사연구 입문』(서울: 지식산업사).
전석담 · 최윤규, 1989, 『조선근대 사회경제사』(서울: 이성과 현실).
차기벽, 1985, 『일제의 한국식민지 통치』(서울: 정문사).
최재석, 1983, 『한국 가족제도사 연구』(서울: 일지사).
한영우, 1983, 『조선 시기 사회사상연구』(서울: 지식산업사).
허수열, 1983, 『일제하 한국에 있어서 식민지적 공업에 관한 일연구』, 서울대 경제학과 박사 논문(미간행).
Gragert, Edwin H., 1994, *Land Ownership under Colonial Rule; Korea's Japanese Experience, 1900~1935* (Hawaii: University of Hawaii Press.)

한국 여성(사)

박용옥, 1985, 「유교적 여성관의 재조명」, 한국여성학회 엮음, 『한국여성학』제1권, 7~43쪽.
야마시다 영애, 1991, 「한국 근대 공창제도 실시에 관한 연구」, 이화여대 여성학과 석사 논문.(미간행)
이경복, 1986, 『고려시대 기녀연구』(서울: 민족문화문고간행회).
이옥경, 1985, 「조선시대 정절 이데올로기의 형성 기반과 정책 방식에 관한 연구」, 이화여대 사회학과 석사 논문.(미간행)
이화여자대학교 한국여성사편찬위원회, 1972, 『한국여성사 II』(서울: 이화여자대학교 출판부).
한명숙, 1986, 「조선시대 유교적 여성관 고찰」, 이화여대 여성학과 석사논문(미간행).
鈴木裕子, 1994, 『フェミニズムと朝鮮』(東京: 明石書店).
Choi, Chungmoo, 1992, "Korean Women in a Culture of Inequality," Donald N. Clark (ed.), *Korea Briefing* (Boulder: Westview Press, 1992).
Kim, Yung-Chung, 1976, *Women of Korea-History from Ancient Times to 1945* (Seoul: Ewha Women's University Press).
Song, Youn-Ok, 1997, "Japanese Colonial Rule and State-Managed Prostitution: Korea's Licensed Prostitutes," *Positions 5:1* (Durham: Duke University Press), pp. 171~217.

위안부 문제

강만길, 1997, 「일본군 위안부의 개념과 호칭 문제」, 한국정신대문제 대책협의회 엮음, 『일본군 위안부 문제의 진상』(서울: 역사비평사).
강선미·야마시다 영애, 1993, 「천황제 국가와 성폭력」, 『한국여성학』제9권, 52

~85쪽.
깅정숙, 1997,「일본군 위안소의 지역적 분포와 그 특징」, 한국정신대문제 대책협의회 엮음,『일본군 위안부 문제의 진상』(서울: 역사비평사).
니시오카 쯔토무(西岡力), 1997,「위안부 문제에 대한 오도를 아무도 시정하지 않는다」,『일본포럼』(1997년 여름), pp. 86~101.
방선주, 1997,「일본군 위안부 귀환」, 한국정신대문제 대책협의회 엮음,『일본군 위안부 문제의 진상』(서울: 역사비평사).
센다 카코, 1992-a,『종군위안부』(서울: 다물).
스즈키 유코(鈴木裕子), 1992-b,「군위안부문제와 일본여성」, 한국정신대문제대책협의회 엮음,『정신대아시아연대회의 보고』(미간행).
신혜수, 1997,「일본군 위안부 문제 해결을 위한 국제 활동의 성과와 과제」, 한국정신대문제 대책협의회 엮음,『일본군 위안부 문제의 진상』(서울: 역사비평사).
외무부 동북아과 정신대 특별조사반, 1992,「일제하 군대 위안부 실태 조사」(서울: 외무부).
요시다 세이지,『조선인 정신대』(서울: 종군).
윤명숙, 1997,「조선인 군위안부와 일본의 국가 책임」, 1997년 8월 8일 독립기념관에서 열린 한국독립사학 제11차 학회 발표문.
윤정옥, 1991,「정신대: 무엇이 문제인가?」, 한국정신대문제 대책위원회 엮음,『정신대문제 자료집』제1권.
윤정옥, 1997,「조선식민정책의 일환으로서 일본군 위안부」, 한국정신대문제 대책연구회 엮음,『일본군 위안부 문제의 진상』(서울: 역사비평사).
이만열, 1997,「일본군 위안부 정책 형성의 조선측 역사적 배경」, 한국정신대문제 대책협의회 엮음,『일본군 위안부 문제의 진상』, (서울: 역사비평사).
이상화, 1997,「일본군 위안부의 귀국 후 삶의 경험」, 한국정신대문제 대책협의회 엮음,『일본군 위안부 문제의 진상』(서울: 역사비평사).이효재, 1992,「한일관계 정상화와 정신대 문제」,『기독교사상』1992년 8월호, 8~15쪽.
이효재, 1997,「일본군 위안부 문제 해결을 위한 운동의 전개 과정」, 한국정신대문제 대책협의회 엮음,『일본군 위안부 문제의 진상』(서울: 역사비평사).
임종국, 1981,『정신대』(서울: 일월서각).

정진성, 1993, 「해설: 군위안부 실상」, 한국정신대연구회 엮음, 『강제로 끌려간 조선인 군위안부들 1』(서울: 한울).

정진성, 1994, 「일본군 위안부 정책의 본질」, 한국사회사연구회 엮음, 『한말 일제하의 사회 사상과 사회 운동』제42권 (서울: 문학과 지성사), 172~201쪽.

구사기 기미히토(日下公人), 1996, 「종군위안부 문제의 불가사의」, 『일본포럼』제29권(1996년 여름), 2~19쪽.

하타 이쿠히코(秦郁彦), 1996-a, 「왜곡된 논지」, 『일본포럼』제29권, 1996년 여름.

한국여성연구회 여성사분과 엮음, 1992, 『한국여성사: 근대편』(서울: 풀빛).

한국정신대문제 대책협의회 엮음, 1992, 『정신대문제 자료집』제3권 (서울: 한국정신대문제 대책협의회).

한국정신대연구회 · 한국정신대문제 대책협의회 엮음, 1993, 『강제로 끌려간 조선인 군위안부들 1』(서울: 한울).

한국정신대연구회 · 한국정신대문제 대책협의회 엮음, 1995, 『중국으로 끌려간 조선인 군위안부들 1』(서울: 한울).

한국정신대연구회 · 한국정신대문제 대책협의회 엮음, 1997, 『강제로 끌려간 조선인 군위안부들 2』(서울: 한울).

アジア · 太平洋地域の戰爭犧牲者に思いを馳せ、心に刻む集會 實行委員會編, 1997, 『私は「慰安婦」ではない: 日本の侵略と性奴隷』(大阪: 東方出版).

華公平, 1992, 『從軍慰安所「海乃家」の傳言: 海軍特別陸戰隊指定の慰安婦たち』(大阪: 日本機關紙出版センター).

秦郁彦, 1996-b, 「慰安婦「身の上話」を徹底檢證する―焦点は韓國から中國 · インドネシアへ!」, 『諸君』1996年 12月號, pp. 54~69.

林博史, 1993, 「マレー半島における日本軍慰安所について」, 『關東學院大學經濟學部一般教育論集 自然, 人間, 社會』第15號 (關東學院大學經濟學部, 1993年7月), pp. 67~99.

マリア · ロサ · ヘンソン(藤目ゆき譯), 1995, 『ある日本軍「慰安婦」の回想: フィリピンの現代史を生きて』(東京: 岩波書店)

保阪正康, 1996, 「從軍慰安婦問題を50年後に斷罪するな 戰爭と性の本質を論ず」『諸君』1996年11月號, pp.64~72.

在日朝鮮民主女性同盟編集委員會, 1992, 『朝鮮人慰安婦』(東京: 在日朝鮮民主女性同盟).

從軍慰安婦110番編集委員會 編, 1992, 『從軍慰安婦110番: 電話の向こうから歷史の聲が』(東京: 明石書店).

川田文子, 1987, 『赤瓦の家: 朝鮮から來た從軍慰安婦』(東京: 筑摩書房) 川田文子, 1995, 『戰爭と性: 近代公娼制度·慰安所制度をめぐって』(東京: 明石書店).

川田文子, 1996, 「日本軍政下のスカブミで起こったこと」, 『季刊戰爭責任硏究』第11號 (戰爭責任資料センター, 1996年 春).

川田文子, 1997, 「犧牲者のトラウマは今も續く」, アジア·太平洋地域の戰爭犧牲者に思いを馳せ, 心に刻む集會 實行委員會編, 『私は「慰安婦」ではない: 日本の侵略と性奴隷』(大阪: 東方出版).

金一勉 編著, 1977, 『軍隊慰安婦: 戰爭と人間の記錄』(東京: 現代史出版會).

金一勉, 1997, 『遊女·からゆき·慰安婦の系譜』(東京: 雄山閣出版).

金富子, 1995, 「從軍慰安婦制度に見る性と民族」, 金富子·梁澄子, 『もっと知りたい「慰安婦」問題: 性と民族の視点から』(東京: 明石書店).

倉橋正直, 1994, 『從軍慰安婦問題の歷史的硏究: 賣春婦型と性的奴隷型』(東京: 共榮書房).

森川万智子, 1996, 『文玉珠語り; ビルマ戰線楯師團の「慰安婦」だった私: 歷史を生きぬいた女たち』(東京: 梨の木舍).

中村粲, 1996, 「檢定パスした歷史の大嘘」, 『正論』1996年11月號, pp. 62~73.

西野留美子, 1992, 『從軍慰安婦: 元兵士たちの證言』(東京: 明石書店).

西野留美子, 1995, 『日本軍「慰安婦」を追って: 元「慰安婦」元軍人の證言錄 敗戰50年目』(東京: マスコミ情報センター).

大越愛子, 1997, 「フェミニズムの立場から性奴隷を考える」, アジア·太平洋地域の戰爭犧牲者に思いを馳せ, 心に刻む集會實行委員會編, 『私は「慰安婦」ではない: 日本の侵略と性奴隷(大阪: 東方出版).

千田夏光, 1981, 『從軍慰安婦·慶子: 中國, ガ島, ビルマ…死線をさまよった女の證言』(東京: 光文社).

千田夏光, 1992-b, 『從軍慰安婦と天皇』(京都: かもがわ出版)

1992年 京都 おしえてください! 慰安婦 情報電話 報告集編集委員會編, 1993, 『性と侵略:「軍隊慰安所」84か所 元日本兵らの證言』(東京: 社會評論社).
戰爭責任資料センター 編, 1993, 『季刊戰爭責任研究』第1號.
城田すず子, 1971, 『マリヤの贊歌』(東京: 日本基督教團出版局).
曾根一夫, 1993, 『元下級兵士が體驗見聞した從軍慰安婦』(東京: 白石書店).
原幸助, 1997, 『初年兵と從軍慰安婦』(東京: 三一書房).
鈴木裕子, 1992-a, 『從軍慰安婦・內鮮結婚: 性の侵略・戰後責任を考える』(東京: 未來社).
鈴木裕子, 1993, 『「從軍慰安婦」問題と性暴力』(東京: 未來社).
高木健一, 1992, 『從軍慰安婦と戰後補償: 日本の戰後責任』(東京: 三一書房).
戶塚悅朗, 1993, 「戰後賠償・補償問題解決のための第4の道—從軍慰安婦・強制連行問題の解決のために」, 『法學セミナー』458號 (1993年 2月).
梁澄子, 1995, 「在日韓國人宋神道の70年」金富子・梁澄子『もっと知りたい「慰安婦」問題: 性と民族の視点から』(東京: 明石書店).
梁澄子, 1996, 「イルボン―元慰安婦の戰後」, 『ほるもん文化』 6號.
吉田淸治, 1983, 『私の戰爭犯罪: 朝鮮人强制連行』(東京: 三一書房).
吉田裕, 1997, 「閉塞するナショナリズム」, 『世界』633號 (1997年4月), pp. 74~82.
吉見義明 編・解說, 1992, 『從軍慰安婦資料集』(東京: 大月書店).
吉見義明, 1995-a, 『從軍慰安婦』(東京: 岩波書店).
吉見義明・林博史 編著, 1995-b, 『日本軍慰安婦: 共同硏究』(東京: 大月書店).
吉見義明, 1996, 「「從軍慰安婦」問題の解決のために」, 『世界』 626號.

Ahn, Yonson, 1996, "Out of the Darkness: The Story of a 'Comfort Woman'," *Indian Journal of Gender Studies* (London · New Delhi: Sage) Vol. 3 No. 2, pp. 225~232.

Asian Women's Resource Centre for Culture and Theology (ed.), 1996, *God's Image* Vol. 15 No. 2, 1996 (Summer), Seoul.

Chai, Alice Yun, 1993, "Asian-Pacific Feminist Coalition Politics: The Chongsindae/ Jugunianfu ('Comfort Women') Movement," The Center for Korean Studies (ed.), *Korean Studies* Vol. 17 (Hawaii:

University of Hawaii.), pp. 67~91.

Choi, Chung-Moo, 1997, "Guest Editor's Introduction," *Positions 5:1* (Durham: Duke University Press.), pp. 5~14.

Chung, Chin-Sung, 1997, "The Origin and Development of the Military Sexual Slavery Problem in Imperial Japan," *Positions 5:1* (Durham: Duke University Press.)

Chung, Hyun-Kyung, 1996, "Your Comfort Vs. My Death : A Korean Woman's Reflection on Military Sexual Slavery by Japan," Asian Women's Resource Centre for Culture and Theology (ed.), *God's Image* Vol. 15, No.2, 1996 (Summer), pp. 8~21.

Dolgopol, Ustinia · Snehal Paranjape, 1994, *Comfort Women: An Unfinished Ordeal* (Geneva: International Commission of Jurists).

Henson, Maria Rosa, 1996, *Comfort Woman: Slave of Destiny* (Manila: Philippine Center for Investigative Journalism).

Hicks, George, 1995, *The Comfort Women: Sex Slaves of the Japanese Imperial Forces* (London: Souvenir Press).

Kim, Hyun Sook, 1997, "History and Memory: The 'Comfort Women' Controversy," *Positions 5:1* (Durham: Duke University Press), pp. 73~105.

Kim-Gibson, Dai Sil, 1997, "They Are Our Grandmas," *Positions 5:1* (Durham: Duke University Press), pp. 255~274.

Kimura, Koichi, 1996, "Brutal Abuse of Young Girls as Military Sex Slaves", *Asia Tsushin: Military Sex Slaves in Indonesia under the Japanese Imperial Army*, No. 4, December, 1996, pp.2-19, Tokyo: Center for Christian Response to Asian Issues.

Korean Council for the Women Drafted for Military Sexual Slavery by Japan, 1995, "Why the Issue of Military Sexual Slavery by Japan Has Remained Unresolved for 50 Years?: The Report of the 3rd Asian Women's Solidarity Forum on Military Sexual Slavery by Japan." (unpublished)

Panel of Lawyers for the Filipino "Comfort Women," 1993, Philippine "Comfort Women" Compensation Suit, Task Force on Filipino "Comfort Women." (unpublished)

Park, Won-Soon, 1997 "Japanese Reparations Policies and the 'Comfort Women' Question," *Positions 5:1*(Durham: Duke University Press), pp. 107~134.

Park, You-me, 1995, "From 'Comfort Women' to Women Warriors: Domesticity, Motherhood, and Women's Labour in the Discourse of Imperialism," PhD dissertation, The George Washington University. (unpublished)

Yamazaki, Hiromi 1995, "Military Sexual Slavery and the Women's Movement," *AMPO Japan-Asia Quarterly Review* Vol. 25 No.4/ Vol. 26 No. 1, pp. 49~54.

Yang, Hyun-Ah, 1997, "Revisiting the Issue of Korean Military Comfort Women: The Question of Truth and Positionality," *Positions 5:1* (Durham: Duke University Press.), pp. 51~71.

Yang, Hyun-Ah, 1998, "Re-membering the Korean Military Comfort Women: Nationalism, Sexuality, and Silencing," Elaine H. Kim · Chungmoo Choi (eds.), *Dangerous Women: Gender and Korean Nationalism* (New York and London: Routledge).

Yoon, Bang-Soon, 1996, "Military Sexual Slavery: Political Agenda for Feminist Scholarship and Activism," Asian Women's Resource Centre for Culture and Theology (ed.), *God's Image* Vol. 15 No.2, 1996(Summer), pp. 86~94.

일본사

馬場明, 1983, 『日中關係と外政機構の研究: 大正・昭和期』(東京: 原書房).

藤岡信勝, 1996, 『汚辱の近現代史: いま, 克服のとき』(東京: 德間書店).
井伏鱒二, 1966, 『黒い雨』(東京: 新潮社).
飯塚浩二, 1950, 『日本の軍隊』(東京: 東大協同組合出版部).
Japan: An Illustrated Encyclopaedia Vol. 1・2, 1993 (Tokyo: Kodansha).
巢鴨遺書編纂會, 1953, 『世紀の遺書』(東京: 巢鴨遺書編纂會刊行事務所).
徐京植, 1989, 『皇民化政策から指紋押捺まで: 在日朝鮮人の「昭和史」』(東京: 岩波書店)
李姸淑, 1996, 『「國語」という思想: 近代日本の言語認識』(東京: 岩波書店)
福武直, 1987, 『日本社會の構造〔第2版〕』(東京: 東京大學出版會).
鶴見和子, 1962, 『父と母の歷史: 私たちの昭和史』(東京: 筑摩書房).
山本常朝, 1965, 『葉隱』(東京: 岩波書店).
藤原彰, 1961, 『軍事史』(東京: 東洋經齊新報社).
藤原彰, 1977, 『天皇制と軍隊』(東京: 青木書店).
Allied Translator and Interpreter Section--South West Pacific Area, 1945, *Research Report: Amenities in the Japanese Armed Forces*, No. 120. (16 February, 1945).
Beasley, W.G., 1963, *The Modern History of Japan* (London: Weidenfeld and Nicolson)
Beasley, W.G., 1987, *Japanese Imperialism 1894~1945* (Oxford: Clarendon Press).
Benedict, Ruth, 1946, *The Chrysanthemum and the Sword* (New York: Houghton Mifflin).
Cleary, Thomas, 1992, *The Japanese Art of War: Understanding The Culture of Strategy* (Boston・London: Shambhala).
Cook, Haruko Taya・Theodore F. Cook, 1992, *Japan at War: An Oral History* (New York: The New Press).
De Bary, William T., et. al. (eds.), 1958, *Sources of Japanese Tradition* Vol. 2 (New York: Columbia University Press).
Dower, John, 1986, *War Without Mercy: Race and Power in the Pacific*

War (New York: Pantheon Press).

Duus, Peter, 1976, *The Rise of Modern Japan* (Boston: Houghton Mifflin Company).

Gluck, Carol, 1985, *Japan's Modern Myths: Ideology in the Late Meiji Period* (Princeton: Princeton University Press).

Hane, Mikiso, 1982, *Peasants, Rebels and Outcasts: The Underside of Modern Japan* (New York: Pantheon Books).

Humphreys, Leonard A., 1995, *The Way of The Heavenly Sword: The Japanese Army in the 1920's* (Stanford: Stanford University Press).

Jansen, Marius B., 1984, "Japanese Imperialism: Late Meiji Perspectives," Ramon H. Myers and Mark R. Peattie (eds.), *The Japanese Colonial Empire 1895~1945* (Princeton · New Jersey: Princeton University Press).

Honda, Katsuichi, 1999, *The Nanjing Massacre: A Japanese Journalist Confronts Japan's National Shame* (Armonk, New York, London; M.E. Sharpe).

Mitchell, R.H., 1967, *The Korean Minority in Japan* (Berkeley · Los Angeles: University of California Press).

Peattie, Mark R., 1984, "Japanese Attitudes Toward Colonialism 1895~ 1945," Ramon H. Myers and Mark R. Peattie (eds.), *The Japanese Colonial Empire 1895~1945* (Princeton · New Jersey: Princeton University Press).

Tsurumi, Kazuko, 1970, *Social Change and the Individual: Japan Before and After Defeat in World War II* (Princeton · New Jersey: Princeton University Press).

Tsurumi, Kazuko, 1975, "Yanagita Kunio's Work As a Model of Endogenous Development," *Japan Quarterly*, Vol. XXII, PT3, pp. 223~238.

Tsurumi, Shunsuke, 1986, *An Intellectual History of Wartime Japan 1931*

~1945 (London · New York: KPI).

Weiner, Michael, 1994, *Race and Migration in Imperial Japan* (London: Routledge).

Weiner, Michael, 1995, "Discourses of Race, Nation and Empire in Pre-1945 Japan," *Ethnic and Racial Studies* (London: Routledge) Vol. 18 No. 3, July, 1995, pp. 433~456.

일본여성사

道家齊一郎, 1928, 『賣春婦論考: 賣笑の沿革と現狀』(東京: 史誌出版社).
森崎和江, 1976, 『からゆきさん』(東京: 朝日新聞社)
牧賢一, 1943, 『勤勞母性保護』(東京: 東洋書館).
Bernstein, Gail Lee (ed.), 1991, *Recreating Japanese Women, 1600~1945* (Berkeley · Los Angeles · Oxford: University of California Press).
Fujime, Yuki, 1997, "The Licensed Prostitution System and the Prostitution Abolition Movement in Modern Japan," *Positions 5:1* (Durham: Duke University Press), Spring 1997, pp. 135~170.
Miyake, Yoshiko, 1991, "Doubling Expectations: Motherhood and Women's Factory Work Under State Management in Japan in the 1930s and 1940s," Gail Lee Bernstein (ed.), *Recreating Japanese Women, 1600~1945* (Berkeley · Los Angeles · Oxford: University of California Press).
Nolte, Sharon H. · Sally Ann Hastings, 1991, "The Meiji State's Policy Toward Women, 1890~1910," Gail Lee Bernstein (ed.), *Recreating Japanese Women, 1600~1945* (Berkeley · Los Angeles · Oxford: University of California Press).
Robertson, Jennifer, 1991, "The Shingaku Woman: Straight from the Heart," Gail Lee Bernstein (ed.), *Recreating Japanese Women, 1600~1945*

(Berkeley · Los Angeles · Oxford: University of California Press).

Ryang, Sonia, 1998, "Love and Colonialism in Takamure Itsue's Feminism: a Postcolonial Critique," *Feminist Review*, No. 60, Autumn, 1988, pp. 1~32.

Ueno, Chizuko, 1996-b, "The Making of a History of Feminism in Japan," Asian Center for Women's Studies (ed.), *Asian Journal of Women's Studies* vol. 2, Ewha Women's University, pp. 170~191.

Uno, Kathleen S., 1993, "The Death of 'Good Wife, Wise Mother?," in Andrew Gordon (ed.), *Postwar Japan as History* (Berkeley and Oxford: University of California Press).

질적 방법론과 구술사

吉見義明, 1997-a,「歷史資料をどう讀むか(公娼論に反論する)」,『世界』632號 (1997年3月), pp. 40~47.

吉見義明, 1997-b,「何が事實で證據なのか」,『法學セミナ一』512號 (1997年8月), pp. 34~37.

Anderson, Katheryn · S. Armitage, D. Jack · J. Wittner, 1987, "Beginning Where We Are: Feminist Methodology in Oral History," *Oral History Review* Vol. 15, pp. 103~127.

Caplan, Pat, 1993, "Introduction 2; The Volume," Diane Bell, Pat Caplan · Wazir Jahan Karim (eds.), *Gendered Fields: Women, Men & Ethnography* (London · New York: Routledge).

Fentress, James · Chris Wickham, 1992, *Social Memory* (Oxford: Blackwell).

Jelinek, Estelle C., 1980, *Women's Autobiography: Essay in Criticism* (Bloomington: Indiana University Press).

Lee, Deborah, 1997, "Interviewing Men: Vulnerabilities and Dilemmas,"

Women's Studies International Forum Vol. 20 No. 4., pp. 553~564.

Stacey, Judith, 1991, "Can There be a Feminist Ethnography?", Sherna Berger Gluck (ed.), *Women's Words: The Feminist Practice of Oral History* (New York and London: Routledge).

성(Sexuality)과 성폭력

Ballhatchet, Kenneth, 1980, *Race, Sex and Class Under the Raj; Imperial Attitudes and Policies and Their Critics, 1793~1905* (London: Weidenfeld and Nicolson).

Brook, Timothy (ed.), 1999, *Documents on the Rape of Nanking* (Ann Arbor: University of Michigan Press).

Brownmiller, Susan, 1975, *Against Our Will: Men, Women and Rape* (New York: Simon and Achuster).

Chang, Iris, 1997, *The Rape of Nanking: the Forgotten Holocaust of World war II* (London: Penguin Books).

Comfort, Alex, 1963, *Sex in Society* (Harmondsworth: Penguin, 1964, reprinted).

Copelon, Rhonda, 1994, "Surfacing Gender: Reconceptualizing Crimes against Women in Time of War" Alexandra Stiglmayer (ed.), *Mass Rape: The War against Women in Bosnia-Herzegovina* (Lincoln: University of Nebraska Press).

Costello, John, 1985, *Love, Sex and War: Changing Values 1939~1945* (London: Collins).

Dworkin, Andrea, 1981, *Pornography: Men Possessing Women* (London: Women's Press).

Folnegovic-Smalc, Vera, 1994, "Psychiatric Aspects of the Rapes in the

War against the Republics of Croat and Bosnia-Herzegovina," Alexandra Stiglmayer (ed.), *Mass Rape: The War Against Women In Bosnia-Herzegovina* (Lincoln: University of Nebraska Press).

Gagnon, John H. · William Simon, 1973, *Sexual Conduct: The Social Sources of Human Sexuality* (Chicago: Aldine Publishing Company).

Gibson, Suzanne, 1993, "On Sex, Horror and Human Rights," *Women: A Cultural Review* Vol. 4 No. 3, pp. 250~261.

Kelly, Liz, 1988, *Surviving Sexual Violence* (Minneapolis: University of Minnesota Press).

MacKinnon, Catharine A., 1987, *Feminism Unmodified* (Cambridge: Harvard University Press).

Marcus, Sharon, 1992, "Fighting Bodies, Fighting Words: A Theory and Politics of Rape Prevention," Judith Butler and Joan W. Scott (eds.), *Feminists Theorize the Political* (New York, London: Routledge).

Millett, Kate, 1969, *Sexual Politics* (London: Virago).

Murata, Noriko, 1996, "The Trafficking of Women," AMPO-Japan Asia Quarterly Review (ed.), *Voices From the Japanese Women's Movement* (New York · London: M.E. Sharpe).

Scully, Diane, 1993, "Understanding Sexual Violence" Stevi Jackson (ed.), *Women's Studies: A Reader* (New York · London: Harvester Wheatsheaf).

Seifert, Ruth, 1994, "War and Rape; A Preliminary Analysis," Alexandra Stiglmayer (ed.), *Mass Rape: The War Against Women in Bosnia-Herzegovina* (Lincoln: University of Nebraska Press).

Vance, Carole S., 1984, *Pleasure and Danger: Exploring Female Sexuality* (London: Routledge · Kegan Paul).

Walkowitz, Judith R., 1980, *Prostitution and Victorian Society: Women, Class and the State* (Cambridge: Cambridge University Press).

Weeks, Judith R., 1985, *Sexuality and Its Discontents: Meaning, Myths and*

Modern Sexualities (London: Routledge).
Weisbord, Robert G., 1975, *Genocide? Birth Control and the Black American* (London: Greenwood Press).
Zarkov, Dubravka, 1997, "War Rapes in Bosnia" *Criminologie* 1997/2, (Gouda Quint: Deventer).

정체감

Ahmed, Sara, 1996, "Construction of women and/in the Orient," Tess Cosslett · Alison Easton · Penny Summerfield (eds.), *Women, Power and Resistance: An Introduction to Women's Studies* (Buckingham: Open University Press).
Chhachhi, Amrita, 1991, "Forced Identities: the State, Communalism, Fundamentalism and Women in India," Deniz Kandiyoti (ed.), *Women, Islam and the State* (London: Macmillan).
Hollway, Wendy, 1984, "Gender Difference and the Production of Subjectivity," J. Henriques et al. (eds.) *Changing the Subject: Psychology, Social Regulation, and Subjectivity* (London: Methuen).
Kandiyoti, Deniz, 1993, "Identity and its Discontents: Women and the Nation," P. Williams and L. Chrisman (eds.), *Colonial Discourse and Post-Colonial Theory* (London: Harvester).
Mehdid, Malika, 1993, "Western Invention of Arab Womanhood: The 'Oriental' Female," Haleh Afshar (ed.), *Women in the Middle East: Perceptions, Realities and Struggles for Liberation* (London: Macmillan).
Poole, Ross, 1985, "Structures of identity," *Intervention* No. 19, pp. 71~79.
Skeggs, Beverley, 1997, *Formations of Class and Gender: Becoming Respectable* (London: Sage).

군사주의와 여성

鈴木裕子, 1989,「ヒロヒトさんと昭和史と女」鈴木裕子・近藤和子編『女・天皇制・戰爭』(東京: オリジン出版センター).

Carroll, Berenice · Barbara Welling Hall, 1993, "Feminist Perspectives on Women and the Use of Force," Ruth H. Howes · Michael R. Stevenson (eds.), *Women and the Use of Military Force* (Boulder · London: Lynne Rienner).

Castroriadis, Cornerlius, 1987, *Imaginary Institution of Society*, Kathleen Blamey (tran.) (Cambridge: MITPress).

Elshtain, Jean Bethke, 1987, Women and War (New York: Basic Books).

Enloe, Cynthia H., 1987, "Feminists Thinking About War, Militarism, and Peace," Beth B. Hess, *Analyzing Gender: A Handbook of Social Science Research* (London: Sage).

Enloe, Cynthia H., 1988, *Does Khaki Become You? The Militarization of Women's Lives* (London: Pandora).

Thompson, Janna, 1991 "Women and War," *Women's Studies International Forum* Vol. 14 No. 1/2, pp. 63~75.

Tylee, Claire M., 1988, "Maleness Run Riot--the Great War and Women's Resistance Militarism", *Women's Studies International Forum* Vol. 11 No. 3, pp. 199~210.

민족(주의)와 여성

정진성, 1995,「한국에 있어서 여성과 민족」,『국제문화연구회보』, 제6권 2호, 1995년 4월.

上野千鶴子, 1998,『ナショナリズムとジェンダー』(東京: 靑土社).

山下英愛, 1996,「韓國女性學と民族―日本軍「慰安婦」問題をめぐる"民族"議論を

中心に」『女性學』4號(日本女性學會), pp. 35~58.

Blaunt, James M., 1987, *The National Question: Decolonising the Theory of Nationalism* (London: Zed).

Hall, Catherine, 1993, "Gender, Nationalisms and National Identities," *Feminist Review* No. 44, pp. 97~103.

Hayakawa, Noriko, 1996, "Feminism and Nationalism in Japan, 1868~1945," *Ferris Studies* No. 31, March, 1996, pp. 99~117.

Jager, Cheila Miyoshi, 1996, "Women, Resistance and the Divided Nation: The Romantic Rhetoric of Korean Reunification," *The Journal of Asian Studies* Vol. 5 No. 1, February, 1996, pp. 3~21.

Mosse, George L., 1985, *Nationalism and Sexuality: Middle-Class Morality and Sexual Norms in Modern Europe* (Madison: The University of Wisconsin Press).

Park, Hyun Ok, 1998, "Ideals of Liberation: Korean Women in Manchuria," Elaine H. Kim · Chungmoo Choi (eds.), *Dangerous Women; Gender and Korean Nationalism* (New York · London: Routledge).

Parker, Andrew · Mary Russo · Doris Sommer · Patricia Yaeger, 1992, "Introduction," Andrew Parker et.al. (eds.), *Nationalism and Sexualities* (New York · London: Routledge).

Pettman, Jan Jindy, 1996, "Boundary Politics: Women, Nationalism, and Danger," Mary Maynard · June Purvis (eds.), *New Frontiers in Women's Studies; Knowledge, Identity and Nationalism* (London: Taylor · Francis).

Smith, Anthony, 1991, *National Identity* (Harmondsworth: Penguin).

Tohidi, Nayereh, 1994, "Modernity, Islamization, and Women in Iran," Valentine Moghadam (ed.), *Gender and National Identity* (London: Zed).

Yuval-Davis, Nira, 1993, "Gender and Nation," *Ethnic and Racial Studies*

Vol. 16 No. 4, October, 1993, pp. 621~632 (London: Routledge).

Yuval-Davis, Nira · Floya Anthias (eds.), 1989, *Woman-Nation-State* (London: Macmillan).

(후기)식민주의와 여성

Donaldson, Laura E., 1992, *Decolonizing Feminisms: Race, Gender and Empire-Building* (London: Routledge).

hooks, bell, 1982, *Ain't I a Woman: Black Women and Feminism* (London: Pluto Press).

hooks, bell, 1984, *Feminist Theory From Margin To Center* (Boston: South End Press).

Lovett, Margot, 1989, "Gender Relations, Class Formation, and the Colonial State in Africa," Jane L. Parpart · Kathleen A. Staudt (eds.), *Women and the State in Africa* (Boulder · London: Lynne Rienner Publishers).

McClintock, A., 1995, *Imperial Leather; Race, Gender and Sexuality and the Colonial Conquest* (London: Routledge).

Mills, Sara, 1994, "Knowledge, Gender and Empire," Alison Bunt and Gillian Rose (eds.), *Writing Women and Space: Colonial and Postcolonial Geographies* (New York · London: The Guilford Press).

Mohanty, Chandra Talpade, 1991, "Introduction-Cartographies of Struggle: Third World Women and the Politics of Feminism," Chandra Talpade Mohanty, Ann Russo and Lourdes Torres (eds.), *Third World Women and the Politics of Feminism* (Bloomington and Indianapolis: Indiana University Press).

남성성

彦坂諦, 1991, 『男性神話』(東京: 徑書房).

Chapman, Rowena · Jonathan Rutherford, 1988, *Male Order: Unwrapping Masculinity* (London: Lawrence and Wishart).

Chesler, Phyllis, 1972, Women and Madness (New York: Doubleday).

Connel, B., 1992, "Masculinity, Violence and War," Michael S. Kimmell · Michael A. Messner (eds.), *Men's Lives* (New York: Macmillan).

Connell, R.W., 1987, *Gender and Power* (Stanford: Stanford University Press).

Dawson, G., 1994, *Soldier Heroes: British Adventure, Empire and the Imaging of Masculinities* (London: Routledge).

Mangan, J., · J. Walvin, 1988, *Manliness and Morality* (Manchester University Press).

McIntyre, Martha, 1993, "Virtuous Women and Violent Men: Salvadorian Women and the Sexual Politics of Machismo," *Canberra: Humanities Research Centre* (Australian National University).

Morgan, David Hopcraft John, 1992, *Discovering Men* (London: Routledge).

Segal, Lynn, 1987, *Is the Future Female?* (London: Virago).

Seidler, Victor J., 1989, *Rediscovering Masculinity: Reason, Language and Sexuality* (London: Routledge).

Seidler, Victor J., 1992, *Men, Sex and Relationships: Writing from Achilles Heel* (London: Routledge).

Seidler, Victor J., 1997, *Men Enough: Embodying Masculinities* (London: Sage).

Sinha, Mrinalini, 1987, "Gender and Imperialism: Colonial Policy and the Ideology of Moral Imperialism in Late Nineteenth-Century Bengal," M.S. Kimmel (ed.), *Changing Men: New Directions in Research on*

Men and Masculinity (New Delhi · London: Sage).

Sinha, Mrinalini, 1995, *Colonial Masculinity: the 'Manly Englishman' and the 'Effeminate Bengali' in the Late Nineteenth Century* (Manchester: Manchester University Press).

Steedman, Carolyn, 1988, *The Radical Soldier's Tale: John Pearman, 1819~1908* (London · New York: Routledge).

Stietm, Judith Hicks, 1994, "The Protected, the Protector, the Defender," Alison M. Jaggar (ed.), *Living with Contradictions; Controversies in Feminist Social Ethics* (Boulder: Westview Press).

기타

Douglas, M., 1966, *Purity and Danger: An Analysis of the Concepts of Pollution and Taboo* (London: Routledge).

Fogel, Joshua A. (ed.), 2000, *The Nanjing Massacre in History and Historiography* (Berkeley · Los Angeles, London: University of California Press).

Freud, Sigmund, 1920, *Beyond the Pleasure Principle in Pelican Freud Library* (Harmondsworth: Penguin).

Horowitz, Irving L., 1982, *Taking Lives: Genocide and State Power* (New Brunswick · New Jersey: Transaction Books).

Hu, Hua-Ling, 2000, *American Goddess at the Rape of Nanking: The Courage of Minnie Vautrin* (Carbondale · Edwardsville: Southern Illinois University Press).

Marshall, Gordon (ed.), 1994, *The Concise Oxford Dictionary of Sociology* (Oxford: Oxford University Press).

Matsui, Yayori, 1987, *Women's Asia* (London: Zed).

McIntosh, Mary, 1978, "The State and the Oppression of Women,"

Annette Kuhn and AnnMarie Wolpe (eds.), *Feminism and Materialism: Women and Modes of Production* (London: Routledge · Kegan Paul).

Noddings, N, 1989, *Women and Evil* (Berkeley: University of California Press).

Scarry, Elaine, 1985, *The Body in Pain: The Making and Unmaking of the World* (New York · Oxford: Oxford University Press).

Smart, Carol, 1984, *The Ties That Bind: Law Marriage, and the Reproduction of Patriarchal Relations* (London: Routledge & Kegan Paul).

Strobel, M., 1991, *European Women and the Second British Empire* (Bloomington: Indiana University Press).

The Oxford English Dictionary (2nd ed.), 1989, (Oxford: Clarendon Press).

Thompson, E.P. · Edward Palmer, 1924, *The Making of the English Working Class* (London: Penguin, 1991).

Ueno, Chizuko, 1996-a, "Against the Patriarchal Crime: In Search For Feminist Solidarlty Beyond National Borders," Asian Women's Resource Centre for Culture and Theology (ed.), *God's Image* Vol. 15 No. 2, 1996 (Summer), pp. 64~66.

Ussher, Jane M., 1991, *Women's Madness: Misogyny or Mental Illness?* (New York: Harvester Wheatsheaf).

인터뷰에 참여한 사람들

옛 위안부

각 소개하는 글의 첫줄에는 위안소가 있었던 장소, 인터뷰한 해, 태어난 해, 전쟁 후 사는 곳을 차례로 적어놓았다. (이름 옆에 *표시는 가명을 뜻한다)

1) 김학순
   중국 | 1992년 5월 | 1924년 | 한국
   김학순은 1991년 한국에서 처음으로 자신이 위안부였음을 여론에 공개했다. 그녀는 1991년 도쿄지방법원에 배상을 위한 재판을 청구했고, 1997년 12월 73세의 나이로 사망했다.

2) 문옥주
   버마 · 중국 · 타이 | 1992년 5월, 1995년 3월 | 1924년 | 한국
   문옥주는 1940년 16세 되던 해 만주로 끌려가 위안부 생활을 시작했고 그후로 버마, 타이 등의 위안소에 있었다. 옛 위안부들 모임에서 그녀는 자주 장구를 치며 노래를 했는데 그 노래 속에는 한과 분노가 섞여 있었다. 1996년 8월 26일 사망했다.

3) 문필기
   중국 | 1992년 11월 | 1925년 | 한국
   문필기는 공부도 시켜주고 돈도 벌 수 있다는 말에 속아 만주 위안소로 가게 되었다. 그녀는 한국에서 1990년 위안부 운동이 시작된 이후 활발히 이 운동에 참여해 왔다.

4) 전금화
   중국 | 1993년 1월 | 1924년 | 한국

전금화는 1994년 3월 12일 심장병으로 사망했다.

5) 김은례

중국 | 1992년 9월, 1995년 3월 | 1926년 | 한국

김은례는 1926년 태어났으나 출생 신고를 바로 하지 않아서 주민등록상에는 10세 아래로 기록되어 있다.

6) 강덕경

일본 | 1992년 4월, 1995년 3월 | 1929년 | 한국

강덕경은 1944년 '여자정신대'의 일원으로 일본 도야마켄 후지코시 비행기 공장에 보내졌다가 그후 위안소로 보내졌다. 그녀는 1997년 2월 2일 사망했고, 위안소에서의 생활을 표현한 그림들을 남겼다.

7) 이상옥

팔라우(Palau) | 1992년 2월 | 1922년 | 한국

이상옥은 상대적으로 유복한 가정에서 자랐다. 공부하러 경성 고모집에 있다가 집을 나와 직업 소개소에서 돈 벌러 일본 공장에 가는 줄 알고 따라갔다가 팔라우에서 위안부 생활을 하게 되었다. 그녀는 팔라우 위안소 시절 일본어를 할 줄 알았기 때문에 위안부로서 군인을 '상대하는' 일 외에도 간호부로 일하며 위안부들의 성병 검진을 도왔다.

8) 이용수

타이 | 1996년 8월 | 1928년 | 한국

이용수는 타이완 위안소 시절 배웠던 일본 군가를 여전히 기억하고 있다. 그녀는 주로 자살 공격대인 '독코타이'를 '상대했다'고 한다.

9) 황금주

중국 | 1995년 4월 | 1922년 | 한국

황금주는 위안부 문제를 국내외에 알리기 위해 증언하는 일에 매우 활발히 참여해 왔다.

10) 송신도

중국 | 1996년 7월 | 1922년 | 일본

송신도는 중국 위안부 시절 두 번이나 임신을 했었고 그때 아들을 낳았다. 전후 그녀는 일본에 정착하여 살고 있다.

11) 윤두리

　한국 | 1992년 6월 | 1928년 | 한국

　윤두리는 부산의 위안소에 있었다.

12) 최명순*

　일본 | 1992년 7월 | 1926년 | 한국

　최명순은 가명이다. 그녀는 전후 한국에 돌아와 결혼을 해서 자식을 두었다.

13) 박순애

　라바울(Rabaul) | 1996년 7월 | 1919년 | 한국

　박순애는 위안부가 되기 전 이미 결혼해서 아들이 하나 있었다. 그녀의 '처녀성'을 의심하며 평소 폭력적이던 남편은 1941년 그녀를 직업 소개소에 팔았다. 그녀는 일본 군대 세탁부로 지원을 했으나 라바울의 위안소로 가게 되었다.

옛 일본 군인들

각 소개하는 글의 첫줄에는 주둔지, 면접한 해를 차례로 적어놓았다. (이름 옆에 *표시는 가명을 뜻한다.)

1) 요시오카 다다오(吉岡忠雄)

　타이완 | 1996년 6월

　요시오카 타다오는 도쿄대학에 다니다가 학도병 장교로 입대하였다. 그는 전쟁 동안 중국 남쪽 지역에 주둔했고, 전쟁이 끝난 후에는 일본에서 신문 기자로 일하다가 후에 한국으로 건너가 대학에서 일본어를 가르치기도 했다. 그는 1997년 사망했다. 다른 일본 군인들과의 인터뷰와는 다르게 그와는 세 번의 면접 기회가 있었다.

2) 나카노 타카시(中野卓)

　중국 | 1996년 7월

　나카노 타카시는 도쿄대 재학 시절 학도병 장교로 입대하여 중국에 주둔하였다. 전후 그는 일본으로 귀국 후 인류학 교수로 일하다가 퇴직했다. 그는 자신

의 자서전을 출판하기도 했다.
3) 미야모토 시즈오(宮元靜雄)
   인도네시아 | 1996년 7월
   미야모토는 전쟁 직후 인도네시아에서 최고위 장교로 전후 처리를 했고, 이에 대해 책을 쓰기도 했다.
4) 도코다 마사노리(德田雅則)
   중국·타이·말레이시아·싱가포르·버마 | 1996년 7월
   도코다 마사노리는 전쟁중 중국과 남태평양 섬에서 장교로 복무했다. 전후 전범으로 잡혀 러시아에 억류되었다가 후에 일본으로 귀국했다.
5) 유아사 켄
   중국 | 1996년 7월
6) 에바도
   중국 | 1996년 7월
7) 미타 카죠
   중국 | 1996년 6월
8) 고야마
   중국 | 1996년 6월
9) 미키
   중국 | 1996년 7월
10) 이와사키
    중국 | 1996년 7월
11) 오가와라 고이치
    중국 | 1996년 7월
12) 와다
    중국 | 1996년 6월
13) 스즈키 요시오
    중국 | 1996년 7월
14) 이토*
    중국 | 1996년 6월

15) 사토*
   중국 | 1996년 7월
16) 하라*
   중국 | 1996년 7월
17) 마츠모토*
   중국 | 1996년 7월

유아사 켄, 에바도, 미타 카죠, 고야마, 미키, 이와사키, 오가와라 고이치, 와다, 스즈키 요시오, 이토*, 사토*, 하라*, 마츠모토*는 중국귀환자연락회의 회원들이다. 이들은 전후 중국에 전범으로 억류되어 중국공산당에 의해 '재교육'을 받고 일본으로 귀국하였다. 이들 중에는 처음에 러시아에 전범으로 억류되었다가 후에 중국으로 인도된 경우도 있다. 이들은 모두 1964년까지는 일본으로 귀국했다. 이들은 스스로를 '전범'으로 규정하고 일본에 돌아온 후 전쟁 중 자신들의 과오에 대해 공개적으로 증언·강연해 왔고, 반전 운동을 벌여왔다. 이들은 또한 천황의 전쟁 책임 문제에 대해서도 공개적으로 제기해 왔다.

그 외 이미 기록되어 있는 구술 자료를 인용한 위안부들

1) 배봉기는 일본 오키나와에서 위안부 생활을 했고 전후에도 오키나와에 정착해 살다가 1991년 10월 18일 그녀의 집에서 죽은 채 발견되었다.
2) 배족간은 1922년 태어났고 1938년에서 1945년까지 중국 한커우(漢口)의 위안소에 있었다.
3) 장춘월은 1919년 태어났고, 1936년과 1945년 사이에 중국 우창에서 위안부 생활을 했다. 전쟁이 끝난 후 그녀는 고향에 돌아가지 않고 중국에 남아 정착했다. 그녀를 비롯해 중국에 남은 다른 한국인 위안부들의 소망은 위안부 문제를 해결하는 것뿐만 아니라 한국으로 귀국하는 것이다.
4) 장수월은 북한에 생존해 있는 옛 위안부이다. 그녀는 1924년에 태어나, 17세 때에 중국 북쪽 치치하루(Chichi Haru)에서 위안부 생활을 시작했다.

5) 최정례는 1928년 태어났고, 1942년과 1945년 사이에 중국 훈춘(琿春)에서 위안부 생활을 하였다.
6) 최일례는 위안소 제도의 초기 단계였던 1932년에 만주 위안소로 보내졌다.
7) 정송명은 1924년 태어나 버마 양곤의 타이 쿠다라 위안소로 보내졌다. 그녀는 현재 북한에 생존해 있다.
8) 정소은은 1924년 태어났고 자카르타에서 위안소 생활을 했다.
9) 하군자는 1944년부터 중국 한커우에서 위안소 생활을 했고 전후 중국에 잔류하였다.
10) 하선녀는 1920년에 태어났고 상하이(上海)에서 위안부 생활을 했다.
11) 홍애진은 1928년에 태어났고, 1942년에서 1945년까지 중국의 상하이, 하얼빈, 한커우 등에서 위안부 생활을 하였고, 전후 중국에 남아 정착했다.
12) 임금화는 1923년 태어났고, 1939년 중국 한커우 일본 해군 위안소에 있었다. 전후 중국에 남았다.
13) 진경팽은 1923년 태어났고, 1939년 타이완 위안소로 보내졌다.
14) 강무자는 1928년에 태어났고 1941년에서 1945년 사이에 팔라우(Palau)와 사이판의 위안소에 있었다. 강무자는 가명이다.
15) 김상희는 1922년 태어났고, 중국의 쑤저우(蘇州)와 난징 그리고 싱가포르에서 위안소 생활을 했다.
16) 강순애는 부모가 일자리를 찾아 일본으로 건너가1928년 도쿄에서 태어났다. 13세에 그녀는 팔라우 섬의 위안소로 보내졌다.
17) 강영실은 북한에 생존해 있다. 1924년에 태어났고 지명을 모르는 중국과 러시아 국경 지역에 있는 위안소로 보내졌다.
18) 김복동은 1926년에 태어났고, 중국 관동과 홍콩과 싱가포르와 인도네시아와 말레이시아 등에서 1941년에서 1945년까지 위안부 생활을 했다.
19) 김분선은 1922년에 태어났고, 1937년과 1945년 사이에 타이완과 필리핀 마닐라에서 위안부 생활을 했다.
20) 김순덕은 1921년에 태어났고, 1937년 상하이 위안소로 보내졌다.
21) 김태선은 1926년 태어났고, 1944년 버마 위안소로 보내졌다.
22) 김태일은 북한에 생존해 있는 위안부 가운데 하나이다. 1916년에 태어났다.

애초에는 일본 오사카(大阪) 덴노기 병원의 노무자로 보내졌으나, 후에 중국 만주의 위안소로 팔려갔다. 그녀는 일본군 제6연대를 따라 난징, 싱가포르, 그리고 다른 지역 등으로 이동했다.

23) 김덕진은 1921년에 태어났고, 1937년과 1940년 사이 상하이의 위안소에 있다가 일본인 장교의 도움으로 1940년 한국으로 귀국했다. 김덕진은 가명이다.
24) 김은진은 1932년 태어났고, 1944년 그녀와 같은 학교에 다니는 친구들과 함께 '여자 정신대'로 일본 도야마켄에 있는 후지코시 비행기 공장으로 보내졌다. 후에 그녀는 일본의 아오모리 현과 시즈오카(靜岡) 현의 위안소로 보내졌다.
25) 이경생은 북한에 생존해 있다.
26) 리봉화는 1920년경에 태어난 것으로 짐작하지만 중국 정부가 발행한 신분증에는 1922년 생으로 되어 있다. 그녀는 1933년에서 1945년까지 중국 한커우의 위안소에 있었고 그후 중국에 남았다.
27) 노수복은 1921년에 출생해서 1942년 싱가포르 위안소로 보내졌다. 전쟁이 끝난 후 그녀는 귀국하지 않고 타이에 남았다.
28) 오오목은 1921년 태어났고, 1937년 중국 만주 위안소로 보내졌다.
29) 박두리는 1924년에 태어났고 1940년 타이완 위안소로 보내졌다.
30) 박연이는 1921년 태어났고, 1938년 중국 관동 위안소로 보내졌다. 박연이는 기명이다.
31) 손판임은 1924년에 태어났고, 1941년과 1945년 사이에 라바울, 뉴기니아, 보르네오에서 위안소 생활을 하였다.
32) 이옥분은 1926년에 태어났고, 1937년부터 1945년까지 타이의 위안소에 있었다.
33) 이순옥은 1921년 태어났고, 1938년부터 1945년까지 중국의 관동과 싱가포르 위안소에 있었다.
34) 이득남은 1918년 태어났고, 1939년부터 1945년까지 중국의 한커우에서 위안부 생활을 했다. 이득남은 가명이다.
35) 이용녀는 1926년 출생했고, 1942년부디 1945년까지 버마에서 위안소 생활을 했다.
36) 이영숙은 1922년 대어났고, 1939년에서 1945년까지 중국 관동에서 위안부

생활을 했다.
37) 윤순만은 처음에 일본에 있는 방직 공장으로 갔다가 후에 오사카 위안소로 보내졌다.
38) 마리아 로사 헨슨(Maria Rosa Henson)은 필리핀 위안부이다. 그녀는 1927년 태어났고, 항일 게릴라 조직에 참여한 경험이 있다. 1944년 1월 그녀는 일본군에 감금된 채 아홉 달 동안 위안부 생활을 했다.